S. FISCHER

HARALD
WELZER

ZEITEN ENDE

Politik ohne Leitbild, Gesellschaft in Gefahr

S. FISCHER

In memoriam Jutta Limbach

Aus Verantwortung für die Umwelt hat sich der S. Fischer Verlag zu einer nachhaltigen Buchproduktion verpflichtet. Der bewusste Umgang mit unseren Ressourcen, der Schutz unseres Klimas und der Natur gehören zu unseren obersten Unternehmenszielen.

Gemeinsam mit unseren Partnern und Lieferanten setzen wir uns für eine klimaneutrale Buchproduktion ein, die den Erwerb von Klimazertifikaten zur Kompensation des CO_2-Ausstoßes einschließt.

Weitere Informationen finden Sie unter: www.klimaneutralerverlag.de

FSC www.fsc.org MIX Papier | Fördert gute Waldnutzung FSC® C014496

Erschienen bei S. FISCHER

Satz: Katja von Ruville, Frankfurt am Main
Druck und Bindung: GGP Media GmbH, Pößneck
Printed in Germany
ISBN 978-3-10-397581-9

Inhalt

1. Wer bewohnt Deutschland?

Uwe

Am 21. Juli 2022 starb Uwe Seeler, in Norderstedt, einer Stadt von 80 000 Einwohnern, die an Hamburg angrenzt. Dort hatte er, zusammen mit seiner Frau Ilka, 63 Jahre lang gewohnt. Seeler war berühmt geworden als Mittelstürmer beim Traditionsverein HSV, die Stadt Hamburg hatte ihn 2003 zum Ehrenbürger ernannt. Legendär ist Seeler nicht nur wegen seiner fußballerischen Erfolge, sondern auch wegen seiner »Normalität«. Er selbst hielt es, wie er in einem Film von Reinhold Beckmann sagt, »für das Schönste, normal zu sein«, und dazu gehörte auch, 1961 ein für die damalige Zeit ungewöhnlich hoch dotiertes Angebot von Inter Mailand abzulehnen, obwohl dessen Trainer Helenio Herrera persönlich nach Hamburg gekommen war, um ihn abzuwerben.

Nach drei Tagen Verhandlungen entschied Seeler, in Hamburg zu bleiben. Das Geld interessierte ihn nicht, schließlich hatte er neben dem Fußball seine Arbeit als Sportartikelvertreter und: »Ich könnte ja nicht öfter als dreimal am Tag ein Steak essen.« Seine Frau Ilka erzählte, dass die Italiener einen Fehler gemacht hätten: Sie hätten nur mit ihm gesprochen, nicht mit ihr, das gehöre sich nicht – ein weiterer Grund für die Ablehnung des Angebots. Auch nach seiner aktiven Zeit blieb Uwe Seeler seinem Verein und Hamburg eng verbunden, wurde kurzzeitig und nicht ganz glücklich auch Präsident des HSV, gründete eine Stiftung, die Menschen mit Einschränkungen unterstützt, trat gelegentlich im Fernsehen auf und verkörperte bis zum Schluss – Normalität.

Wenn es einen Gegentyp zum Angeber gibt, dann war es dieser weltberühmte Fußballer, der gern Autogramme gab, mit den Leuten schnackte, nie selbst zu empfinden schien, dass er – wie man heute sagen würde – prominent war. Er sprach, wie der Sportsoziologe Gunter Gebauer über ihn sagte, immer in der ersten Person Plural. Seine Rolle im Westdeutschland der Nachkriegszeit beschrieb die *Frankfurter Rundschau* in einem Nachruf so: »Uwe Seeler wirkte auf andere Weise als durch die Liste an Erfolgen. Er stand für Werte, in ihm spiegelte sich eine aufstrebende Nation, die sich vorgenommen hatte, im Wirtschaftswunder nicht abzuheben, weil schließlich noch die Vorgeschichte des Zweiten Weltkriegs auf ihr lastete.«

Da ist etwas dran. Die Werte der westlichen Nachkriegszeit hatten – uneingestanden und eingestanden – die Verbrechen der Nazizeit und die Schuld am Zweiten Weltkrieg im Rücken, das bedeutete Vorsicht gegenüber allem, was zu groß und ambitioniert erschien. Noch nie, schreibt der Historiker Ulrich Herbert mit Bezug auf die Entstehung der Bundesrepublik, sei »ein deutscher Staat mit so gebremster Emphase und Zukunftsgewissheit ins Werk gesetzt worden wie dieser. [...] die nüchterne, von der Katastrophe der Nazizeit und der Kargheit der Nachkriegsjahre geprägte, ganz aufs Vorläufige gestimmte Gründung des westlichen Teilstaats litt auch nicht, wie die deutsche Republik von 1919, unter dem Druck überspannter, unerfüllbarer Erwartungen.«[1]

Daher gehörte es zum Wertekorsett der frühen Bundesrepublik, eben nicht abzuheben, »normal« zu bleiben, selbst wenn man sehr erfolgreich war. »Maßhalten« war denn auch die Parole, die der damalige Wirtschaftsminister und spätere Bundeskanzler Ludwig Erhard 1962 in einer Radioansprache ausgab: »Noch ist es Zeit, aber es ist höchste Zeit, Besinnung zu üben und dem Irrwahn zu entfliehen, als ob es einem Volk möglich sein könnte, für alle öffentlichen und privaten Zwecke in allen Lebensbereichen des einzelnen und der Nation mehr verbrauchen zu wollen, als das gleiche Volk an realen Werten erzeugen kann oder zu erzeugen gewillt ist.« Wirtschaftswunder und Konsumgesellschaft waren auch damals schon Schlagworte, aber Ludwig Erhard hatte bereits in seinem Bestseller »Wohlstand für alle« die Ökonomik aufgefordert, sich rechtzeitig darauf vorzubereiten, dass es eine Zeit nach dem Güterwachstum geben würde – eine Aufforderung, der die etablierten Wirtschaftswissenschaften bis heute nicht nachgekommen sind.

Sein Staatssekretär Alfred Müller-Armack hatte für das Wirtschaftsmodell der Nachkriegszeit den Begriff »Soziale Marktwirtschaft« erfunden – jenen, wie man damals sagte, »dritten Weg« zwischen Kapitalismus und Sozialismus, der mittels der ordnungspolitischen Begrenzung der reinen Marktkräfte eine allgemeine Steigerung des Wohlstands und damit vor allem auch Systemzustimmung zur jungen Demokratie versprach. Und tatsächlich auch lange Zeit realisierte.[2] Der Fortschrittsbegriff der westlichen Nachkriegszeit umfasste weit mehr als jene permanente Steigerung von Konsummöglichkeiten, auf die er heute zusammengeschnurrt zu sein scheint.

Denn vom heutigen Hyperkonsum war die Welt Seelers und Erhards trotz aller »Maßhalte«-Mahnungen noch weit entfernt – die durchschnittlich in Anspruch genommene Wohnfläche pro Kopf lag 1960 bei 20 Quadratmetern[3] (heute 55), auf 1000 Einwohner gab es 81 Autos[4] (heute rund 580), der durchschnittliche Urlaub dauerte fünf Tage und führte nicht zum Helikopterskiing nach Kanada, sondern mit dem Zelt an die Ostsee, und wenn es hochkam und man etwas mehr Zeit hatte, ging es mit der NSU-Lambretta oder dem Käfer nach Italien.[5] In dieser Welt, die trotz aller Begeisterung über Motorräder, Autos, Stabmixer, Waschmaschinen und Weltraumflüge erheblich nachhaltiger war als die heutige,[6] genossen die Bergarbeiter im Ruhrgebiet und im Saarland hohes Ansehen, schaffte man »beim Daimler« oder stand bei Edeka hinter dem Tresen.

Fast zwei Drittel der Jugendlichen gingen 1960 in die Hauptschule, 12,5 Prozent in die Realschule, nur sechs Prozent machten Abitur.[7] Der Soziologe Helmut Schelsky hatte schon 1953 den Begriff von der »nivellierten Mittelstandsgesellschaft« geprägt, die Westdeutschland kennzeichne – aus heutiger Perspektive eine erstaunliche Diagnose, wo doch Menschen mit »niedrigen« oder gar überhaupt keinen Bildungsabschlüssen heute gewiss nur in Ausnahmefällen in die Mittelschicht aufsteigen. Aber die Arbeiterschicht galt damals auch nicht als gesellschaftliche Restkategorie, auf die man herabblickte, sondern hatte gerade in einer Gesellschaft, in der Kategorien wie »Aufbau« und »Aufstieg« und schließlich »Wirtschaftswunder« für das Selbstbild wichtig waren, ein eigenes Selbst- und ein durchaus positives Klassenbewusstsein. Und nicht zuletzt mit der SPD eine eigene Partei, mit der Mitbestimmung einen für kapitalistische Gesellschaften ungewöhnlichen Teilhabestatus und mit starken Gewerkschaften Durchsetzungsmöglichkeiten für ihre Interessen.

Abb. 1: Keiner hätte je »Herr Seeler« gesagt.

Vor diesem Hintergrund wird man, auch wenn Mentalitätsgeschichte eine schwierige Sache ist, diese Gesellschaft im Vergleich zur heutigen insgesamt als deutlich integrierter beschreiben können. Sicher, es gab Jugendkrawalle, eine zahlenmäßig nicht kleine NPD, die *Deutsche National-Zeitung* mit einer Auflage von 100 000 Exemplaren und eine starke Ausgrenzung der ab 1961 ins Land geholten »Gastarbeiter«, aber gleichwohl gab es so etwas wie ein Gefühl der nicht voraussetzungslosen, aber erreichbaren Zugehörigkeit zur Normalgesellschaft. Man war nicht nur »wieder wer«, sondern man war auch *wer* ohne Abitur, ja sogar ohne Schulabschluss und als »Angelernter« – was es nicht zuletzt wegen des Krieges nicht selten gab und was keineswegs als Deklassierungsmerkmal galt.

Das ist die Welt von Uwe Seeler, der aus einer Arbeiterfamilie kam und einen Hauptschulabschluss hatte. Mich hat sein Tod im vergangenen Jahr auch deshalb betroffen, weil er die letzte öffentliche Person in Deutschland war, die »nur« einen Hauptschulabschluss hatte. Ich beginne dieses Buch mit ihm, weil Menschen ohne Abitur, ohne akademischen Abschluss, ohne den selbstverständlichen Habitus des gehobenen Mittelstands, heute in der Öffentlichkeit dieses Landes nicht mehr vorkommen. Uwe Seeler war der Letzte seiner Art.

Stimmt nicht ganz: Natürlich kommen auch Menschen mit abgebrochener Schulkarriere, ohne Studium oder mit einem scheinbar einfachen Weltbild in der Öffentlichkeit noch vor – aber nur in genau zwei Erscheinungsformen: erstens im Trashfernsehen von RTL als Figuren, die einem sich besser dünkenden Publikum vorgeführt werden, und zweitens als Problemfälle einer Gesellschaft, wenn etwa über die »Tafeln« berichtet wird oder über Unterstützungsempfänger, früher von »Hartz IV«, heute von »Bürgergeld«. Die Tagesschau beliebte, wenn es um Hartz IV ging, die Rückenansicht einer Familie in Joggingklamotten einzublenden, die durch einen Park spazierte. In dieser Illustration steckte schon das komplette Selbstbild des auf die Unterschichten herabblickenden Mittelstands – auf »die anderen«. Und eben das Fremdbild von passiv und unambitioniert durch den Sozialstaat schlurfenden schlechtangezogenen Menschen, deren Kinder – wen wundert's – genauso sind und bleiben werden wie sie selbst.

In den Redaktionen fiel offenbar niemandem auf, wie denunziatorisch solche Darstellungen sind – als würden die allermeisten derjenigen, die auf die Unterstützung des Sozialstaats angewiesen sind, sich nicht nach Kräften darum bemühen, gerade nicht »anders« auszusehen, sich gut zu kleiden, zu wohnen, ihre Kinder zu unterstützen, ihnen die Teilnahme am Klassenausflug zu ermöglichen, einen Job zu finden usw. Man bezeichnet sie routiniert als »bildungsfern«, diese Leute, so als würde nicht den allermeisten alles daran gelegen sein, dass ihre Kinder gut in der Schule sind, genau um dem Leben am Rand der Mittelstandsgesellschaft zu entkommen. Dass Bildung dafür ein Ticket ist, wissen sie. Dass dieses Ticket allein noch lange nicht reicht, um dazugehören zu dürfen, nicht.

An der Theke kam ich unlängst mit einem Lastwagenfahrer ins Gespräch: »Ich höre den ganzen Tag Radio. Und immer höre ich: ›Hallo, ihr da draußen jetzt auf dem Weg ins Büro, für euch haben wir jetzt…‹ Ich bin aber nicht auf dem Weg ins Büro. Ich bin überhaupt nie in einem Büro. Ich sitze auf dem Bock und bringe Sachen irgendwohin.« Genauso wie fast zwei Drittel der arbeitenden Menschen in diesem Land niemals in einem Büro sind. Denn die fahren Paketautos, putzen U-Bahn-Stationen, versorgen Menschen auf Intensivstationen oder in Pflegeheimen, bändigen Kinder in Tagesstätten, schrauben Autos am Fließband zusammen, graben Gräber auf Friedhöfen, verputzen Wände auf Baustellen, heften Strafzettel unter Scheibenwischer oder schneiden anderen Menschen die Haare oder Fußnägel.[8]

Diese Menschen, die oft erheblich weniger verdienen als die in den Büros, sind in der medialen Öffentlichkeit nicht existent. In den Drehbüchern der Massenware von »SOKO irgendwas«, »Tatort« und »Polizeiruf« kommen sie entweder in der Rolle der Ausstattungskomparsen von eben Baustellen, Fabriken oder Krankenhäusern vor oder gern auch als Leute, die Probleme machen. Günter Wallraff mit seinen Reportagen wie »Ganz unten«, in der er in die Rolle eines türkischstämmigen Arbeiters namens Ali Levent Sinirlioğlu schlüpfte und über die Arbeitsbedingungen unter Tage oder bei McDonalds berichtete, ist ziemlich aus der Mode gekommen; die Bücher von Julia Friedrichs, die die Lebenssituation von Kassiererinnen und Reinigungskräften beschreibt, sind eine Ausnahme auf einem Buchmarkt, in dem solche Menschen eher nicht vorkommen.

Aber da ist der Buchmarkt nur genauso wie die Parlamente. Mehr als neunzig Prozent der heutigen Bundestagsabgeordneten haben Abitur oder Fachhochschulreife, im Bevölkerungsdurchschnitt haben das nur etwas mehr als ein Drittel. 87 Prozent der Abgeordneten verfügen über eine abgeschlossene Hochschulausbildung – im Vergleich zu etwa einem Fünftel in der Gesamtbevölkerung. 16 Prozent der Politikerinnen und Politiker führen einen Doktortitel, aber nur 1,2 Prozent der Menschen im Bundesdurchschnitt. Lediglich sechs Prozent der Abgeordneten haben als höchsten Bildungsabschluss eine Lehre, in der Gesamtbevölkerung gilt das für die Hälfte. In den Landtagen sieht es ähnlich aus, desgleichen in den Wirtschaftsunternehmen und nicht zuletzt in den Medienhäusern.

Der Elitenforscher Michael Hartmann schreibt: »Am exklusivsten präsentiert sich die Wirtschaftselite. Nicht einmal jeder Vierte ist ein sozialer Aufsteiger. Arbeiterkinder bekleiden sogar weniger als sechs Prozent der Spitzenpositionen.«[9] 83 Prozent dieser Positionen sind von Menschen besetzt, die dem Bürger- oder Großbürgertum entstammen, in Justiz und Verwaltung sind es etwa zwei Drittel. In den privaten Medienanstalten und Printverlagen gilt dasselbe für drei Viertel der Spitzenpositionen, im öffentlich-rechtlichen Sektor etwa für die Hälfte der Intendanten und Programmdirektoren.

Vor diesem Hintergrund wird das Verschwinden der größten Teile der Bevölkerung aus der öffentlichen Wahrnehmung erklärlich: Die politischen, wirtschaftlichen und medialen Eliten rekrutieren sich mehrheitlich aus gehobenen sozialen

Milieus, und sie kennen die Lebenswelten der Bevölkerungsmehrheit kaum aus eigener Anschauung und Erfahrung. Wer zu diesen vielfältigen Welten gehört, tritt vielleicht als Angestellte oder Arbeiter, als Reinigungsfrau oder als Supermarktkassierer in die Optik der Eliten, nicht aber als Mitbewohnerinnen und Mitbewohner derselben Gesellschaft. Dieser Befund ist betrüblich für die Demokratie, denn er bedeutet eine gesellschaftliche Verarmung.

Kündigungen

2021 war ein Rekordjahr, was Kirchenaustritte angeht – rund 280 000 Menschen verließen die evangelische Kirche, genau 359 205 die katholische. Zusammen mit den immer weiter gestiegenen Austrittszahlen der Vorjahre sank damit die Zahl derjenigen, die in Deutschland noch Mitglied einer der beiden christlichen Konfessionen waren, auf weniger als die Hälfte. Die Mitgliedschaft in einer der Gewerkschaften, die im DGB vertreten sind, sank von knapp zehn Millionen im Jahr 1994 auf 5,6 Millionen im Jahr 2022. Die Parteimitgliedschaften in der SPD sanken von 1990 bis 2022 von etwa 950 000 auf knapp unter 400 000, in der CDU von knapp 800 000 ebenfalls auf unter 400 000.

Immerhin 23,4 Millionen Menschen sind in Deutschland Mitglied in Sportvereinen, aber auch hier sind die Zahlen rückläufig, auch die der Vereine selbst. Hier gibt es Überschneidungen zum Ehrenamt: »Auf Grundlage der bevölkerungsrepräsentativen Studie VuMA (Verbrauchs- und Medienanalyse) wurden von den insgesamt 70,54 Millionen in Deutschland lebenden Personen ab 14 Jahren knapp 15 Millionen Personen im Jahr 2021 zu der Gruppe der Ehrenamtlichen gezählt. Sie zeichneten sich durch andere demografische Strukturen als die Gesamtbevölkerung aus. Die Mehrheit der Ehrenamtlichen in Deutschland war zu dieser Zeit über 50 Jahre alt – knapp ein Fünftel war 70 Jahre und älter. Insgesamt verfügten sie über eine höhere Schul- und Berufsausbildung als die Gesamtbevölkerung: Gut ein Drittel besaß die allgemeine Hochschulreife und etwa 18 Prozent hatten einen Hochschulabschluss. Die Ehrenamtlichen waren zudem zu zwei Drittel voll Berufstätige oder Rentner, die früher berufstätig waren. Außerdem verfügten die Personen mit ehrenamtlichem Engagement über ein insgesamt höheres Haushaltsnettoeinkommen als die deutsche Bevölkerung.«[10] Auch wenn man die Werte zum Ehrenamt als ein gutes Zeichen deuten kann – wobei die Zahlen in diesem Bereich im Unterschied zu den zuvor genannten nicht sinken –, sieht man eine Verzerrung in Richtung höheres Lebensalter und höhere Bildung. Der Nachwuchs etwa bei den freiwilligen Feuerwehren oder beim Roten Kreuz nimmt dagegen ab, seit der Corona-Pandemie verstärkt.

Nimmt man die hier nur kursorisch ausgewählten Daten, zeichnet sich also seit Jahren ein zurückgehender Organisationsgrad in Institutionen ab, die – wie Gewerkschaften und Kirchen – für Gemeinschaftsbildungen stehen. Besonders die Kirchen waren einmal Institutionen, zu denen unabhängig von Bildung, Einkommen und Vermögen fast alle Menschen einer Gemeinde zählten. Und auch wenn sie höchst polyvalente Institutionen mit zum Teil durchaus fragwürdigen Praktiken waren (deren Offenlegung und Aufarbeitung ein ziemlich zähes Unterfangen ist), war ihre integrative Funktion für die Gesellschaft erheblich, ebenso wie die der Gewerkschaften und der Parteien.

Der fast überall sinkende Organisationsgrad zeigt – neutral formuliert – den Fortgang eines Prozesses der Individualisierung an, wie er für moderne Gesellschaften kennzeichnend ist und in der Soziologie schon seit einigen Jahrzehnten beschrieben wird. Individualisierung ist nicht nur ein Verlust an Zugehörigkeit zu Gemeinschaften, sondern auch ein Zeichen für Emanzipation und Eigenständigkeit, auch in der Wahl der Lebensformen. Dazu passt, dass gerade unter jüngeren Menschen die gesunkene Bereitschaft, formales Mitglied einer Organisation zu sein, wenig darüber aussagt, ob und wo und wie sehr man sich engagiert – man geht nur nicht mehr in dem Maße wie früher die Verbindlichkeit formaler Mitgliedschaft ein. Auch die Spendenbereitschaft ist in Deutschland groß; knapp 19 Millionen Menschen haben 2022 Geld für Katastrophenhilfe, Flutopfer usw. gespendet.

Die moralische Substanz

Das Bild ist also differenziert, gleichwohl können die gerade beschriebenen Austritte aus der organisierten Zivilgesellschaft aus Sicht der Demokratietheorie nicht optimistisch stimmen. Denn Demokratien leben vom Einsatz ihrer Bürgerinnen und Bürger für ein Gemeinsames. Die berühmteste Formulierung dafür hat der Verfassungsrechtler Ernst-Wolfgang Böckenförde gefunden, als er geschrieben hat, dass der freiheitliche Staat von Voraussetzungen lebt, die er selbst nicht garantieren kann. Böckenförde entwickelte diesen Befund 1964 vor dem Hintergrund der Beobachtung, dass die Rolle der Religion und der Kirchen in der Entwicklung der modernen Staaten schon damals mehr und mehr schwand. Das warf die Frage auf: »Woraus lebt der Staat, worin findet er die ihn tragende, homogenitätsverbürgende Kraft und die inneren Regulierungskräfte der Freiheit, deren er bedarf, nachdem die Bindungskraft der Religion für ihn nicht mehr essentiell ist und sein kann?«[11]

Das Paradox des modernen freiheitlichen Staates besteht darin, dass er – im Unterschied zu autokratischen oder totalitären Systemen – die Freiheit der Einzelnen garantiert, aber gleichzeitig nicht erzwingen kann, dass diese Freiheit auch im Sinn der Allgemeinheit und des Gemeinwohls gelebt wird. Am Aufstieg des Neoliberalismus und am Wirken einer Porschefahrerpartei ist auch in der Bundesrepublik zu sehen, wie ein einseitig auf die bloßen Freiheitsrechte des Individuums verkürzter Freiheitsbegriff in der Konsequenz die organisatorisch Mächtigen und finanziell Starken bevorteilt und diejenigen benachteiligt, die ärmer und schlechter organisiert sind.

Eine solche Form der *rücksichtslosen Freiheit* ist für die Demokratie als Staatsform der formal gleichen Teilhabe an der politischen Willensbildung schlecht, weshalb Böckenförde von einem »Wagnis« spricht, das der Staat »um der Freiheit willen, eingegangen ist. Als freiheitlicher Staat kann er einerseits nur bestehen, wenn sich die Freiheit, die er seinen Bürgern gewährt, von innen her, aus der moralischen Substanz des Einzelnen und der Homogenität der Gesellschaft, reguliert. Andererseits kann er diese inneren Regulierungskräfte nicht von sich aus, das heißt mit den Mitteln des Rechtszwanges und autoritativen Gebots zu garantieren suchen, ohne seine Freiheitlichkeit aufzugeben«.[12]

Es bedarf also sowohl der moralischen Substanz der Einzelnen als auch des Leitbildes eines gesellschaftlichen Ganzen, damit eine freiheitliche Ordnung funktionieren kann.

Man kann die »moralische Substanz« vielleicht wieder am Beispiel Uwe Seelers illustrieren, der ja seinen Erfolg eben keineswegs ausschließlich als individuelle Leistung, sondern immer im Kontext seiner Herkunft, seiner Mannschaft, seiner Heimatstadt usw. verstand und deshalb meist in der ersten Person Plural sprach. Und umgekehrt ist ein großes Ganzes, das nicht in undurchschaubare und widersprüchliche Einzelaspekte und -akteure zerfällt, die Bedingung dafür, dass sich diese moralische Substanz an etwas binden, sich realisieren und erhalten kann.

Und das wiederum wirft die nicht einfach zu beantwortende Frage auf, wie solche nicht durch Gesetze, Verordnungen und Zwangsmaßnahmen garantierbaren Voraussetzungen des freiheitlichen Staates gewährleistet werden können, wenn es doch so viele Anzeichen dafür gibt, dass ein gefühltes gemeinsames Ganzes für viele, wenn nicht die meisten Mitglieder der Gesellschaft gar nicht mehr existiert. Und wenn dieses gemeinsame Ganze durch seltsame und zunächst gar nicht zu verstehende Angriffe etwa auf Feuerwehrleute, Sanitätspersonal, Ärzte und Polizistinnen ganz konkret attackiert wird – sind doch diese Personengruppen genau diejenigen, die nicht für ihre individuellen Interessen, sondern für die allgemeinen zuständig sind. Oder wenn die Gesellschaft von anderen Personengruppen durch Steuervermeidung, -hinterziehung und Cum-Ex-Geschäfte angegriffen und geschädigt wird. Das Gemeinsame löst sich von beiden Rändern her auf. Und die Frage, die sich heute für die freiheitliche Ordnung stellt, ist: Welche Formen der Vergemeinschaftung muss eine Gesellschaft bieten und eine Politik als Leitbild vor Augen haben, damit die »moralische Substanz« der Einzelnen eine Verbindung mit einem gemeinsamen Ganzen eingehen kann?

Oder, anders formuliert, damit alle sich als Teil von etwas verstehen können, von dem die anderen auch ein Teil sind?

Die Antwort darauf ist nicht, nach den Angriffen auf Feuerwehr und Polizei in der Berliner Silvesternacht 2022 einen »Gipfel gegen Jugendgewalt« einzuberufen, besonders dann nicht, wenn die einberufende Bürgermeisterin Teil jener Partei ist, die seit zwanzig Jahren regiert und ganz offenbar eben diese Jugendgewalt tatenlos hat anwachsen lassen. Die Antwort auf eine sich verbreitende Gefühlslage von gesellschaftlicher Heimatlosigkeit ist auch nicht, dem Innenministerium ein Heimatministerium einzugliedern, wie der hinlänglich in gesellschaftlicher Spaltung engagierte ehemalige Innenminister Seehofer es getan hat, ohne dass bisher auch nur in Spurenelementen zu sehen wäre, was auf den dort vorgesehenen 144 Planstellen so gemacht wird.

Die Antwort wäre hingegen, dass in der politischen Klasse ein waches Bewusstsein darüber existiert, dass in der gesellschaftlichen Praxis ein Mindestmaß an Zusammenhalt und Vergemeinschaftung gelebt sein muss und dass die gesellschaftlichen Institutionen – die Verwaltungen, die Schulen, die Gerichte, die Krankenhäuser usw. usf. – so funktionieren, dass die Bürgerinnen und Bürger den konstanten Eindruck haben, diese Organisationen seien für sie da und nicht umgekehrt. Das heißt, es muss Zusammenhaltstiftendes geben, damit Zusammenhalt empfunden wird. Das sehen auch die Bürgerinnen und Bürger so.

Eine Allensbach-Umfrage im Auftrag der Rechtsschutzversicherung Roland von Ende 2022 zeigt, dass lediglich 22 Prozent der repräsentativ Befragten den Zusammenhalt in der Gesellschaft für stark bzw. sehr stark halten, fast zwei Drittel halten ihn für schwach (ein deutlicher Rückgang des Gefühls von Zusammenhalt: 2018 waren erst 56 Prozent der Auffassung, der Zusammenhalt sei schwach, 28 Prozent hielten ihn damals für stark). Und wenn man sie nach den Gründen dafür fragt, sagen 71 Prozent, dass die soziale Schicht das trennendste Moment ist, 70 Prozent nennen Einkommen und Vermögen, 62 Prozent die Herkunft.[13] Das ist bemerkenswert, genauso wie der Befund, dass drei Viertel jener 45 Prozent Befragten, die glauben, dass der gesellschaftliche Zusammenhalt gestärkt werden kann, dabei auf die Erziehung von Kindern und Jugendlichen zu Hilfsbereitschaft setzen, »74 Prozent auf die Bekämpfung von Hass und Mobbing im Internet, 73 Prozent auf die Förderung von Chancengleichheit und 72 Prozent auf die Förderung von Solidarität und Hilfsbereitschaft gegenüber Minderheiten und Schwächeren.« Die Begrenzung der Einwanderung halten demgegenüber nur 38 Prozent für eine geeignete Sache, die Förderung von Patriotismus (die man ja hinter der Einrichtung eines Heimatministeriums vermuten darf) lediglich 23 Prozent.

Der »Freiheitsindex«, den das Allensbach-Institut regelmäßig vorlegt, zeigt eine gesunkene Identifikation mit dem Staat. Den Aussagen, »›der Staat, das sind wir alle‹ und dass es ›an uns Bürgern liegt, wie sich Deutschland entwickelt‹, stimmen insgesamt 43 Prozent der Befragten zu. Im Vorjahr waren es noch 47 Prozent, vor zehn Jahren lag die Zahl mit 37 Prozent allerdings noch tiefer als derzeit. Die Meinung ›wir Bürger haben wenig Einfluss darauf, wie sich der Staat entwickelt‹ vertreten derzeit 46 Prozent, etwas mehr als die 42 Prozent vom Vorjahr. Vor zehn Jahren sahen es allerdings noch 54 Prozent der Befragten so.«[14]

Nun ja, auch ich habe, wenn ich es mir genau überlege, wenig Einfluss darauf, wie sich der Staat entwickelt – den entsprechenden Wert kann man auch als Ausdruck von Realismus lesen. Die 43 Prozent, die den emphatischen Aussagen »der Staat, das sind wir alle« und »es liegt an uns Bürgern, wie Deutschland sich entwickelt« zustimmen, kann man ebenso wie die Zahlen zum Ehrenamt und zur Spendenbereitschaft so deuten, dass ein sehr großer Teil der Bürgerschaft in Deutschland eine starke Ressource für die Demokratie ist. Die Klage, die aus der Politik oft zu hören ist, in der Bevölkerung verstehe man den Staat mehrheitlich als Liefersystem, bildet sich in solchen Zahlen jedenfalls eher nicht ab.

Die Demokratiezufriedenheit ist mit kleineren Schwankungen recht hoch: Im Winter 2022/23 lag sie bei 66 Prozent (»sehr zufrieden« und »ziemlich zufrieden«), immerhin ein Drittel zeigt sich unzufrieden. Vor allem das Management der Corona-Pandemie dürfte hier für eine Steigerung gesorgt haben (2018 waren 25 Prozent unzufrieden mit der Demokratie).[15] Aus meiner Sicht spricht aus solchen Zahlen, bei denen übrigens die Werte für den Osten Deutschlands konstant schlechter ausfallen, immer noch eine recht hohe Systemzustimmung, obwohl die Leute – wie bei der Frage des Zusammenhalts – negative Entwicklungen wahrnehmen.

Und diese Systemzustimmung bildet auch eine Basis dafür, die »moralische Substanz«, auf die der freiheitliche Staat bauen muss, zu stärken. Demokratie, so wird ja gerade in verschiedenen Veröffentlichungen gesagt, sei immer auch eine Zumutung, allerdings eine positive – nämlich selbst für den Erhalt und die Fortentwicklung der Demokratie »in Anspruch« genommen zu werden.[16] Demokratie, schreibt Felix Heidenreich, »ist vor allem nicht eine Zumutung, die den Bürgerinnen und Bürgern *von anderen*, von ›denen da oben‹ angetan wird, sondern etwas, das sich eine demokratische Gemeinschaft von Bürgerinnen und Bürgern selbst auferlegt. Demokratie ist dann nicht etwas, auf das ›wir‹ Bürgerinnen und Bürger Anspruch haben, sondern etwas, das uns in Anspruch nimmt.«[17]

Gut, kann man da sagen. Und die Zahlen zum Ehrenamt und zur Spendenbereitschaft deuten ja an, dass ein erheblicher Teil der Menschen in diesem Land sich gern in Anspruch nehmen lässt. Man kann sie noch ergänzen um die vielen jungen Menschen, die ohne jede Verpflichtung ein freiwilliges soziales (oder politisches oder ökologisches) Jahr leisten – mehr als 50 000 jährlich. Oder die sich bei Fridays for Future, der letzten Generation, in Ökodörfern, bei Tafeln usw. engagieren, ohne formelle Mitgliedschaften zu haben.

Aber nehmen sich umgekehrt die politischen, medialen und wirtschaftlichen Eliten eigentlich selbst für die Demokratie so in Anspruch, wie es notwendig wäre, wenn man den vielfältig zu beschreibenden Erosionsprozessen der Demokratie etwas entgegensetzen möchte? Oder sind sie vielfach nicht eher Teil von Parallelgesellschaften, die sich von den Zumutungen und Ansprüchen einer Bürgerinnengesellschaft im emphatischen Sinn abgekoppelt haben und ihr Ding machen? Felix Heidenreich spricht von einer »Resonanzverweigerung« aufseiten der Bürgerinnen und Bürger, wenn sie mehr auf ihre Rechte pochen als auf ihre Pflichten achten, sich rücksichtslos verhalten und den Staat verächtlich machen. Aber man kann diese Resonanzverweigerung auch aufseiten der Eliten antreffen, zum Beispiel dort, wo anonyme Redenschreiber dem Bundeskanzler folkloristische Texte in den Mund legen, in denen von »Unterhaken« die Rede ist, gar von »you never walk alone«, und man sofort denkt, welche DHL-Botin, welcher U-Bahn-Stationen-Reiniger, welche prekär Beschäftigten, welche »Normalos« überhaupt würden sich von solchem Bullshit nicht beleidigt fühlen?

Dasselbe gilt für Politfolklore wie einer »Respekt-Rente« – mein Vater hätte gesagt, ich habe mein Leben lang gearbeitet und Beiträge gezahlt, was hat mein Recht mit »Respekt« zu tun? Oder das »Gute-KiTa-Gesetz«, wie es Franziska Giffey erfunden hat. Solche Beispiele zeugen ja mehr von einem elitären Paternalismus, der die Bürgerinnen und Bürger wie Kinder anspricht und vermutlich auch so betrachtet. Von Kinderkram wie dem »Doppel-Wumms« sprechen wir höflicherweise gar nicht, auch nicht davon, dass wir ihn nicht serviert bekommen, sondern als Steuerzahler finanzieren. Wir reden auch nicht von der unfasslichen Arroganz des erklärungseingeschränkten Bundeskanzlers, mit der er in einer Pressekonferenz eine ausländische Journalistin abfertigte und das selbst offenbar sehr spaßig fand.[18]

Das alles und noch viel mehr deutet, sagen wir, eine erhebliche lebensweltliche Distanz des politischen Betriebs von den – wie Helmut Kohl zu sagen pflegte – »Menchen in unserem Lande« an, eine Distanz, die mit den Eigenlogiken von Parteikarrieren genauso zu tun hat wie mit den eingangs genannten Herkünften und Bildungshintergründen. Und diese Distanz spiegelt sich auch in einem Medienbetrieb, der sich seinerseits mehr für »das politische Berlin« und dessen interne Verfahren, Intrigen und Ränke interessiert, als für das empirische Geschehen im Land, wie alle medienwissenschaftlichen Studien zur Berichterstattung über die vergangenen und aktuellen Krisen zeigen. Und sie reflektiert sich wiederum in Haltungen und Handlungen der wirtschaftlichen Eliten, die vielfach über den Wassern zu laufen scheinen und sich – wie bei einer öffentlich finanzierten Bahn, die kaum 60 Prozent

Pünktlichkeit schafft – Boni in Millionenhöhe auszahlen. Offenbar für besondere Leistungen, die der Kundschaft aber verborgen bleiben.[19]

Mir geht es hier nicht um ein pauschales Bashing von Politikerinnen, Medien- und Wirtschaftsleuten – das wäre selbst Teil des Problems, das ich in diesem Buch zu beschreiben versuche. Ohne jeden Zweifel gibt es unglaublich tolle Menschen in der Politik – und zwar auf Bundes-, Landes- und kommunaler Ebene, und ich persönlich bin viel zu faul, um deren Arbeitspensum bewältigen zu wollen. Und selbstverständlich gibt es im Journalismus Frauen und Männer, die Reportagen und Analysen liefern, die uns helfen, das, was da in der Welt vorgeht, zu verstehen. Und die sich noch für die engagieren, über die sie berichten. Und natürlich haben wir eine Menge von Unternehmerinnen und Unternehmern, Managerinnen und Managern, die sich für das Gemeinwohl nicht nur interessieren, sondern auch engagieren – nicht wenige nicht nur privat, sondern mit ihren Unternehmen. All diese Menschen sind extrem wichtig für eine freiheitliche Ordnung, die im Sinn von Böckenförde funktioniert, und sie alle bemühen sich um jenes Resonanzverhältnis, in dem sich auch die Bürgerinnen und Bürger als Gleiche zu Hause fühlen können.

Aber dummerweise gibt es auch nicht wenige, die mit diesem Resonanzverhältnis absichtlich oder nur aus Ignoranz Schindluder treiben und die erheblich dazu beitragen, die Demokratie auf den Hund zu bringen. Die folgenden Kapitel werden daher nicht nur die Fahrlässigkeiten und Verwahrlosungen im demokratischen Betrieb thematisieren, sondern jeweils auch an Beispielen zu zeigen versuchen, wie es besser gehen kann, als es gerade geht. Denn eine lebendige Demokratie braucht eine Politik, deren Horizont sich nicht auf die

Gegenwart und deren Reparaturerfordernisse beschränkt. Politik braucht ein Leitbild. Und ein solches Leitbild ist nichts für kostenlose Festreden, sondern muss in der alltäglichen Praxis der Demokratie gelebt werden, empfunden werden, belastbar sein. Dafür braucht es eine Menge Menschen, die dieses Leitbild in ihrem Handeln verkörpern.

Gerade in Zeiten, in denen weltweit die Zahl der Demokratien zurückgeht und die der Autokratien und Diktaturen zunimmt, genügt es nicht, von Werten zu reden, ohne zu prüfen, ob sie erstens noch in Geltung und zweitens noch zeitgemäß sind. Wenn man eine »wertegeleitete Außenpolitik« propagiert und zugleich Waffenbauteile an das menschenverachtende Regime in Saudi-Arabien liefert, aber absolut nichts für die 87 Millionen Frauen und Männer im Iran tut, die mit Todesmut für ihre Freiheit kämpfen – sollte man einfach tun, was man tun zu müssen glaubt, aber bitte nicht von Werten reden. Und wer der Auffassung ist, dass eine Wachstumswirtschaft, die ihre eigenen Voraussetzungen – Böden, Gewässer, Wälder – zunehmend radikal zerstört, um jeden Preis fortgesetzt werden muss, sollte einfach sagen, dass ihm oder ihr so ziemlich gleichgültig ist, ob nach ihrer besonders wertvollen Existenz andere auch noch leben dürfen. Und wer als Medienschaffende zu keiner Form von Selbstreflexion, geschweige denn Selbstkritik in der Lage ist, sollte eigentlich begreifen, dass sie oder er den Beruf verfehlt hat. Dessen Relevanz bestimmt sich nämlich nach seinem Beitrag für eine lebendige Demokratie, nicht nach Klickzahlen, Reichweite und Werbeeinnahmen.

In einem 21. Jahrhundert, das fast schon zu einem Viertel vorbei ist, braucht es kein selbstgewisses Senden entschiedener Botschaften, sondern die gemeinsame Vergewisserung darüber, dass es eine offene Frage ist, wie zivilisiert man durch dieses Jahrhundert kommen kann. Und zwar so, dass die Jüngeren die Freiheit haben, ihre Zukunft zu gestalten. Die Demokratie und die freiheitliche Ordnung sind in der ersten Hälfte des 21. Jahrhunderts nichts Gegebenes, sondern ein Lernprozess, der Gemeinschaftlichkeit voraussetzt, ein zivilisatorisches Projekt. Um dieses Projekt ging es Uwe Seeler. Und geht es mir in diesem Buch.

2. Was war noch mal die »Zeitenwende«?

»Kriegsschiffe statt Kreuzfahrtschiffe: Ist das die Zeitenwende?« – »Wenn Sie es so plakativ formulieren wollen.«[20]

Politische Folklore

Man sollte, das lehrt die Geschichte, sehr vorsichtig sein, wenn man die Bedeutung von Ereignissen seiner Gegenwart für eine künftige Geschichtsschreibung einschätzen will. Vieles von dem, was tagesaktuell als »historisch« erscheint – eine Bundestagswahl, der Rücktritt von irgendwem, eine Naturkatastrophe, ein technischer Unfall, eine Erfindung –, wird später nicht in Geschichtsbüchern auftauchen oder höchstens als Fußnote. Eine Wahl wird ja nur dann bedeutsam gewesen sein, wenn in der folgenden Legislaturperiode etwas Fundamentales geschieht – vielleicht so etwas wie die »Hartz-IV-Reformen«, das tatsächlich einzige wirklich tiefgreifende politische Reformwerk der letzten dreißig Jahre deutscher Politik. Rücktritte lassen die Zurückgetretenen bald in der Versenkung verschwinden, das liegt in der Natur der Ökonomie der Aufmerksamkeit. Vielleicht tauchen sie später noch mal in der Rubrik »Was macht eigentlich…« auf oder versuchen eine neue Karriere, wie der hochstaplerische Ex-Minister Guttenberg.

Naturkatastrophen werden in einer Zeit der Extremwetterereignisse schnell von einer nächsten übertroffen – die vielen »Jahrhundertfluten«, die das 21. Jahrhundert schon erlebt hat, kann man gar nicht mehr zählen. Dasselbe gilt für technische Großunfälle; Wiederholung normalisiert sie und macht sie historisch uninteressant. Und Erfindungen? Na gut, auch da wird Grundstürzendes nur alle paar Jahrzehnte gemacht. Die letzte Erfindung, die die Welt verändert hat, war das Smartphone, die vorletzte das Internet. Sonst war nicht viel in den letzten dreißig Jahren.

Umgekehrt wird manches »historisch«, was zur Entstehungszeit gar nicht beachtet wurde. Der Tagebucheintrag von Franz Kafka vom 2. August 1914, »Deutschland hat Russland den Krieg erklärt. – Nachmittags Schwimmschule« ist der Klassiker dazu. Später wird dieses Datum der Beginn der »Urkatastrophe des 20. Jahrhunderts« gewesen sein. Die Kurzsichtigkeit der Zeitgenossenschaft erklärt sich daraus, dass die Ereignisse, die in einer Gegenwart erlebt werden, ihre Bedeutung ja erst in der Zukunft dieser Gegenwart entfalten – und die kann niemand wissen. Außerdem kann je nach dem Gegenwartszustand ein Ereignis aus der Vergangenheit erst zu historischer Bedeutsamkeit aufgewertet werden, wie es etwa mit dem »Wunder von Bern«, dem Sieg der deutschen Fußballnationalmannschaft über die ungarische 1954 geschah, was zum Zeitpunkt des Geschehens gar nicht viele Menschen interessierte.[21] So etwas kann später durch Filme oder Romane oder auch durch politische Mythologie geschehen – »invented traditions«,[22] die sich für politische Instrumentalisierungen eignen. »Die Schlacht auf dem Amselfeld«, die der serbische Diktator Slobodan Milošević als Gründungsmythos für ein Großserbisches Reich instrumentalisierte, gehörte in Wahrheit zu den eher belanglosen, aber retroaktiv aufgewerteten historischen Ereignissen, der Rütlischwur desgleichen.

Zudem: Die Gedächtnisse von Gesellschaften sind wie die von Individuen opportunistisch. Immer werden Erinnerungen an dieses oder jenes im Licht der Gegenwart verwendet und dabei stets umgeschrieben. Im Fall von Gesellschaftsgeschichten gibt es mit der Geschichtswissenschaft allerdings eine professionelle Disziplin, die die historischen Fakten festhält, was diese Fakten aber nicht davor schützt, immer wieder neu interpretiert zu werden. Zumindest gilt dies, solange Ereignisse noch im Zeitraum des »kommunikativen Gedächtnisses« lebendig sind und verhandelt werden – das betrifft jenen Raum, den etwa drei Generationen umspannen, in dem also »Zeitzeuginnen« und »Zeitzeugen« mit ihren Enkelinnen und Enkeln direkt kommunizieren können.[23] In dieser Spanne ist die Geschichte »heiß«, Deutungen werden verhandelt, neu entwickelt, revidiert. Dieses Fluide hat das »kulturelle Gedächtnis« nicht mehr – in ihm sind Erinnerungs- und Vergangenheitsbestände erkaltet, zu fester Form geronnen und verkörpert in Gestalt von Denkmälern, Geschichtsbüchern, Museen usw. usf.[24] Aber auch das ist nicht in Marmor gemeißelt: Gruppen, die im kulturellen Gedächtnis marginalisiert sind, können unter bestimmten Bedingungen dagegen rebellieren und für eine Reformulierung der Geschichte kämpfen – wie man es in der Gegenwart infolge der Black-Lives-Matter-Bewegung und des postkolonialen Diskurses erlebt.

Also: Was »historisch« ist und was nicht, entscheidet sich irgendwann, aber ganz sicher nicht in der Gegenwart. Insofern ist es schon kurios, wenn am Tag nach der Verkündigung einer »Zeitenwende« durch den Bundeskanzler alle Medien die zugehörige Rede als »historisch« deklarieren und dieser Begriff fürderhin wie eine sich selbst erfüllende Prophezeiung durch den aktuellen Sprachgebrauch geistert, wahlweise auch als »neue Zeit«. Der Anlass für die Verkündigung dieser »Zeitenwende« ist bekanntlich der Angriff Russlands auf die Ukraine, was in historischer Perspektive möglicherweise als Regionalkrieg ohne besondere historische Bedeutung verzeichnet werden wird. Je nachdem, wie er sich entgrenzt und eskaliert, hat er auch das Potenzial, als »Dritter Weltkrieg« höchst geschichtsbedeutsam zu werden, was dann übrigens eine ganz andere Zeitenwende wäre, als der Kanzler glaubt. Aber auch dies ist nur ein weiteres Beispiel dafür, dass die Bedeutung von Geschehnissen erst später erkennbar wird. Die Zukunft entscheidet, was »historisch« gewesen sein wird, nicht die Gegenwart.

Man kann aber davon abgesehen fragen: Was macht denn eine »Zeitenwende« aus – der Wechsel eines militärpolitischen Paradigmas? Das wäre die Umstellung der Militärdoktrin von der Verteidigungsbereitschaft gegenüber terroristischen Gruppen und der flexiblen Kampfbereitschaft einer Einsatzarmee für »kleine Kriege« zurück auf den großen zwischenstaatlichen Krieg, wie er sich gerade vollzieht und zu erheblichen Aufrüstungen führt. Aber ist das schon eine Zeitenwende, wenn doch alles andere in der Gesellschaft, von Verschiebungen in den jeweiligen Haushalten abgesehen, gleichbleibt? Niemand verändert das Wirtschaftssystem, auch wenn es frivole Versuche gibt, gleich mal eine »Kriegswirtschaft« zu fordern. Niemand fordert dazu auf, die staatliche Institutionen-Architektur zu verändern, Wahlen auszusetzen, den Notstand auszurufen. Nichts verändert sich im routinierten Abarbeiten oder Liegenlassen von Aufgaben in den zuständigen Institutionen, die Kinder gehen zur Schule, die Erwachsenen zur Arbeit, niemand macht Revolution, nirgendwo ist ein Bürgerkrieg zu sehen, nicht einmal neue Parteien treten auf den Plan.

Wieder einmal gilt Odo Marquards Diktum, dass immer mehr Nichtkrise als Krise herrscht – und tatsächlich ist wohl eine Zeitenwende nicht zu sehen, wenn von einem »Sondervermögen« in Höhe von sagenhaften 100 Milliarden Euro nach einem Jahr noch nicht ein einziger Cent abgerufen wurde. Auch die Zeitenwende ist, wie die Energiewende, die Wärmewende, die Verkehrswende, ein offensichtlich behäbiger Vorgang. Wahrscheinlich ist sie gar keine, sondern nur Politfolklore.

Die Definition einer Zeitenwende müsste ja voraussetzen, dass sich ein Vorher und ein Nachher grundsätzlich unterscheiden, wie etwa nach einer Revolution, einer tiefgreifenden Pandemie, dem Untergang einer Weltmacht. Die Französische Revolution war gewiss eine Zeitenwende, die Pest ebenso, das dritte Beispiel ist schon fraglich. Sicherlich war der Untergang des Ostblocks als einer kompletten politischen Hemisphäre ein tiefer Umbruch, aber gerade der fiel und fällt im Ergebnis ganz anders aus, als die Zeitgenossen 1989 glaubten. Statt des finalen Siegeszugs des westlichen Systems, gleich ausgerufen als das »Ende der Geschichte«, bildete es den Beginn einer neuen geopolitischen Machtfiguration, in der womöglich nicht das Ende der Geschichte, aber der Geschichte des Westens heraufdämmert. So kann man sich täuschen.

Aber zurück in die Gegenwart: Gibt es 2023 ein Nachher, das ganz anders ist, als das Vorher 2022 war? Offensichtlich nicht. Insofern ist die Rede von der Zeitenwende nur dummes Zeug, das alle nachplappern. Aber vielleicht sind der Angriffskrieg Russlands und die damit verbundenen politischen Umsortierungen in der EU und in den Staaten des NATO-Bündnisses ein Unterpunkt im Prozess einer viel umfassenderen Zeitenwende, einer, die tatsächlich das Etikett »historisch« verdient hätte.

Diese mögliche Zeitenwende hat zwei Linien, die man jetzt schon ziehen kann und die einen zukünftigen Geschichtsraum mit einer gewissen Wahrscheinlichkeit definieren werden. Die eine Linie betrifft jene geopolitische Neuordnung, die mit dem Aufstieg Chinas und anderer im 20. Jahrhundert noch wenig mächtiger Staaten verbunden ist. In diesem Feld haben sich die bestehenden Machtbalancen eindeutig zu Ungunsten der seit 1989 dominierenden Machtfiguration »Westen« und zugunsten eines sich gerade konturierenden Blocks verschoben. Einige Entwicklungsländer von damals agieren inzwischen ihrerseits als globale Mächte: »Im Ranking der zwanzig wirtschaftlich stärksten Länder besetzen sie fast die Hälfte der Positionen und erwirtschaften kaufkraftbereinigt ein größeres Bruttoinlandsprodukt als die dem Westen zugerechneten Staaten. In den kommenden Jahren werden sie eine klare Vormachtstellung erringen; während die USA sich vorläufig noch behaupten, fällt Europa ins zweite oder dritte Glied zurück. Der Kontinent, der noch im Kalten Krieg den Hauptschauplatz bildete, rückt an den Rand des Weltgeschehens.«[25]

Das Entstehen dieser Figuration ist von der US-amerikanischen Außenpolitik spätestens seit der ersten Regierung Obama gesehen worden; Europa selbst hat sich dieser Entwicklung gegenüber bis 2022 außenpolitisch blind und passiv verhalten. Diese Entwicklungslinie ist für alles, was in den nächsten Jahren und Jahrzehnten geo- und machtpolitisch geschehen wird, höchst bedeutsam. Ob sie in einer langfristigen historischen Optik mehr ist als eines der üblichen Aufstieg-und-Fall-Szenarien von Imperien, die die Geschichtswissenschaft beschreibt, weiß man nicht.

Die andere Linie zeichnet eine noch tiefgreifendere Veränderung ab. Sie geht nicht auf neue Machtbalancen und Systemkonkurrenzen – also auf soziale Faktoren – zurück, sondern auf die tiefgreifende Modifikation der Überlebensbedingungen für die menschliche Lebensform, also auf naturale Faktoren. Das ist neu und war bislang noch nicht Gegenstand der Geschichte, die Menschen machen. Ausnahmslos alle einschlägigen wissenschaftlichen Befunde zeigen vehemente Veränderungen in der Biosphäre und im Klimasystem. Und deren Folgen für das Weiterleben der Menschen reichen von Bodenverlusten und Extremwetterereignissen über Ernährungsprobleme und Migrationsströme bis hin zu den sogenannten Kipp-Punkten im Erdsystem, die das hochkomplexe Gesamtgefüge von Meeresströmungen, Klimazonen, Kohlenstoffsenken usw. stören und Folgen haben können, die man beim besten wissenschaftlichen Wissen noch gar nicht vorhersagen kann. Nur dass sie nicht förderlich sein werden, kann man annehmen.

Für solche grundstürzenden, umfassenden Veränderungsprozesse in einer hochgradig interdependenten Welt mit der größten Gesamtbevölkerung, die es je gegeben hat, liegt keinerlei historisches Erfahrungswissen vor. *Was jetzt geschieht, gab es noch nicht.* Und bedauerlicherweise ist es wahrscheinlich, dass die bisherigen Erfahrungen und Wissensbestände in Sachen Krisenbewältigung nicht viel hergeben für die künftige Entwicklung, weil es sich bei dieser Veränderung nicht um eine vorübergehende Veränderung von Teilsystemen – wie bei einer Pandemie, einem Krieg, einer Revolution – handelt, nach deren Bewältigung Regulierungen einsetzen, die ein Teilsystem innerhalb des Erdsystems neu justieren. Sondern es geht, nach allem, was wir wissen, ums Ganze, und damit müssen die Menschen zum ersten Mal umgehen.

Einstweilen tun sie das, indem sie die Dimension verleugnen und deshalb »Zeitenwenden« für vergleichsweise kleine Phänomenbereiche ausrufen. Tatsächlich spricht aus meiner Sicht viel dafür, den Ukrainekrieg im größeren Zusammenhang der Veränderung im Erdsystem zu betrachten (vgl. S. 83). Denn wenn diese Veränderung immer und längerfristig mehr und mehr Veränderungen in den Überlebensbedingungen der Menschen mit sich bringt, dann werden imperialistisch motivierte Landnahmen und Kriege schon deswegen wahrscheinlicher, weil bewohnbares Land mit lebensdienlichen klimatischen Verhältnissen weniger wird. Wir können in diesem Zusammenhang auch über Wasser sprechen, über Hitze, über Hurrikans und noch über vieles mehr. Und über Ressourcenkonkurrenz, die heftiger wird, je knapper die Ressourcen werden. Die zivilisatorischen Fortschritte, die in den vergangenen Jahrhunderten erreicht wurden und die sich in einem immer weiter absinkenden Gewaltniveau und höherer Lebenssicherheit niederschlugen, können schnell dahin sein, wenn es für immer größer werdende Gruppen um die Sicherung ihrer wirtschaftlichen Grundlagen unter wachsendem Umweltstress geht.[26]

Alles das ist, und nun kommt der entscheidende Punkt, überhaupt keine Neuigkeit. Wir wissen das seit Jahrzehnten. Die Neuigkeit ist, dass Ignorieren nicht mehr hilft.

Gerade weil dieser Vorgang ein erstmaliger in der Geschichte der Menschheit ist, lag es ein halbes Jahrhundert lang nahe, ihn nicht zur Kenntnis zu nehmen. Tatsächlich ist das der dominante Umgang mit allem diesbezüglichen Wissen seither. Man hat trotz aller Daten und Befunde, aller Studien und Phänomene erst mal so weitergemacht wie zuvor. Das liegt vor allem daran, dass das bis weit in das 20. Jahrhundert hinein dominierende Menschheitsproblem die soziale Frage war. Die Frage nach der möglichst gerechten Verteilung von Lebens- und Überlebenschancen hat die Arbeiterbewegung genauso hervorgebracht wie den Faschismus und den Sowjetkommunismus, die soziale Marktwirtschaft wie den Austromarxismus, die verschiedenen Ausprägungen kapitalistischer Systeme, liberale und totalitäre Lösungen, freiheitliche und gewaltvolle, integrative und ausgrenzende gesellschaftliche Formen.

Immer ging es darum, wie und für wen man Teilhabe an den verfügbaren Gütern und Leistungen gewährleisten konnte und wollte. Die Lösung, die wahrscheinlich am meisten zur Befriedung der sozialen Frage beigetragen hat, war die in der westlichen Nachkriegszeit entwickelte soziale Marktwirtschaft, die erhebliche Wohlstandszuwächse und nichtmaterielle Vorteile wie Bildungs-, Gesundheits- und Sozialversorgung gebracht hat. Aber egal, welche Lösung der sozialen Frage versucht wurde: Immer dominierte sie das gesellschaftliche Naturverhältnis. Denn die Natur wurde systemunabhängig als ein grenzenloses Lager voller Rohstoffe für die Befriedigung menschlicher Bedürfnisse definiert und als solches behandelt.

Natur spricht

Man konnte dabei zunächst überhaupt nicht absehen, welche Folgen ein solches Naturverhältnis für die langfristigen Überlebensbedingungen haben würde – die Entwicklung von menschlichen Gesellschaften vollzieht sich global ungleichzeitig, und die Entwicklungshorizonte sehen in einer leeren

Welt anders aus als in einer vollen.[27] Egal: Die Folgen dieses räuberischen Umgangs mit der Natur stellen sich, obwohl sie sich im letzten Drittel des 20. Jahrhunderts bereits abzeichneten, erst im 21. Jahrhundert in aller Dramatik dar.[28] Metaphorisch gesprochen: Die meiste Zeit, seit die Menschen begonnen haben, nichtnachhaltig zu wirtschaften, hat die Natur dazu »geschwiegen«. Tierarten sind ausgestorben, Landschaften verödet, tote Zonen sind in den Meeren entstanden. Aber jetzt, im 21. Jahrhundert, »spricht« die Natur, und zwar Klartext. Seinen Ausdruck findet dieser Text in Bränden, Dürren, Hurrikans, Überschwemmungen, Hitzewellen, Erdrutschen und Überflutungen. Und im Verschwinden von Arten: Ein Drittel der Vögel ist weg, die natürlichen Ökosysteme sind um die Hälfte reduziert.[29]

Das heißt: Neben die soziale Frage ist mit Macht die ökologische Frage getreten. Lösungen für beide Fragen stehen aber einstweilen in Widerspruch zueinander, denn die gelingende Bewältigung der sozialen Frage hat die ökologische erst entstehen lassen. Die zivilisatorische Aufgabe, beide Fragen zusammen lösen zu müssen, hat sich so noch nie gestellt (obwohl schon Marx darauf hingewiesen hatte, dass die Quellen der kapitalistischen Aneignung Kapital, Arbeit *und Natur* sind).

Die ausbleibende Bearbeitung dieses Problems hat mit dem Erfolg der Bewältigung des einen Teils, des sozialen, zu tun. Niemand weiß, wie man die soziale Frage befrieden soll, wenn man zugleich auch Frieden mit der Natur schließt. Deshalb ziehen die Gesellschaften und ihre Wirtschaften es vor, das Problem zu ignorieren. Und genau das erzeugt nicht nur eine Zunahme unterschiedlicher Krisen, die jede auf ihre Weise mit dem Problem zu tun haben. Sondern die Zunahme der Krisen erzeugt auch eine zunehmende Reaktanz: einen

Verlust von Überblick einerseits und eine Aggressivität in den Lösungsversuchen andererseits, die kontinuierlich zunimmt.

Statt Frieden mit der Natur zu schließen, was ein höheres zivilisatorisches Niveau der menschlichen Konfliktlösungen voraussetzt, wird der Krieg gegen die Natur umso intensiver fortgesetzt, je aggressiver der Umgang der Gesellschaften miteinander wird. Und umgekehrt, denn beides bedingt sich gegenseitig. Wenn wir keinen Frieden mit der Natur schließen, wird der Weltfrieden eine unerreichbare Utopie.

Die wirkliche Zeitenwende ist definiert durch die Neuartigkeit des Überlebensproblems. Und sie wird bestimmt durch die Folgen der Versuche, den Umweltstress und die künftigen Knappheiten zu bewältigen. Je größer der Überlebensstress wird, desto verbissener wird die Konkurrenz. Das könnte eher ein Zeiten-Ende sein, denn *das* wird keinen Stein auf dem anderen lassen. Die vergleichsweise lächerliche Mobilisierung von mehr Mitteln für das Militär ist ja nicht mehr als ein Anachronismus, die Anwendung alter Rezepte für neue Probleme.

Eine so umrissene Zeitenwende bedeutet notwendig auch eine ganz neue Reihung von politischen Aufgaben und Prioritäten, sonst wird man sie nicht meistern und mit Pauken und Trompeten untergehen. Und schwupps sieht man: dass so etwas wie ein Krieg eine geradezu willkommene Gelegenheit ist, sich ganz intensiv den alten Aufgaben und Priorisierungen zu widmen und sich vom eigentlichen Problem abzuwenden. Ethologisch könnte man das als eine Art von Übersprungshandlung beschreiben, psychologisch als Realitätsverweigerung, politisch als Versagen vor der Aufgabe.

Wir sehen: eine Refossilisierung der Energiewirtschaft, das Kontraproduktivste, was gerade passieren kann. Wir sehen: eine

Renaissance der Rüstungsspirale, das Kontraproduktivste, was gerade passieren kann. Wir sehen: eine Vereinfachung von komplexen politischen Perspektiven und Optionen auf Gut und Böse, das Kontraproduktivste, was gerade passieren kann. Wir sehen: eine Zunahme von Aggressivität gegenüber Denken, das Kontraproduktivste, was gerade passieren kann.

Und wir sehen mit Bestürzung: Eine Zeitenwende ist etwas ganz anderes. Nämlich etwas, was nicht wir machen, sondern was geschieht. Und damit eine Aufgabe, vor der wir zivilisatorisch stehen und für die wir einstweilen noch gar keine Lösung haben. Wir spüren diese Aufgabe nur, als Vibrationen im System, als mentale seismische Störungen, als Angst davor, dass die Rezepte von früher nicht mehr helfen, dieses neue Problem zu meistern.

Es gibt drei Möglichkeiten: das Problem kognitiv zu bewältigen – also so zu tun, als existiere es nicht (solange die Mittel reichen). Oder Nebenkriegsschauplätze zu eröffnen und mitzuteilen, man habe jetzt mal wieder Wichtigeres zu tun. Oder es real anzugehen – und dabei davon auszugehen, dass sehr Vieles anders und gelegentlich unkomfortabler werden wird als gewohnt.

Demokratie muss man persönlich nehmen

In diesem Buch wird es um die verhängnisvolle Strategie der politischen, wirtschaftlichen und medialen Eliten gehen, die Symptome des Zeiten-Endes einer westlich geprägten Epoche zu ignorieren, anstatt sie als Impulse für einen notwendigen Richtungswechsel aufzunehmen. Das Kulturmodell der permanenten Steigerung von Wohlstand und Konsum, des Wettbewerbs und der Überbietung, des Kriegs gegen die Natur und die anderen hat sich überlebt. Und es gibt viele Leute, die das nicht nur spüren, sondern die auch zu Veränderungen bereit sind. Aber die in den vergangenen Jahrzehnten gewachsene und besonders durch die Krisenereignisse der vergangenen Jahre noch vertiefte Distanz zwischen den Eliten und der Mehrheitsbevölkerung ist ein Hindernis dafür, endlich den notwendigen Richtungswechsel zu beginnen. Diese Distanz ist auch eine substanzielle Gefahr für die Demokratie.

Es genügt nicht, wenn die Politik den erodierenden gesellschaftlichen Zusammenhalt beklagt – sie muss sich selbst und ihre Praxis als eine der Ursachen für das Schwinden des Zusammenhalts begreifen. Die Politik der deutschen Gegenwart hat kein Leitbild, und schon gar keins, was an den Herausforderungen des 21. Jahrhunderts geschult wäre. Eine Politik ohne Leitbild hat kein Gestaltungsziel, weiß nicht, auf welche Zukunft hin sie ein Land, eine Gesellschaft entwickeln will und soll. Und kann deshalb auch keine Orientierung geben, was besonders dann misslich ist, wenn die multiplen Krisen selbst anzeigen, dass die vorliegenden Rezepte nicht mehr helfen. Eine Politik ohne Leitbild ist, anders gesagt, selbst kaum mehr als ein Korken auf den Wellen, Kräften folgend, aber nicht orientiert und auch nicht orientierend. Deshalb all dies Kontraproduktive, Aus-der-Zeit-Gefallene, Aktionistische und Aggressive, das ich in den folgenden Kapiteln beschreiben werde.

Dabei bemühe ich mich, nach den Situations- und Problembeschreibungen jeweils auch Perspektiven, Ansätze und Beispiele für die Möglichkeiten des Gelingens des notwendigen Richtungswechsels zu zeigen. Auch wenn wir nach drei, vier Jahrzehnten zahlreicher wirtschaftlich und politisch falscher Weichenstellungen mittlerweile in einem Land leben, in dem vieles von gestern, verschlissen, verwahrlost und übernutzt ist, haben wir als Bewohnerinnen und Bewohner Deutschlands doch das ungeheure Privileg, in einer reichen und freien und demokratischen und rechtsstaatlich verfassten Gesellschaft zu leben, was bedeutet, dass wir eine Menge Handlungsspielräume haben, die Dinge zum Positiven zu verändern.

Daher ist dieses Buch der empirisch informierte Versuch zu zeigen, was aus welchen Gründen falsch läuft, wie gefährlich das für die Demokratie ist und wie man gegensteuern könnte. Dabei geht es um den *Zusammenhang* der Krisen, die keine voneinander unabhängigen Geschehnisse sind, um den Irrsinn des Kriegführens und des Abschieds von einer Friedenspolitik, um den Abstieg des Westens in einer grundlegend veränderten weltpolitischen Figuration und schließlich um Politik, Wirtschaft, Medien und um das Wichtigste in einer lebendigen Demokratie: die Leute.

Und immer auch um die Umrisse eines Leitbilds, das wir brauchen, um zivilisiert durch dieses Jahrhundert zu kommen.

Ich nehme alles, was ich auf den folgenden Seiten beschreibe, persönlich. Und zwar deswegen, weil Demokratie nur bewahrt und fortentwickelt werden kann, wenn es genug Menschen gibt, die die Demokratie persönlich nehmen. Meine Einschätzung ist, dass es eine breite Mehrheit in der ganz normalen Bevölkerung gibt, die das Handeln und die Haltungen der politischen, wirtschaftlichen und medialen Eliten als weit entfernt von ihren eigenen Wahrnehmungen, Werten und Wünschen empfindet, und das ganz zu Recht. Es ist ein gefährliches Versäumnis, diese Empfindungen nicht zur Kenntnis zu nehmen und dem Rechtspopulismus zur Instrumentalisierung anzubieten. Und stattdessen unernst und albern von »Augenhöhe«, »Respekt«, »die Menschen mitnehmen« zu reden und gerade damit immer wieder unter Beweis zu stellen, dass man sie, die Bürgerinnen und Bürger, im Grunde für unmündig, anleitungs- und betreuungsbedürftig hält. Oder für dämlich.

Elitismus ist toxisch für die Demokratie, wie man am Erfolg antielitistisch auftretender Populisten von Trump bis AfD plastisch sehen kann. Mir scheint, es wäre dringend an der Zeit, sich nicht mehr in rituellem Entsetzen über die antidemokratischen Entwicklungen zu gefallen, sondern in einem substanziellen, verfassungspatriotischen Sinn ein Bündnis mit den guten Leuten, mit der Mehrheitsbevölkerung in diesem Land einzugehen. Da muss dann mal Schluss sein mit den Selbstgesprächen der Politik, mit dem Erklären, mit der Blasiertheit, mit den von Agenturen geschriebenen Slogans, die so durchschaubar unwahr sind. Dann wird vielleicht alles noch mal wieder gut.

3. Das Krisengeflecht

Von sich selbst nicht aufgehalten sein

Beginnen wir mit einer Nachricht aus dem vergangenen Hitzesommer, der Europa eine spektakuläre Dürre, diverse Waldbrände und vielerorts Niedrigwasser in den Flüssen brachte, das in Frankreich den Betrieb mehrerer Atomkraftwerke unmöglich machte und in Deutschland die Versorgung von Kraftwerken mit Kohle stark erschwerte, weil die Frachtschiffe nicht oder nur halb beladen fahren konnten. Der Verkehrsminister der Bundesrepublik zog daraus eine Schlussfolgerung, die er der Öffentlichkeit am 29. August 2022 zur Kenntnis brachte: Wenn diese Flüsse partout zu niedrige Wasserstände aufwiesen, dann müsse man sie eben vertiefen. »Der Bundesverkehrsminister bezeichnete das aktuelle Niedrigwasser als Notlage und verwies auf die Folgen des Klimawandels, zu dem auch ›immer wieder extreme Niedrigwasserperioden‹ gehörten. Wissing sieht in der Vertiefung des Flusses eine Lösung gegen die dadurch entstehenden Probleme der Binnenschifffahrt.«[30]

Man ist geneigt, darin einfach einen Ausdruck von Dummheit zu sehen, der schon deshalb wenig irritiert, weil das Bundesverkehrsministerium einem sorgfältig geheim gehaltenen Grund zufolge immer mit einer maximal inkompetenten Person besetzt wird. Aber hier liefert Dummheit allein keine hinreichende Erklärung. Was Minister Wissing zum Ausdruck bringt, ist die vollständige Unfähigkeit, in Kategorien der Endlichkeit und des Aufhörens zu denken. Denn er verweigert sich der Einsicht, dass Niedrigwasser mit fehlendem Wasser zu tun hat. Und dass das Wasser deshalb fehlt, weil zunehmende Hitze- und Dürreperioden zu den lange prognostizierten Folgen des Klimawandels zählen. Was er sieht, ist die Folge, die aus Niedrigwasser in Flüssen für die wirtschaftlichen Wertschöpfungsketten entsteht, und diese Folge ist aus seiner Sicht nicht akzeptabel.

Schon im Jahr 2006 hatte der britische Ökonom Nicholas Stern die erwartbaren volkswirtschaftlichen Kosten des Klimawandels auf fünf Prozent des jährlichen globalen Bruttoinlandsprodukts taxiert. Sie ergeben sich nicht nur aus der Notwendigkeit, klimawandelsbedingte Katastrophen – wie etwa die Flutkatastrophe im Ahrtal im Sommer 2021 – kompensieren zu müssen, sondern gerade aus Produktionsausfällen, Transportschwierigkeiten, Lieferproblemen etc. Die Kosten für die Bekämpfung des Klimawandels beliefen sich Sterns Berechnungen zufolge dagegen auf etwa ein Prozent des BIP, weshalb er die vermiedene Bekämpfung als das »größte Marktversagen« der Wirtschaftsgeschichte bezeichnete. Inzwischen geht Stern von einer Verdoppelung der Kosten aus, weil das Marktversagen seit 2006 fortgesetzt wird.

Solche Berechnungen, die übrigens zum selben Zeitpunkt mit demselben Ergebnis von der Unternehmensberatung McKinsey vorgelegt wurden, müssten ja gerade einem Minister aus einer wirtschaftsliberalen Partei geläufig und einleuchtend sein, sind es offenbar aber nicht. Aber der Mann ist, wie sehr viele seiner Mitpolitikerinnen und Mitpolitiker, Opfer der Erfolgsgeschichte des modernen Wachstumskapitalismus. Denn dieser verdankt seine globale Erfolgsgeschichte dem mit der Aufklärung und dem Entstehen industrieller Produktionsweise in die Welt gekommenen Glauben, dass erstens Menschen etwas anderes als Naturwesen seien und dass zweitens die nichtmenschliche Welt ausschließlich dafür da sei, zur grenzenlosen Erweiterung der menschlichen Möglichkeiten zur Verfügung zu stehen. Seinen Exzess findet dieser Glaube in den grotesken Weltanschauungen der Phantastilliardäre Jeff Bezos und Elon Musk, die grenzenlose Geldmittel zur permanenten Vergrößerung ihrer Weltreichweite einsetzen, bis hin zur völlig besemmelten Idee, den Mars zu besiedeln.

»Grenzen des Wachstums« scheinen in den Weltbildern der Wissings unvorstellbar, selbst wenn sie ihnen auf das Anschaulichste in Gestalt von Niedrigwasser vorgeführt werden. Ähnlich wie andere religiös Beseelte glauben sie bei aller gegenteiligen empirischen Evidenz einfach weiter. Schließlich hatte ihr Glaube ja schon seit seinem Entstehen jedem begründeten Einwand – ob er nun von Karl Marx, Max Weber oder Dennis Meadows kam – standgehalten, einfach deswegen, weil die Segnungen eines Wirtschaftssystems, das von den Bedingungen seines Fortbestehens absieht und absehen muss, über zweihundert Jahre so sinnfällig waren.

Denn es ist ja evident, dass überall dort, wo das wachstumskapitalistische Wirtschaften Einzug hielt, sich die Lebensverhältnisse dramatisch verbesserten. Und damit ist keineswegs nur gemeint, dass sich die Menschen unter diesen Verhältnissen mehr leisten konnten, sondern auch, dass ihre Gesundheit sich verbesserte, ihre Lebenserwartung sich erhöhte, ihre Freiheit wuchs, ihre Bildung anstieg und ihre Lebenssicherheit ein historisch bis dahin unvorstellbares Niveau erreichte (vgl. S. 139). Alles dies sind sinnlich und lebenspraktisch erfahrbare, keine abstrakten Dinge, weshalb Kapitalismus dieser Art nicht nur ein ökonomisches, sondern im selben Maß ein mentales und kulturelles Programm ist. Wachsen ist in unserem Kultur- und Wirtschaftsmodell, obwohl es in der Natur (außer im pathologischen Fall) immer begrenzt ist, zur zivilreligiösen Pflicht, zu Wille und Vorstellung jedes und jeder Einzelnen, zum politischen Mantra und zur Regierungsfolklore geworden. Weil es funktionierte.

Jedenfalls so lange, wie man davon absehen konnte, dass seine zentrale Voraussetzung eben die fortgesetzte Zerstörung der Natur ist. Jetzt gibt es, metaphorisch gesprochen, eine Reihe von Vorbeben, seismische Störungen, die andeuten, dass das Fundament dieses Kultur- und Wirtschaftsmodells aufbricht – etwa Katastrophen wie im Ahrtal oder multiple Extremereignisse wie in Kalifornien, aber auch sogenannte Krisen im Finanzsystem, im globalen Migrationsgeschehen, durch Pandemie und Krieg.

Vorbeben

Aus meiner Sicht sind dies alles keine zufällig in der gegenwärtigen Verdichtung auftretende »Krisen«, sondern sie zeigen jede auf ihre Weise das Ende eines historischen Modells an, das sein Verfallsdatum schon eine Weile überschritten hat. Systeme brechen, anders als Hollywood-Blockbuster suggerieren, nicht in einem bombastischen Inferno zusammen, wenn sie am Ende sind, sondern sie laufen mit Hilfe ihrer Institutionen, ihrer Infrastrukturen, ihrer Traditionen und Verkehrsformen noch eine Weile weiter. Sie gleichen einem Haus, das langsam von Termiten ausgehöhlt wird und lange stehen bleibt, als sei gar nichts geschehen. Dann implodieren sie, wie die Sowjetunion 1989, »not with a bang but a whimper« (wie es in dem unheimlichen Gedicht von T.S. Eliot heißt). Kollabierende komplexe Systeme sind wie der Koyote im Zeichentrickfilm, der über den Abgrund hinausrennt und erst viel später merkt, dass er lange schon keinen Boden mehr unter den Füßen hat. So Wissing-mäßig.

Denn solange die Systeme zu funktionieren scheinen, funktionieren die Menschen in ihnen wie gewohnt. Im Kommunismus hat man unverdrossen Plattenspieler produziert, für die es keine Abnehmer gab; man mietete Scheunen an, um sie zu lagern, und produzierte weiter. Dieser Modus *noch* funktionierender Systeme erzeugt auch ein gesellschaftliches Unbewusstes, das es den Menschen lange Zeit ermöglicht, nicht zu sehen, was hinter der Fassade geschieht, was die seismischen Störungen als Vorbeben andeuten. Im Fall der ökologischen Unterminierung unseres Gesellschaftsmodells geht die erstaunliche Fähigkeit zum Wegsehen auch darauf zurück, dass die Vorstellung lange Zeit absurd erschien, dieses bisschen menschliche Aktivität würde gravierenden Einfluss nehmen auf den physikalischen und biologischen Stoffwechsel des scheinbar unermesslich großen Planeten und seines noch viel größeren Himmels.

Erst mit dem »Earthrise«-Foto der Astronauten von Apollo 8, das ausgerechnet am Heiligabend des Jahres 1968 gemacht wurde, kam die Befürchtung auf, dass dieser blaue Planet doch verletzlich sein könnte; ein paar Jahre zuvor hatten »Silent Spring« von Rachel Carson und später die »Limits to Growth« die Begrenztheit sowohl der Ressourcen wie der Senken des Planeten klar formuliert – und eine Ökologiebewegung entstand. Sie entwickelte sich aber verblüffend

Abb. 2: Erde, verletzlich. Heiligabend 1968.

gegenläufig zu der immer dynamischeren Ausbreitung des wachstumswirtschaftlichen Kapitalismus über den ganzen Planeten. 1989 fand dieser mit dem Zusammenbruch des Ostblocks und einer Entfesselung neoliberalen Wirtschaftens gerade auch in den postsowjetischen Ländern einen globalen Breakthrough, der die Zerstörung der Welt so sehr beschleunigte, dass Extremwetterereignisse, Dürren, unlöschbare Waldbrände usw. heute eine Normalität sind.

Die sich in immer rascherer Folge häufenden Krisen und Katastrophen werden aber wegen unserer funktionalen und emotionalen Bindung an die Idee eines immerwährenden Fortschritts nicht als *zwangsläufig* und *zusammenhängend,* sondern immer noch als *unerwartete* und *voneinander unabhängige* Ereignisse bezeichnet, weil man sich weigert, die Normalität der Polykrise als Ergebnis der Fortsetzung einer falschen Praxis anzusehen und den Schluss zu ziehen, dass man längst schon der Koyote ist. Noch die Ampel-Koalition, die schon mitten im Desaster regiert, hat sich in perfekter Ironie der Geschichte den Titel »Fortschrittskoalition« gegeben. Man sieht: Um der Religion der Unendlichkeit weiter dienen zu können, muss jedes Faktum der Endlichkeit ignoriert oder besser noch als Blasphemie verfolgt werden. Das Problem des Fortschritts ist, mit Ernst Bloch, dass er nicht fortschreitet.

Übrigens, und das lässt sich an der Geschichte des Todes eindrücklich nachzeichnen, musste die Moderne auch den individuellen Tod, also den leider unabweisbaren Umstand, dass alle Menschen früher oder später sterben, aus dem Bestand der sozialen Tatsachen exkommunizieren und zu einer privaten Angelegenheit machen. Der Historiker Philippe Ariès hat den modernen Tod den »wilden Tod« genannt, weil die Sterbenden mit ihm als ihrer persönlichen Angelegenheit konfrontieren müssen, während der vormoderne Tod für ihn als sozial und kulturell eingebettet, also »gezähmt« erschien.

In jedem Fall muss der Tod so weit wie möglich zum gesellschaftlich Unbewussten gemacht werden, damit die Illusion der Unendlichkeit aufrechterhalten werden kann. Aufhören als eine Praxis, ja als eine Kulturtechnik, die mit unabweisbaren Notwendigkeiten des Überlebens umzugehen lernt, erscheint vor diesem Hintergrund sowohl individuell wie gesellschaftlich undenkbar.[31] Genau deswegen müssen Todkranke und Sterbende, so formulieren es die Todesanzeigen, »bis zuletzt kämpfen«, anstatt ihren Frieden mit der Endlichkeit zu machen.

Und deswegen muss, um es mit Max Weber zu sagen, der »mächtige Kosmos der modernen Wirtschaftsordnung [...], der heute den Lebensstil aller einzelnen mit überwältigendem Zwang bestimmt«, aufrechterhalten werden, »bis der letzte Zentner fossilen Brennstoffs verglüht ist«. Auch dieses Zitat ist hundert Jahre alt. Beim Verfassen dieses Buches überkam mich immer dann ein Anflug von Verzweiflung, wenn ich einsehen musste, wie lange wir schon über einen Sachverhalt sprechen und wie gut wir darin sind, ihn zugleich zu ignorieren.

Aus dieser psychologischen Meisterschaft, etwas zugleich zu wissen und nicht für möglich zu halten, resultiert der Glaube des Verkehrsministers, den spätere Generationen für ebenso bizarr halten werden wie jeden anderen historischen Wunderglauben. Wichtig ist aber zu verstehen, dass Irr- und Aberglauben Menschen noch nie davon abgehalten haben, Verhältnisse zu schaffen, die höchst real waren. Der Glaube an eine jüdische Weltverschwörung im Nationalsozialismus etwa hatte den ganz realen Tod von Millionen Menschen zur Folge, der Glaube an den neuen Menschen in kommunistischen Narrenwelten wie der von Pol Pot desgleichen. Hungerkatastrophen wie jene, die Mao Zedong mit seinem »Großem Sprung nach vorn« herbeiführte, konnten den Glauben an die Richtigkeit seiner Staatstheorie so wenig erschüttern wie das Niedrigwasser im Rhein Wissings Glauben an den Sieg des Wachstums über die dummen Naturverhältnisse.

Was in historischer Perspektive immer wieder verblüfft, ist der Umstand, dass die Offensichtlichkeit des Schwachsinns gar nichts daran ausrichtete, dass die zeitgenössischen Mehrheiten ihm vorbehaltlos huldigten. Wachstum als kulturell und mental verankertes Glaubenssystem bindet die Gläubigen an Wahrnehmungen, Deutungen und Entscheidungen, die aus der Außenperspektive völlig verrückt erscheinen, innerhalb des Glaubenssystems aber als höchst plausibel. Das Problem ist nur, wie vor mehr als hundert Jahren der US-amerikanische Soziologe William Thomas formulierte: Wenn Menschen Situationen für real halten, dann *sind* diese in ihren Folgen real.

Verkehrsminister Wissing ist ein Mann von gestern, aber er macht heutige Wirklichkeit. Wie alle seine Kolleginnen und Kollegen, die die Erfolgsrezepte der Vergangenheit auf eine Welt zu applizieren versuchen, die dazu nicht mehr passt.

Und es hat sogar den Anschein, dass der Wunsch, die Rezepte mögen immer noch funktionieren, weil sie eben immer funktioniert haben, mit der Offensichtlichkeit ihrer Dysfunktion umso hartnäckiger wird. Es kann eben nicht sein, was nicht sein darf. Deutschland ist ein Land von gestern, das sich einredet, noch up to date zu sein. Jede Fahrt mit der Deutschen Bahn, jeder Versuch, ein simples Antibiotikum für sein Kind zu bekommen, dementiert das. Die Politik scheitert zunehmend bei dem Versuch, Anspruch und Wirklichkeit in eine annähernde Übereinstimmung zu bringen.

Oder wissenschaftlicher formuliert: Alle Waldbrände und Hitzesommer, alle Dürren und Gletscherschmelzen, alle Extremwetterereignisse und Flutkatastrophen erzeugen bei denjenigen, die an die Fortsetzbarkeit des Wachstumskapitalismus glauben, heftige kognitive Dissonanz. Kognitive Dissonanz ist ein unangenehmes Gefühl, das dann entsteht, wenn die Wirklichkeit sich anders darstellt als die Erwartung, die man an sie gehabt hatte. Der Sozialpsychologe Leon Festinger hat diesen Begriff geprägt, als er sich mit einer Sekte beschäftigte, der der Weltuntergang prophezeit worden war, weshalb ihre Mitglieder alle ihre irdische Habe verkauften und sich auf einem Hügel versammelten, um darauf zu warten, von einem Raumschiff abgeholt zu werden, während der ungläubige Rest der Menschheit untergehe. Bekanntlich ist das nicht passiert, und Festinger wollte wissen, wie nun die Sektenmitglieder mit der Enttäuschung ihrer Erwartung umgehen würden. Würden sie desillusioniert vom Glauben abfallen, ihren

Irrtum erkennen und beklagen? Nein, das taten sie nicht. Tatsächlich hatten sie einen Weg, ihre Glaubensüberzeugung mit den gegenläufigen Tatsachen in Einklang zu bringen. Ganz einfach, sagten sie, dies sei eine Prüfung der Festigkeit ihres Glaubens gewesen.[32]

Der Wunderglaube, die ökologischen und klimatologischen Probleme der Welt seien mit dem Erreichen des Ziels der Dekarbonisierung erledigt, trägt dieselben Züge. Und jede Hitzewelle in Spanien, jedes Großfeuer in Brandenburg, jede Flutkatastrophe irgendwo führt zu erneuten Bekenntnissen, dass das 1,5-Grad-Ziel erreicht werden müsse. Das Ziel, die Katastrophe zu vermeiden, blockiert die Wahrnehmung, dass sie längst da ist (vgl. S. 71). In unserer Welt stabiler Normalitätserwartungen, die in eine Kaskade katastrophischer oder vorsichtiger gesagt: neuer problematischer Geschehnisse hineinläuft, gibt es eine erprobte Form der Dissonanzreduktion: Wir nennen es »Krisen«. Dieser Begriff suggeriert, dass es sich bei dem jeweiligen Geschehnis um die Unterbrechung eines Normalverlaufs handelt und dass das betroffene System nach Bewältigung der »Krise« wieder in den Normalzustand zurückkehrt. Mit Hilfe dieses Begriffs kann man anzuerkennen vermeiden, dass die Welt, in der man sich befindet, in einem Strudel von Veränderung steckt. Wenn man die Vorbeben, die seismischen Zeichen der tektonischen Verschiebung unserer Welt »Krisen« nennt, sagt man sich: Bleibt alles, wie es ist. Wir müssen da nur erst mal durch.

Dabei hilft es wie gesagt sehr, die »Krisenereignisse« als unabhängig voneinander zu sehen: Die Weltfinanzkrise von 2007/2008 mit der anschließenden Weltwirtschaftskrise und Eurokrise war ein distinktes Ereignis, das nach erfolgreicher Bewältigung abgeschlossen ist. Das System tritt in den Normalzustand zurück. Was leider nicht zutreffend ist, denn die Austeritätspolitik insbesondere Deutschlands gegenüber den südeuropäischen Ländern, insbesondere Griechenland, hat zu tiefen Kränkungen geführt, wie sie dann in der Energiepreiskrise infolge des russischen Kriegs gegen die Ukraine wirksam wurden. Man sah wenig Lust etwa in Spanien, Portugal oder Griechenland, den Deutschen bei der Ersatzbeschaffung ihrer fossilen Brennstoffe unter die Arme zu greifen. Und die Finanzkrise ist insofern nicht bewältigt, als das Finanzsystem, wie die Pleiten einiger US-amerikanischer Banken und der Credit Suisse im Frühjahr 2023 zeigen, wohl immer noch fragil ist. Diese Krise liegt gewissermaßen nur auf Wiedervorlage.

Dasselbe gilt für die »Flüchtlingskrise« vom Spätsommer 2015 infolge des Syrienkriegs, die durch entschlossenes Handeln vieler ehrenamtlicher Helferinnen und Helfer und den professionellen Einsatz der zuständigen Institutionen von Landratsämtern bis zur Polizei, von den Asylbehörden bis zum Roten Kreuz situativ gut bewältigt wurde. In keiner Weise bewältigt wurde sie aber durch die Europäische Union, die auch acht Jahre nach dieser »Krise« und nach zahlreichen humanitären Desastern mit Flüchtlingslagern und menschenrechtlich skandalösen Hilfeverweigerungen etwa an der polnisch-belarussischen Grenze sich im Juni 2023 auf eine Verschärfung des Asylrechts geeinigt hat, die die logische Konsequenz inhumanitären Nichthandelns ist. Alle Asylsuchenden sollen künftig an den Außengrenzen der EU in eigens dafür zu errichtenden Lagern geprüft und dort bis zur Entscheidung verbleiben. Politiker wie Jens Spahn und Winfried Kretschmann finden es nicht gut, wenn man die Lager »haftähnlich« nennt. Die Leute können ja schließlich gehen …

Schon vor dieser perfiden Zwischenlösung der »Flüchtlingsfrage« hat die EU mit Warlords in Libyen fadenscheinige Verträge gemacht, um Menschen vor Ort in Lagern niederträchtig aufzubewahren, wo sie gefoltert und vergewaltigt werden. Sie hat auch die skandalumwitterte Grenzschutzorganisation Frontex immer weiter ausgebaut, die unter anderem mit sogenannten Pushbacks und Behinderungen von Rettungseinsätzen für Ertrinkende verhaltensauffällig war. Man hat auch versucht, sich eines Teils des »Problems« zu entledigen, indem man Verträge mit dem für Demokratie, Menschenrechte und Rechtsstaatlichkeit nicht berühmten türkischen Staatspräsidenten Erdoğan ausgehandelt hat; Konflikte und Pushbacks zwischen Griechenland und der Türkei sind seither an der Tagesordnung. Die britische Regierung, 2015 noch Mitglied in der EU, mittlerweile ausgetreten, schließt völkerrechtswidrige Verträge mit Ruanda, um Geflüchtete dorthin regelrecht zu entsorgen.[33] Und hat vor, das Asylrecht ganz abzuschaffen.

Das alles ist sehr schlimm, wird aber noch schlimmer durch eine Rhetorik, die bei aller offenkundigen Unbekümmertheit um Recht und Humanität immer noch von den »europäischen Werten« spricht, die sie zugleich mit Füßen tritt. Interessant war auch die Empörung auf europäischer Seite, als der amerikanische Präsident Donald Trump ein gigantisches Zaunbauprojekt in Angriff nahm, um Menschen am illegalen Übertritt in die USA zu hindern. Heute ist die EU selbst ein großer Zaunbauer, hängt das aber nicht an die große Glocke.

So schreibt die Politikwissenschaftlerin Elisabeth Vallet: »Der Wandel hin zum Errichten statt zum Einreißen von Mauern vollzog sich in Europa in zwei Phasen, beginnend im Jahr 2015. Damals führte die Krise in Syrien dazu, dass man in der

EU der Ansicht war, es gebe auch in Europa eine sogenannte ›Flüchtlingskrise‹. In den darauffolgenden Jahren setzte sich der Mentalitätswandel fort, sowohl wegen der strategischen Bedrohung durch Russland nach der Krim-Annexion 2014 als auch wegen der Instrumentalisierung der Migrationsbewegungen durch gewisse Nachbarn der EU. Als Ergebnis gibt es in Europa im Jahr 2023 von Finnland bis Griechenland, von der Ukraine bis Calais in Frankreich 17 ummauerte oder umzäunte Grenzgebiete. Während Ende des 20. Jahrhunderts 1,7 Prozent der europäischen Landgrenzen umzäunt waren, sind es heute 15,5 Prozent. 2008 Kilometer Mauern und Zäune durchziehen derzeit den Kontinent.«[34]

Wenn man gleichzeitig in Rechnung stellt, dass die Zahl der Menschen, die infolge von direkten und indirekten Auswirkungen des Klimawandels künftig ihre Heimat verlassen müssen, kontinuierlich genauso ansteigt wie die Zahl der Kriegsflüchtlinge und Opfer von Vertreibungen, wird man kaum von einer Krise sprechen können. Wir haben es mit einer säkularen Veränderung zu tun: Immer mehr Menschen können dort nicht überleben, wo sie herkommen, und suchen Rettung und Schutz dort, wo sie überleben könnten. 2050, dem Zieljahr der großen Dekarbonisierung, werden nach Schätzungen der Welthungerhilfe 140 Millionen Menschen allein wegen der Folgen des Klimawandels auf der Flucht sein. Etwa 90 Millionen Menschen galten schon 2021 als gewaltsam vertrieben, die Hälfte von ihnen Kinder und Jugendliche. 2022 ist die Zahl, auch wegen des Ukrainekriegs, auf 110 gestiegen.

Viele Millionen Flüchtlinge weltweit sind sogenannte Binnenflüchtlinge, sie überschreiten keine Landesgrenzen, sondern sind innerhalb ihrer Heimatländer auf der Flucht und heimatlos, gegenwärtig sind das etwa 71 Millionen.[35] Der

UN-Flüchtlingshochkommissar Filippo Grandi konstatiert: »Wir beobachten eine veränderte Realität. Vertreibung betrifft aktuell nicht nur viel mehr Menschen, sondern sie ist auch kein kurzfristiges und vorübergehendes Phänomen mehr. Wir brauchen eine grundlegend neue und positivere Haltung gegenüber allen, die flüchten, gepaart mit einem viel entschlosseneren Bestreben, Konflikte zu lösen, die jahrelang andauern und die Ursache dieses immensen Leidens sind.« Grandis Hoffnung ist nachvollziehbar, aber vergeblich. Es gibt weder national noch international tragfähige Konzepte, mit diesem dauerhaften Geschehen umzugehen, geschweige denn seine Ursachen zu bekämpfen. Im Gegenteil: In der »neuen Zeit«, in der Aufrüstung und Militarisierung die neue Staatsräson bilden, werden die Flüchtlingszahlen massiv steigen. Und mit ihnen die Gewalt.

Nächste »Krise«: die Corona-Pandemie. Die kann hier relativ kurz abgehandelt werden. Wie man inzwischen weiß, waren Pandemien dieser Art von der Virologie und Epidemiologie lange vorhergesagt worden. Dass Corona dann als weltweite Pandemie eintrat, war trotzdem wieder mal für alle überraschend und führte zu tiefgreifenden Eingriffen der Staaten in die Verhaltensweisen und Freiheitsrechte der Bürgerinnen und Bürger. Da auch für die Bewältigung dieses Geschehens keine Blaupause existierte, war die Politik gezwungen, nach dem Verfahren Versuch und Irrtum vorzugehen. Die Pandemie kostete nach Schätzungen weltweit sechs bis acht Millionen Menschen das Leben, die wirtschaftlichen Folgen sind immens, die psychischen – besonders für Kinder und Jugendliche – auch. Die deutsche Politik hat, auch wenn das heute viele Schlauberger anders sehen, in dieser präzedenzlosen Situation weitgehend klug gehandelt. Was sie nicht wissen konnte, konnte sie nämlich nicht wissen. Jens Spahn, der damalige Gesundheitsminister, hat im April 2020 den klugen Satz gesagt: »Wir werden einander viel verzeihen müssen.«

Auch wenn Epidemien und Pandemien Geschehnisse eigener Art zu sein scheinen, so hat doch die Wahrscheinlichkeit ihres Auftretens mit einer Menge Faktoren zu tun, die nicht im engeren Sinn virologisch sind. Im Zuge der Erschließung von immer mehr Naturräumen zu Zwecken der Rohstoffgewinnung und menschlichen Besiedelung sind die Grenzen zwischen den Habitaten von Menschen und Tieren immer durchlässiger geworden. Die Wahrscheinlichkeit von Zoonosen, also Infektionskrankheiten, die bei Tieren und Menschen vorkommen und wechselseitig übertragen werden können, ist damit kontinuierlich angestiegen. Vogelgrippe, Schweinegrippe, Creutzfeldt-Jakob-Krankheit und eben auch Covid-19-Infektionen sind Beispiele. Zugleich sorgt die global stetig wachsende Mobilität dafür, dass sich Infektionen schnell und weit ausbreiten und nur schwer unter Kontrolle gebracht werden können.

Pandemien sind allen wissenschaftlichen Einschätzungen zufolge Geschehnisse, die in Zukunft häufiger auftreten werden; ihre Stärke und ihre Dimensionen sind ungewiss. Auch die Coronapandemie ist nicht vorbei. Sie ist nur, wie die Virologen sagen, endemisch geworden. Sie wird künftig, wie die Influenza, immer wieder und in saisonalen Wellen auftreten. Also auch keine Krise, sondern eine Veränderung, die fortwirkt.

Nächste »Krise«: der russische Überfall auf die Ukraine. Der 22. Februar 2022 markierte bekanntlich nur jenen manifesten Punkt, an dem man nicht mehr – wie noch 2008 nach dem Georgienkrieg und 2014 nach der russischen Annexion der Krim – mit dem illusionären Wandel-durch-Handel-Konzept weitermachen konnte, das Deutschland über lange Jahre mit billiger Energie aus Russland versorgt hatte. Dieser Krise läuft – wie in einem Modus von Schuldstolz seit der ausgerufenen Zeitenwende rauf und runter beteuert wird – eine lange Phase des Ignorierens ihrer Anzeichen voraus, und ihre Wirkungen werden äußerst nachhaltig sein.

Wenn es nicht so furchtbar wäre, würde man sagen: Die Spatzen pfeifen es schon von den Dächern, das war der Auftakt, der nächste imperialistische Angriffskrieg steht bereits unmittelbar bevor. China wird den Versuch machen, Taiwan zu annektieren. Das hat es zuvor schon, unter bemerkenswert geringer internationaler Beachtung oder auch geflissentlicher Nichtbeachtung, mit Hongkong gemacht. Diese äußerst brutale, vertragsbrüchige und völkerrechtswidrige Machtübernahme hat die berühmte Weltöffentlichkeit nicht groß geschert.

In einem bei der UN hinterlegten Vertrag zwischen China und Großbritannien von 1985, der sogenannten Joint Declaration, wurde Hongkong für 50 Jahre der Status einer Sonderverwaltungsregion eingeräumt, mit Pressefreiheit, Religionsfreiheit, Demonstrationsrecht, Meinungsfreiheit, Rechtstaatlichkeit. »Ein Land, zwei Systeme«, hieß das Leitbild dafür, das aber gut 40 Jahre später einer Realität wich, in der die – vor allem aus Studierenden bestehende – Hongkonger Protestbewegung gegen die von China verhängten Freiheitseinschränkungen mit mehr und mehr Gewalt beantwortet wurde. Bis China ein »Sicherheitsgesetz« beschloss, mit dem so ziemlich alles kriminalisiert wurde, was als chinakritische oder chinafeindliche Handlung interpretiert werden konnte. Die ohnehin chinatreue Präsidentin Carrie Lam wurde im Juli 2022 durch ein von Peking kontrolliertes Wahlgremium mit dem Hardliner John Lee ersetzt. Oppositionelle sitzen heute im Gefängnis, sieben Millionen Menschen haben ihre Freiheit verloren. Die wertebasierte Reaktion des Westens fiel verhalten aus. Man zeigte sich wie üblich »entsetzt«.

Dass der neue Imperialismus, wie ihn gegenwärtig Russland und China praktizieren, eine Ursache in den Folgen des Klimawandels hat, führe ich später noch aus (vgl. S. 83), aber schon hier lässt sich sagen, dass Landnahme als politische Option wahrscheinlicher wird, wenn das nutzbare Land schwindet. Dass autoritär oder diktatorisch regierte Staaten keinerlei ethische oder moralische Probleme damit haben, andere Länder zu überfallen, ist einfach zu verstehen: Sie folgen ja einer partikularen, keiner universalistischen Moral. Ihre Solidarität gilt nur den eigenen Leuten, den Zugehörigen. Dass es andere, Nichtzugehörige gibt, ist ein Teil ihres Systems der Herrschaftssicherung und für dieses sogar zwingend notwendig.

Je weniger nutzbares Land, desto wahrscheinlicher imperialistische Kriege. Auch der Ukrainekrieg ist mithin keine Krise. Unabhängig davon, wie er schließlich ausgehen wird, ist er nur einer von vielen weiteren, die folgen werden. Es war ja verblüffend zu sehen, wie widerspruchslos die Rede von der Zeitenwende und die damit verbundene Remilitarisierung aufgenommen wurde: Ja, nee, is klar, Zeitenwende. Das historische Unglück, neben all den zerstörten Leben der Toten und ihrer Angehörigen, besteht darin, dass wir alle mit der Militarisierung und Aufrüstung und einer neuen Blockbildung einen Entzivilisierungsschub erleben, der für die Kriegsvorbereitung materielle und mentale Kapazitäten von dort abzieht, wo sie eigentlich gebraucht werden. In diesem Sinn übrigens sind Imperialismus und Krieg *willkommene* Ablenkungen von unlösbar scheinenden Problemen – man hat jetzt Wichtigeres zu tun, als den Klimawandel zu bekämpfen. Ranga Yogeshwar fasst das in das Bild, dass der Dachstuhl brennt, man sich aber um die Zimmer streitet. Richard David Precht beschreibt es als Umarrangieren der Liegestühle auf der Titanic.

Beispiele und Metaphern solcher Art gibt es unzählige; sie alle zeigen, dass es die Wirklichkeit oft schwer hat gegen Überzeugungen. Mehr noch: dass die Bewältigung der Dissonanz darin besteht, nicht die Wirklichkeit anzuerkennen und sich danach zu verhalten, sondern die Wahrnehmung der Wirklichkeit zu verändern. Dass die Fragen von Erderhitzung und Artensterben am Ende sogar die Frage von Krieg und Frieden gegenstandslos machen, ist kein Trost. Die Energien, die sie beanspruchen, und die Aufmerksamkeitsdefizite, die sie provozieren, führen uns nicht nur von den möglichen Lösungen immer weiter weg, sondern auch von der Bereitschaft, die Probleme lösen zu wollen.

Nächste Krise: Wasser. Wie lange, glauben Sie, wird es noch dauern, bis Sie nicht mehr duschen können, wann Sie wollen? Das kann, der Frühsommer 2023 zeigt es, schneller geschehen, als Sie befürchten. Bereits in den vergangenen Jahren kam es in einzelnen Kommunen in Deutschland zu Forderungen, den Wassernotstand auszurufen, was etwa Verbote nach sich zieht, den Pool zu füllen oder den Rasen zu sprengen. Entsprechende Bilder kennen wir aus Kalifornien, wo manche Hausbesitzer den grauen Rasen mit amerikanischem Pragmatismus dann grün angestrichen haben, aber auch in Europa herrscht nach mehreren Rekordsommern hintereinander katastrophaler Wassermangel. Der Gardasee ist im Mai 2023 nur noch zu 40 bis 50 Prozent gefüllt, in Spanien herrschen bereits im Frühjahr hochsommerliche Temperaturen mit bis zu 40

Grad. Wasser fehlt dort überall, besonders aber im Süden, wo Gemüse für ganz Europa angebaut wird. In Brandenburg ist trotz eines regenreichen Frühjahrs der Grundwasserspiegel noch nicht wieder aufgefüllt. Zustände, wie wir sie vor zehn Jahren in einem Szenario für das Jahr 2040 berechnet haben, herrschen schon jetzt.[36] Es geht alles viel schneller. Das Problem ist *nicht* lösbar. Wo das Wasser fehlt, fehlt das Wasser.

Deshalb erklärte das Weltwirtschaftsforum schon 2019 Wasserknappheit und seine Auswirkungen als die größte Gefahr des kommenden Jahrzehnts.[37] Während ich dieses Buch schrieb, wurde ein Großteil Europas von einer Winterdürre heimgesucht, die zu ernsten Problemen für die Wasserversorgung von Haushalten, Landwirtschaft und Industrie führt.[38]

Daraus resultieren Konflikte um das Wasser, wie etwa zwischen dem Norden und dem Süden Spaniens. Die Weinbaugebiete auf der Iberischen Halbinsel werden bis 2050 um mindestens ein Viertel schrumpfen; die Olivenernte in Südspanien könnte früheren Studien zufolge bis 2100 um 30 Prozent zurückgehen.[39] Ein Fünftel der spanischen Landfläche ist bereits verödet und kann nicht mehr bewirtschaftet werden.[40] Davon betroffen sind Anbau und Export von Avocado, Oliven, Orangen, Mandarinen, Zitronen, Trauben und Getreide mit Einbußen von bis 50 Prozent im Vergleich zum Vorjahr. Die Preise steigen heftig. In Deutschland haben die Landwirte als Reaktion auf die Entwicklung den Anbau von Sonnenblumen mehr als verdoppelt.[41] Obwohl Spanien vertraglich verpflichtet ist, Portugal jährlich 14300 Kubikhektometer aus grenzüberschreitenden Flüssen zu geben, fordern spanische Bauern zunehmend, kein weiteres Wasser zu liefern und kündigen an, Gewalt anzuwenden, um Wassertransfers zu verhindern.

Diese Situation verdankt sich, wie bei allen vergleichbaren Katastrophen, nicht dem Klimawandel allein, sondern geht auch auf ein traditionell schlechtes Wassermanagement zurück. Der WWF nennt den Umgang mit Wasser in Spanien »selbstmörderisch« – vier Millionen Hektar Ackerland werden in Spanien bewässert, so viel wie in Frankreich und Italien zusammen. Undichte Leitungen und schlechte Bewirtschaftung sorgen für Verschwendung, aber ein Abstellen dieser Probleme wird die Wassernot nicht beheben. Fast kann man darauf wetten, wann manifeste Gewalt ausbricht. Dieses Jahr? Nächstes?

Für Italien, aber etwa auch für den Neusiedler See in Österreich, gilt dasselbe. Frankreich verzeichnete im Frühjahr 2023 32 Tage ohne Niederschläge, die längste Periode seit Beginn der Aufzeichnungen im Jahr 1959.[42] Der Umweltminister, Christophe Béchu, warnte, dass Frankreich in den kommenden Jahren mit bis zu 40 Prozent weniger Wasser auskommen müsse. Dort mussten im vergangenen Sommer viele Atomkraftwerke ihre Stromproduktion einstellen, weil wegen des Niedrigwassers in den Flüssen die Kühlung ausfiel.

In Deutschland drohten, und da zeigt sich die ganze Absurdität der Gegenwart, Lieferrückstände für den Betrieb der Kohlekraftwerke, weil die Frachtschiffe wegen des Niedrigwassers die Kohle nicht transportieren konnten. Die Folgen des Klimawandels sorgen dafür, dass die Kohle nicht mehr zu den Kraftwerken kommt, um dort bestimmungsgemäß CO_2 zu emittieren, das den Klimawandel treibt.

Man sieht an alldem die unglaubliche Verletzlichkeit der Systeme der Nahrungsmittel- und Energieversorgung. Anders gesagt: Die Systeme sind auf Fülle ausgelegt, nicht auf Mangel. Aber die Zeiten der Fülle sind vorbei. Schon jetzt gibt es viele Konflikte wegen der Wasserkonkurrenz zwischen Land und Stadt auch in Deutschland – etwa zwischen Hamburg und der Nordheide, wo der Grundwasserspiegel teilweise bereits um 1,5 Meter gesunken ist, weil die Großstadt das Wasser abzapft. Dasselbe zwischen Frankfurt und dem Vogelsbergkreis, zwischen dem Landkreis Diepholz und Bremen. Während das Wasser insgesamt zurückgeht, wird mehr Wasser für die Bewässerung landwirtschaftlicher Flächen aufgewendet, 36 Prozent mehr als vor zehn Jahren. [43]

Das wirkt heute hierzulande alles noch harmlos, aber global nehmen auch manifeste Gewaltkonflikte um Wasser zu:

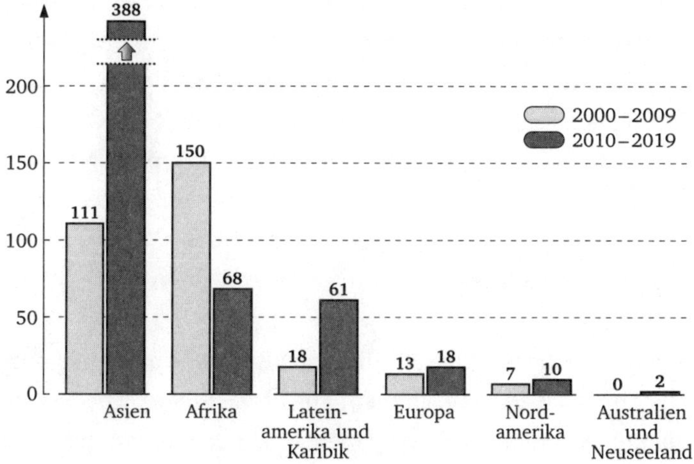

Gezählt wurden Vorfälle, in denen Wasser als Waffe bei Konflikten benutzt wurde oder bei denen Wasser Ursache eines Konflikts war.

Abb. 3: Wird mehr: Anzahl der Wasserkonflikte weltweit.

Aber Augenblick mal: Wieso habe ich eben ganz selbstverständlich geschrieben: »Nächste Krise: Wasser«? Sie ist doch noch gar nicht da, die Wasserkrise. Zumindest richtig systematisch nicht in der Berichterstattung, systemisch nicht in der Politik. Immerhin hat die Bundesregierung im Frühjahr 2023 eine »nationale Wasserstrategie« verabschiedet, die 80 Maßnahmen von der Aufklärung der Bevölkerung bis hin zur »gewässersensiblen Stadtentwicklung« vorsieht.[44] Das ist lobenswert, aber angesichts der rapiden Entwicklung zu spät.

Infrastrukturmaßnahmen, die die versiegelten Städte wieder zu »Schwammstädten« machen, brauchen sehr viel Zeit, bis sie wirksam werden, und auch hier treten sofort Zielkonflikte zwischen Plänen für den Wohnungsbau, dem Ausbau der Autobahnen und der »Gewässersensibilität« auf, die viele sinnvolle Ideen und Pläne zum Scheitern verurteilen. Mal ganz abgesehen davon, dass hochsubventionierte Industrieansiedlungen wie die in jeder Hinsicht idiotische Autofabrik von Elon Musk im brandenburgischen Grünheide auf die Wassermangelsituation keine Rücksicht nehmen. Man wird also wieder total überrascht sein, wenn die Wasserkrise dann da ist.

Das Krisengeflecht

Wenn man die Prozesse, die man sich angewöhnt hat »Krisen« zu nennen, also im Zusammenhang betrachtet, erscheinen sie als Knoten in einem Krisengeflecht, das sich in den nächsten Jahren erweitern wird – schon aus dem simplen Grund, dass sie eigentlich nicht bearbeitet, sondern dilatorisch verwaltet werden. Welche weiteren »Krisen« sind erwartbar? Mehr Kriege, früher oder später eine neue Pandemie, mehr Flüchtlinge, weitere Wandlungen von Demokratien in Autokratien, Cyberangriffe auf Infrastrukturen, Blackouts.

Das sind die Knowns, dazu kommen bekanntlich die Unknowns. Und dann noch die Dinge, von denen wir nicht einmal wissen, dass wir nichts von ihnen wissen.[45] Aber mir reichen schon die Knowns, um ganz gut begründet sagen zu können, dass wir die mit ihnen verbundenen Probleme nicht mit den hergebrachten Strategien der Optimierung und Steigerung lösen können. Da sind wir wieder bei Wissing.

Unser Wirtschafts- und Kulturmodell geht mit der Welt im Modus der Steigerung und Optimierung um. Weil es ein Erfolgsmodell ist, gibt es diese hartnäckige Weigerung, eine überlebenstaugliche Kulturtechnik zu entwickeln, zu erlernen und anzuwenden. Klimawandel und Artensterben und all die mit ihnen verwandten ökologischen Probleme sind Endlichkeitsprobleme. Sie sind keine Krisen. Sie sind in einem strengen Sinn nicht einmal bewältigbar, man kann sie vielleicht aufhalten, verlangsamen, langsam zu heilen versuchen. Solche Strategien sind aber systematisch etwas anderes als Steigerung und Optimierung. *Wir müssten also lernen, nicht nur wahrzunehmen, sondern auch wahrzugeben.*[46]

Wahrzugeben, dass unser in ökonomischer Hinsicht extrem erfolgreiches Modell an sein Ende gekommen ist. Und mit ihm die Fortsetzung der gewohnten Bewältigungsstrategien. Wenn das Wasser weniger wird, die Wälder brennen und die Arten sterben, helfen die Routinen der gesteigerten Ausbeutung von Ressourcen nicht weiter, im Gegenteil. Odo Marquard hat einmal in Anspielung auf die Feuerbach-Thesen von Karl Marx gesagt, es komme nicht darauf an, die Welt zu verändern, sondern sie zu verschonen. Je länger man versucht, die Lösungsstrategien, die zu den Problemen von gestern passten, auf die Probleme von heute anzuwenden, desto größer werden sie, die Probleme. Und desto weniger wird man in der Lage sein, zu gestalten, weil man immer mehr nur noch reagieren kann.

Sozialpsychologisch betrachtet geschieht aber das Gegen-

Abb. 4: Auch die FDP hat eine Utopie.

teil: Gerade dann, wenn eine unangenehme Erkenntnis aufdringlich wird, sich nicht mehr wegwischen lässt, wird das Bedürfnis stärker, sie nicht wahrhaben zu wollen. Die Erkenntnis selbst bekommt den Status von etwas, das man bekämpfen möchte. Sie wird das Objekt von wachsender Aggression.

Wenn wir es in Zeiten von Erderhitzung und Artensterben mit Endlichkeitsproblemen zu tun haben, dann stößt die Anerkennung dessen mit dem Unendlichkeitsglauben unserer Kultur und unseres Wirtschaftsmodells zusammen; das erzeugt, wie schon gesagt, kognitive Dissonanz. Wie für die Sektenmitglieder bei Festinger ist die Reaktion die Intensivierung des Glaubens: Der Markt werde die Probleme schon lösen, man müsse nur das CO_2 bepreisen und klimaneutrale Produkte herstellen, dann werde die Endlichkeit schon besiegt.

Das Problem: Ein Weitermachen wie bisher, die verbissene Optimierung des Falschen, ist subjektiv naheliegender als die Suche nach Wegen, die man bisher noch nicht gegangen ist. Deshalb scheut die akademische Ökonomik die Entwicklung einer Ökonomie der Endlichkeit wie der Teufel das Weihwasser, deshalb fasst die grüne Politik keinen Gedanken, der irgendetwas mit Innehalten oder Aufhören zu tun hätte, und deshalb machen auch die Individuen ihre rastlose Aufrüstung des Lebens mit Konsumgütern und Smart Watches weiter, als würde mit alldem das unausweichliche Ende vermeidbar.

Die Käfer reagieren nicht adäquat

Eine in der Zeitschrift *Communications Biology* publizierte Studie hat gerade darüber berichtet, dass mehr als 60 waldbewohnende Insektenarten in Deutschland im Bestand zurückgehen. Die *Frankfurter Allgemeine Zeitung* berichtet darüber in einem kurzen Artikel, der folgendermaßen endet: »Die Rückgänge betreffen besonders auch große Arten wie den Feldmaikäfer oder den Goldglänzenden Laufkäfer. Ihr vergleichsweise langsamer Fortpflanzungszyklus erschwert ihnen, auf schnelle Umweltveränderungen adäquat zu reagieren.«[47]

Das liest man so routiniert herunter, weil es unseren Erwartungen inzwischen entspricht – wundern würde man sich ja, wenn die Bestände *nicht* zurückgingen oder insbesondere die großen Arten zu dem Schluss kommen, jetzt mal beim Rückgang nicht mitzumachen. Nanu, Herr Welzer, das hört sich jetzt aber so an, als könnte das Verhalten der Goldglänzenden Laufkäfer so eine Art bewusster Entscheidung sein. Gut. Aber wie ist es dann mit der Formulierung im Text, dass etwas in des Käfers Biologie ihn hindert, »auf schnelle Umweltveränderungen adäquat zu reagieren«? Heißt das, der Käfer hätte eine Möglichkeit, *adäquat* zu reagieren, die er nur aus Verstocktheit oder Dummheit nicht nutzt? Und was wäre denn eine adäquate Reaktion aus Sicht des Autors? Man könnte ja genauso gut sagen, der Käfer reagiert voll adäquat: Wo seine Lebensbedingungen eingeschränkt werden, macht er nicht mehr so viele Nachkommen. Und wenn sie schließlich nicht mehr verfügbar sind, die Lebensbedingungen, dann stirbt er aus. Ist das inadäquat? Interessanterweise schreibt der Autor hier den Käfern zu, was seine eigene Gattung offenbar nicht macht: auf schnelle Umweltveränderungen adäquat zu reagieren.

Denn das tut die biologische Art Homo sapiens ganz offenbar nicht, und zwar zum Schaden des Käfers. Und zu ihrem eigenen.

Jared Diamond hat in seinem Buch »Kollaps«[48] anhand zahlreicher historischer Beispiele beschrieben, dass untergehende Kulturen ihre Selbstabschaffung beschleunigten, wenn sie im Angesicht veränderter Umweltbedingungen und schwindender Ressourcen jene Strategien intensivierten, mit denen sie bislang erfolgreich gewesen waren. Degradierte Böden aber laugen noch schneller aus, wenn man sie intensiver bewirtschaftet, genauso wie die Naturzerstörung, die unsere Kultur heute bedroht, intensiviert wird, wenn – wie in der Arktis – Rohstoffe aufgrund der Folgen des Klimawandels zugänglich und ausbeutbar werden. Und der Zeitpunkt, an dem der letzte Zentner fossilen Brennstoffs verglüht ist, nochmals hinausgeschoben wird. Statt die Tatsache der Endlichkeit zur Kenntnis zu nehmen, die das schmelzende und eben nicht mehr ewige Eis symbolisiert, nimmt man sie als Gelegenheit, intensiver, geradezu wütender mit dem tradierten Programm weitermachen zu können.

Gerade erfolgreiche Kulturmodelle schaffen sich keine *Zonen des Erlernens von Überlebensstrategien*. In einer Kultur der manischen Steigerung von allem könnte ein Lernprogramm zum Aufhören, eine Gymnastik mit Endlichkeitsübungen, eine Gegenbewegung zum großen Programm des wütenden Weitermachens eröffnen. Die Anerkennung und eben nicht die Exterritorialisierung von Tod und Endlichkeit wäre die Voraussetzung dafür. In Abwandlung des berühmten Slogans eines Mineralölkonzerns: Es gibt viel zu tun; lassen wir es sein.

Also: Die aktuellen und die kommenden Krisen haben eine gemeinsame Ursache: die wachsende Überlastung des Erdsystems bei ausbleibendem politischen Handeln. Das wird die Bewältigungskapazitäten der Staaten so herausfordern, dass viele von ihnen mehr und mehr in den Modus des reinen Reagierens kommen. Das ist in Deutschland bereits der Fall, und im permanenten Modus des Krisenmanagements unterbleibt die von Zeit zu Zeit notwendige Vergewisserung, was eigentlich das übergeordnete Leitbild und Ziel von Politik ist. Es regieren die Sachzwänge, das »beschleunigte« Planen, Umsetzen, Implementieren, die Alternativlosigkeit – was unterm Strich bedeutet: Es herrschen diejenigen Interessen, die *jetzt* die größte Chance haben, sich durchzusetzen. Der Horizont wird nicht weiter, er verschwindet. Das Land von gestern wird stetig gestriger.

Die Logik des Misslingens
So heißt ein Buch des Psychologen Dietrich Dörner, das erstmals 1989 erschien. Es beschäftigt sich mit dem Denken in komplexen Situationen und arbeitet heraus, welche Fehler dabei fast standardmäßig auftreten. Bei Geschehnissen wie der Erderhitzung und dem Ukrainekrieg, aber auch beim gerade skizzierten Krisengeflecht hat man es zweifellos mit komplexen Situationen zu tun. Deshalb lohnt es zum besseren Verständnis der Gründe, warum Bewältigungsversuche scheitern, einen Blick auf die Spezifika komplexer Situationen zu werfen. Eine komplexe Situation ist ein System, das aus einer Menge von Variablen besteht, »die durch ein Netzwerk von kausalen Abhängigkeiten miteinander verbunden sind«.[49] Das bedeutet einfacher gesagt, dass man in einem solchen System niemals *eine Sache* macht, wenn man interveniert, sondern immer *mehrere*. Dass man nicht einen einzigen Aspekt verändern kann, sondern eine Intervention immer eine Menge anderer Aspekte mit verändert. Das System ist dynamisch, und Veränderungen eines Aspektes erzeugen Nebenfolgen und Fernwirkungen, die erst später wirksam oder auch nur sichtbar werden können.

Deshalb haben komplexe Systeme eine besondere Zeitlichkeit. Wenn zum Beispiel bei einer Havarie in einem Atomkraftwerk (wie in Tschernobyl) technische Eingriffe in einen physikalischen Ablauf gemacht werden, um etwa eine Überhitzung oder einen Druckverlust zu reduzieren, steht der augenblickliche Wert im Vordergrund, der folgerichtig zu regulieren versucht wird. Aus dem Blick gerät dabei schnell, dass der bereits ausgelöste Prozess einer Überhitzung schon Dynamiken in Gang gesetzt hat, die mit der Regulierung des Wertes, der das Problem ausgelöst hat, nicht aufgehalten werden können. Im

Gegenteil ist in konkreten Fällen häufig eine »Übersteuerung« der Korrekturversuche zu beobachten: Das technische System scheint nicht zu reagieren, also wird der Versuch mit höherer Intensität wiederholt. »Eine solche Tendenz zur Übersteuerung ist charakteristisch für den Umgang von Menschen mit dynamischen Systemen. Wir gehen nicht von der Entwicklung des Systems, also von den Zeit*differenzen* zwischen aufeinander folgenden Zeitpunkten aus, sondern von dem zum jeweiligen Zeitpunkt feststellbaren *Zustand*. Man reguliert den *Zustand* und nicht den *Prozess* und erreicht damit, dass das Eigenverhalten des Systems und die Steuerungsversuche sich überlagern und die Steuerung überschießend wird.«[50]

Übertragen auf das systemische Geschehen Klimawandel leuchtet sofort ein, was das Problem ist: 2015, auf der Pariser Klimakonferenz, wird das 1,5-Grad-Ziel verbindlich gemacht – das heißt, die unterzeichnenden Staaten einigen sich darauf, Maßnahmen zu ergreifen, die geeignet sind, den globalen Temperaturanstieg bis zum Jahr 2100 auf 1,5 Grad gegenüber der vorindustriellen Zeit zu begrenzen. Trotz mehr oder minder ernsthafter und erfolgreicher Versuche, Emissionen zu reduzieren, liegt man aber schon wenige Jahre später in einigen Regionen *über* dem Wert von 1,5 Grad, am Ziel wird gleichwohl festgehalten. Dabei spielen viele Faktoren eine Rolle: dass sich dieselben Zehntelgrade Durchschnittserhöhung lokal sehr unterschiedlich zu erheblich höheren Werten ausprägen können, dass das Klimasystem träge ist und die *heutigen* Klimawandelfolgen auf die Emissionen von vor 30 Jahren zurückgehen, dass die Emissionsmenge absolut nicht sinkt und noch einige mehr. Man versucht also auch hier, den Zustand zu regulieren und nicht den Prozess. Wenn man merkt, dass die Zielwerte gerissen werden, reguliert man nach, verlegt also das Ziel des Kohleausstiegs vor u.Ä.

Das Problem ist, dass der Prozess so ungebremst weiterläuft, dass der Zustand, für den das Ziel formuliert wurde, längst nicht mehr existiert. Ein Beispiel: Zu Beginn der Debatte um den Klimawandel wurde erbittert darum gestritten, was wichtiger wäre: Vermeidung (von noch mehr Emissionen) oder Anpassung (an die Folgen). Man entschied sich – zustandsbezogen – für Vermeidung. Das ist mittlerweile – prozessbezogen – aber unrealistisch, trotzdem wird am ursprünglich vereinbarten Ziel festgehalten. Man investiert ungeheure Energien und Mittel, um das schon unvermeidlich Gewordene zu vermeiden.[51]

Ein weiterer Grund für das Misslingen der Bewältigung komplexer Situationen hängt damit zusammen: dass sich systemische Veränderungen scheinbar langsam aufbauen und zunächst gar nichts Bedrohliches anzeigen. Alles bleibt normal – wie für den berühmten Truthahn, der bis zum Tag vor Thanksgiving sich seines Lebens freut, gut behandelt wird und Futter bekommt, bis …

Wir alle haben das Truthahn-Erlebnis in den Wochen gehabt, die scheinbar *vor* der Corona-Pandemie lagen: Meldungen aus einer chinesischen Stadt, von der man bis dahin noch nie etwas gehört hatte, Meldungen über weitere Ausbreitungen eines unbekannten Virus in Asien, Meldungen über erstes Auftreten in Europa, Meldungen über einen ersten Fall in Deutschland, Meldungen über mehrere Fälle in Deutschland, Meldungen über gehäuftes Auftreten an einzelnen Orten in Deutschland, und dann – ist der Zeitpunkt gekommen, an dem die Bundeskanzlerin erklärt, was exponentielles Wachstum ist. Die Plötzlichkeit, mit der eine Katastrophe da ist, ist gar keine, man hat nur die Anzeichen nicht zur Kenntnis genommen.

»›Katastrophale Wendungen‹ treten scheinbar plötzlich ein. In Wirklichkeit werden sie vorbereitet. Bestimmte ›im Untergrund‹ verlaufende Entwicklungen belasten die Bedingungen für die gute Weiterentwicklung eines Systems immer mehr, bis es schließlich nicht mehr dagegen ankommen kann und zusammenbricht.«[52] Dafür steht die politische Konjunktur des Begriffs der Überraschung: Der damalige deutsche Außenminister war sehr überrascht, als die Taliban einfach die Macht in Afghanistan übernahmen, alle waren sehr überrascht, als das Ahrtal überflutet wurde, man war überrascht, als Putin die Ukraine überfiel. Die Verantwortlichen werden sehr überrascht sein, wenn die deutsche Automobilindustrie zusammenbricht, das Wasser rationiert werden muss oder Hacker einen landesweiten Blackout verursachen. Oder wenn es einen Dritten Weltkrieg gibt. »Das hätten wir nicht gedacht«, wird man sagen, falls man noch etwas sagen kann. Oder, mit Peter Ustinov: Die letzte Stimme, die man hört, bevor die Welt explodiert, wird die Stimme eines Experten sein, der sagt: »Das ist technisch unmöglich!«

Aber der Experte gehört schon zum nächsten Faktor, der dafür sorgt, dass komplexe Entwicklungen nicht bewältigt werden. Der liegt darin, dass man dazu neigt, einen einzigen Aspekt aus dem Gesamtzusammenhang zu isolieren, den man scheinbar handhaben kann. Dörner nennt das eine »Zentralreduktion«. »Experten« sind ja immer Experten für einen spezifischen Sachverhalt, nicht für das Ganze. In der Pandemiebekämpfung waren Epidemiologie und Virologie gefragt, nicht Pädagogik oder Psychologie, obwohl die zu den Neben- und Fernwirkungen der erwogenen Maßnahmen etwas zu sagen gehabt hätten. Im Fall des Klimawandels haben die Naturwissenschaften das Treibhausgas Kohlendioxid ins Zentrum aller Bemühungen der Bewältigung gerückt – weil man meint, dieses Molekül langfristig aus dem wirtschaftlichen Metabolismus verbannen und seine Treibhaus-Wirkung annullieren zu können. Alle Nebenfolgen und Fernwirkungen der Eliminierungsversuche – von Energiepreisen über Landschaftszerstörung und Einschränkungen des Naturschutzes bis zu Strukturwandlungen in der industriellen Landschaft – treten vor der Konzentration auf *die eine* Strategie zurück. Dabei kann es passieren, dass das anstehende Problem gelöst wird, aber nicht die Probleme, die durch die Lösung erst entstehen.

»Wenn wir, statt uns das komplizierte Geflecht der Abhängigkeiten der Variablen eines Systems klar zu machen, eine Zentralreduktion durchführen, also *eine* Variable als zentral ansehen, so ist dies in zweierlei Weise ökonomisch: Zum einen spart man auf diese Weise eine ganze Menge weiterer Analysetätigkeit. […] Denn wenn *eine* Variable im Zentrum des gesamten Geschehens steht, dann braucht man auch nur über diese eine Variable Informationen. Der Rest ist dann ja sowieso abhängig von der Kernvariablen; um den Zustand der anderen Variablen braucht man sich nicht mehr zu kümmern. Auch die Planung von Maßnahmen kann man auf diese eine Zentralvariable beschränken. Die Zentralreduktion ist also an Ökonomie kaum zu übertreffen: sie erlaubt den sparsamsten Umgang mit der kostbaren Ressource ›Nachdenken‹.«[53]

Schließlich spielt wahrgenommener Zeitdruck eine enorm große Rolle dafür, dass die Komplexität der Situation reduziert wird auf jenen Punkt der Unmittelbarkeit, der scheinbar »sofort, unverzüglich« zur Handlung führt, obwohl ein systemischer Überblick ganz andere Punkte des Eingreifens nahelegen würde. Dabei ist in der Gegenwart besonders fatal, dass Geschwindigkeit und Beschleunigung per se hoch bewertet werden und Langsamkeit und Bedacht niedrig. Das ist gerade für die Entscheidungsfindung in komplexen Situationen gefährlich, weil es dann immer vorteilhaft scheint, schnell etwas zu tun, und nachteilig, zu zögern. Die »Überwertigkeit des aktuellen Motivs« reicht in der Regel schon hin, die Situation, in die sich die Gesellschaften unseres Typs hineinmanövriert haben, nicht in Gänze zu erfassen.

Wir finden also »die Tendenz zur Überdosierung von Maßnahmen unter Zeitdruck. Wir finden die Unfähigkeit zum nichtlinearen Denken in Kausalnetzen statt in Kausalketten, also die Unfähigkeit dazu, Neben- und Fernwirkungen des eigenen Verhaltens richtig in Rechnung zu stellen. Wir finden die Unterschätzung exponentieller Abläufe: die Unfähigkeit zu sehen, dass ein exponentiell ablaufender Prozess, wenn er erst einmal begonnen hat, mit einer sehr großen Beschleunigung abläuft. All das sind ›kognitive‹ Fehler, Fehler in der Erkenntnistätigkeit.«[54]

In der Tat. Dörners Befunde sind mehr als dreißig Jahre alt, genauso wie der erste Sachstandsbericht des IPCC, des internationalen Rats der Klimawissenschaften. Die Umweltbewegung ist noch älter, eine dazugehörige Politik ist langsam entstanden und hat in verschiedenen Ländern die parlamentarische Ebene erreicht. Dass man gleichwohl an den entscheidenden Stellen die falsche Richtung einschlägt, hat nicht nur mit Interesse, Macht und Dummheit zu tun, sondern mit blankem Unwissen über basale psychologische Sachverhalte. Erkenntnisse wie die von Dörner, aber etwa auch Irving Janis,[55] Nassim Nicholas Taleb,[56] Daniel Kahneman[57] oder von Karl Weick und Kathleen Sutcliffe[58] sind nicht geheim, sondern zum Teil sogar in internationalen Bestsellern nachzulesen. Warum gehen psychologische Banalitäten wie die, dass man in dreißigstündigen Sitzungen alles Mögliche machen kann, nur nicht vernünftige Entscheidungen treffen, nicht in politisches Entscheidungsmanagement ein? Warum werden die Fehler in der Erkenntnistätigkeit wieder und wieder mit erwartbar katastrophischem Ergebnis repliziert?

Es gibt übrigens noch einen wichtigen Punkt bei Dörner: dass die Handelnden in komplexen Situationen meist nicht identisch mit den Betroffenen der Handlungsfolgen sind. Das gilt für diejenigen, die ihre Häuser in der Finanzmarktkrise verloren haben, die Flüchtlinge an den europäischen Grenzen, die Kinder in der Pandemie, die Toten im Ukrainekrieg, die Opfer der Wasserkonflikte. Deshalb gibt es dieses Vertretungsheldentum in der Kriegspolitik und den Zynismus der europäischen Flüchtlingspolitik. Es ist nicht nur die Überforderung der sogenannten Entscheidungsträger im geschilderten Sinn, ihre Unfähigkeit im Mitbedenken der Neben- und Fernwirkungen ihrer Entscheidungen, sondern auch, dass sie die Probleme selbst nicht haben und unter den damit verbundenen Missständen nicht leiden.[59]

4. Kein Rückzug, nirgends

Normalitätserwartungen

»Wie isses nun bloß möglich?«, sagt Margarethe Kempowski im Roman »Tadellöser & Wolff« von Walter Kempowski immer dann, wenn die aktuelle Lage in keiner Weise vorhersehbar war und von allem abweicht, was sie für denkbar gehalten hätte. »Wie ist es nur möglich?«, denken Menschen regelmäßig, wenn sie sich mit Ereignissen und Geschehnissen konfrontiert sehen, die nicht nur von ihren Erwartungen abweichen, sondern die – wie ein Krieg, ein Putsch, eine Revolution – die eigene Lebenssituation und die aller anderen fundamental verändern.

Unser aller Leben ist bestimmt von Normalitätserwartungen. Wäre das anders, gäbe es weder so etwas wie das Vorbereiten von Geburtstagsfeiern noch Fahrpläne noch Bausparverträge. Wir lernen, jedenfalls in modernen Gesellschaften, davon auszugehen, dass morgen alles in allem genauso ist wie heute: Da draußen die Straße ist noch da, die Busse fahren, die Schule existiert und mit ihr die Erwartung, dass die Schülerinnen und Schüler genauso erscheinen werden wie das Lehrpersonal. Die Einsatzzentrale der Polizei ist einsatzbereit, und in den Büros, Fabriken und Bäckereien wird gearbeitet. Und gerade, wenn man den Bus verpasst oder er wieder mal nicht kommt, wird man darauf hingewiesen, dass dies die Normalitätserwartung ist: Man wird pünktlich sein. Oder eben: Der Bus wird pünktlich sein. Der abweichende Fall gibt Auskunft über den normalen.

Tatsächlich darf man erstaunt darüber sein, in welch hohem Maße sich die Normalitätserwartungen in Gesellschaften wie etwa der deutschen erfüllen: Die Infrastrukturen funktionieren, die Institutionen arbeiten ihre Aufgaben ab, man selbst ist in der Lage, zu wissen, was von einem in den unterschiedlichsten Situationen erwartet wird – und meist auch, diese Erwartungen zu erfüllen. Man könnte sagen: In »normalen Zeiten« funktioniert eine Gesellschaft wie eine unglaublich detailliert abgestimmte komplexe Maschine, in der wir uns mit schlafwandlerischer Sicherheit bewegen. Bis eben auf die Situationen, in denen das Erwartete *nicht* passiert – man hat einen Unfall oder auch nur einen Fahrradplatten. Oder, schon irritierender: Man hat nicht mitbekommen, dass ein Feiertag ist, geht wie gewohnt zum Bäcker und wundert sich zunächst fast unbewusst, dass so wenig los ist auf der Straße, dann bewusst, dass der Bäcker geschlossen ist, und kommt schließlich leicht peinlich berührt auf die Ursache. Ach so, Reformationstag … Das kann man witzig finden oder ärgerlich. Eine gravierendere Abweichung von der Normalitätserwartung ist eine Krankheit, die einen hindert, das Normale zu tun, ein Unfall, bei dem man sich verletzt, eine schwere Erkrankung, die möglicherweise das ganze Leben verändern wird.

Oder der Tod eines nahestehenden Menschen, der die Koordinaten des eigenen Lebens radikal verschiebt. Es gibt eine breite Forschung zu »kritischen Lebensereignissen«, in der gut beschrieben ist, wie eine Gewöhnung an die neue Lage sich über verschiedene Stadien erst einstellen muss – wie mühsam und langwierig es also ist, unter den neuen Umständen eine erneute Normalität einzuüben und auch zu empfinden. Tatsächlich ist die »assumptive world«, wie das der Soziologe Alfred Schütz nannte, eine Basis all unserer Orientierungen: Immer gehen wir von einem Set von Erwartungen aus, die es uns erlauben, durch den Alltag in all seinen Facetten und Anforderungen zu navigieren, ohne nachdenken zu müssen, mit welcher Facette und welcher Anforderung wir es jeweils zu tun haben. Die Peinlichkeit oder der Stress, die entstehen, wenn irgendetwas »falsch« läuft, ist die Ausnahme, die die Regel bestätigt. Wir sind gerade deswegen irritiert, weil es sonst »immer« so ist, und beginnen dann, nach Erklärungen zu suchen, wieso es jetzt »anders« war.

Weil das so ist und wir all diese Erwartungen im Prozess unseres Aufwachsens ganz selbstverständlich und meist ohne jede bewusste Reflexion einüben, ist die assumptive world eine stete und zuverlässige Quelle von Orientierung. Orientierungsbedarf entsteht immer erst dann, wenn irgendetwas von der Erwartung abweicht. Umso krasser fällt dann das Erstaunen aus, dass diese Orientierung und Halt gebende Welt tatsächlich sehr schnell eine ganz andere sein kann.

Daher kommt das sprichwörtlich gewordene »Wie isses nun bloß möglich?« der Margarethe Kempowski, die den Abgrund zwischen erwarteter Normalität und tatsächlicher Realität eindrucksvoll zum Ausdruck bringt. Und das Erstaunliche: Trotz tiefgreifender und wiederholter historischer Erfahrungen, dass sich die Lebenswelten und ihre Normalzustände tatsächlich sehr schnell und sehr tiefgreifend verändern können, neigen wir immer wieder dazu, den Gegenwartszustand für den normalen und erwartbaren zu halten.

Was übrigens emotional grundiert ist: Da die Normalität Orientierungssicherheit gibt und damit entlastet, mögen wir sie sehr, die Normalität. Und da die allermeisten Menschen genau deshalb nicht scharf auf Veränderungen sind, weil das Erarbeiten neuer Deutungen, Orientierungen und Verhaltensweisen anstrengend und gelegentlich auch angsterregend ist, ist die Unterbrechung von Normalität von vornherein eine unerwünschte, als unangenehm empfundene Angelegenheit. Man mag Veränderungen nicht, was die ungute Folge hat, dass man dazu neigt, sie am besten gar nicht zur Kenntnis zu nehmen. Oder ihre Konsequenzen zu ignorieren. Oder ihre Tragweite mental herunterzuspielen. Oder ihre Wichtigkeit wegzudeuten. Usw. Weshalb es besonders bei unangenehmen Aussichten naheliegender ist, Geschehnisse in ihrer Dimension mental zu verkleinern, als sich in aller Schärfe und Klarheit mit ihnen zu konfrontieren.

Und da die modernen Gesellschaften sehr geübt in Normalität sind, sind sie auch sehr geübt in den Techniken, Realitäten *nicht* wahrzunehmen, was ja schon mal der beste Schritt dafür ist, sie nicht anerkennen zu müssen. Ein Beispiel:

Den Klimawandel entschärfen

Auf Seite zwei der *Frankfurter Allgemeinen Zeitung* vom 21.3.2023 wird unter dieser Überschrift berichtet, dass tags zuvor der IPCC seinen sechsten Sachstandsbericht vorgelegt hat, der im Wesentlichen die Botschaft enthielt, dass in Sachen Klima alles schlechter geworden war als sechs Jahre zuvor, zum Zeitpunkt der Vorlage des fünften Berichts. Gleichwohl sehe man noch Möglichkeiten, den gefährlichen Klimawandel einzubremsen, wenn – ja, wenn man alles machen würde, was in den 35 Jahren seit dem ersten Bericht nicht gemacht wurde.

Die Bundesaußenministerin kommentierte den Bericht routiniert, indem sie mitteilte, man könne die vereinbarten Klimaziele (vor allem das berühmte 1,5-Grad-Ziel) noch erreichen, wenn man innerhalb der nächsten sieben Jahre die Menge der Treibhausgase halbiere. Sie vergaß zu erwähnen, dass sich, seit die IPCC-Berichte veröffentlicht werden, die Menge der Treibhausgase verdoppelt hat. Wie eine solche Souveränität im Vorbeisehen an der Realität möglich ist, erklärt ein Blick auf eben diese Seite zwei. Da beschreiben die Wissenschaftsredakteure den Inhalt des Sachstandsberichts und seine Konsequenzen, unter anderem, dass ein Einbremsen des Klimawandels nicht nur eine drastische Reduktion der Emissionsmenge voraussetzt, sondern sogar eine technische Entnahme von CO_2 aus der Atmosphäre, was man – Wissenschaft kann so was – in gehobener Poesie als »negative Emissionen« bezeichnet.

»Die Dringlichkeit klimapolitischer Maßnahmen«, so endet der Artikel, »wird noch deutlich stärker betont als in früheren Berichten«, weshalb nun alles »möglichst schnell« erfolgen müsse.

Direkt unter diesem Text findet sich ein Artikel zu einem gänzlich anderen Thema – Militärhilfe für die Ukraine. Da

Eine Million Granaten in zwölf Monaten

geht es um den Beschluss, eine Million Granaten herzustellen, gleichfalls eine Angelegenheit von höchster Dringlichkeit. Habe ich eben geschrieben: »ein Artikel zu einem gänzlich anderen Thema«? Falsch. Das Thema ist nämlich exakt dasselbe, auch wenn die Redaktion der *Frankfurter Allgemeinen Zeitung* das anders sieht. Warum? Weil die Produktion von einer Million Granaten Stahl, Kupfer, Sprengstoff, Maschinen, Energie und einiges mehr erfordert, unter anderem Transporte, Arbeitskräfte, Ingenieure, Fabriken. Das alles bedeutet bei einer Million Stück schwerer Munition, die verfeuert werden sollen, um möglichst viel Material zu zerstören und möglichst viele Menschen zu töten, einen erheblichen Aufwand an Stoffumwandlung, der wiederum erheblich Energie erfordert, deren Verbrauch wiederum eine Menge Emissionen erzeugt. Und der Einsatz der Granaten richtet schließlich erhebliche Zerstörungen an, die mit viel Aufwand wieder beseitigt werden müssen. Wiederaufbau und so.

Weshalb der EU-Beschluss, diese Million Granaten zu produzieren, in diametralem Gegensatz zu allem steht, was im Artikel darüber als Notwendigkeiten zum dringlichen Schutz des Klimas benannt wird. Kurz gesagt: Wenn weiter Beschlüsse gefasst werden, wie sie im zweiten Artikel beschrieben werden, sind alle Schlussfolgerungen, wie sie aus dem ersten Artikel resultieren, obsolet. Makulatur, l'art pour l'art, dummes Zeug, unernst. Man kann den Klimawandel nicht wirksam bekämpfen, wenn man den ohnehin zu großen Ressourcen- und Energieaufwand noch um die gesteigerte Produktion von Kriegsmitteln erhöht. Die Pointe: Als hätte der Chef vom Dienst gerade noch eine Eingebung gehabt, titelt er den Bericht zum IPCC »Den Klimawandel entschärfen«.

Tatsächlich ist eine der Ursachen der geradezu obszönen Verweigerung wirksamer Klimaschutzmaßnahmen, dass niemals Zusammenhänge hergestellt werden. Das kann man in plastischer Weise daran sehen, dass Fragen des Umwelt- und Klimaschutzes überhaupt keine Rolle zu spielen scheinen, wenn es um die große Frage von Krieg und Frieden geht. Dabei ist Krieg, besonders der moderne, durch und durch fossile

Krieg, per se eine ökologische und klimatologische Katastrophe.

Die Renaissance des Imperialismus

Aber umgekehrt werden klimabedingte Dürren, Wüstenbildungen, Stürme usw. zunehmend, wie ich in meinem Buch »Klimakriege« vor 15 Jahren ausgeführt habe, zu Ursachen von Gewaltkonflikten.[60] Das konnte man damals etwa am Beispiel des Darfur-Konflikts beschreiben, wo Bauern und Viehzüchter um Land konkurrieren, das wegen Wassermangel und Dürren schwindet, weshalb besonders in Staaten ohne funktionierende Rechtsstaatlichkeit schnell Gewalt entsteht. Solche Konflikte sind bis heute nicht weniger geworden, und die wachsenden Zahlen von Flüchtlingen sind nur ein Ergebnis davon. Was heute aber darüber hinaus sichtbar wird, ist ein tiefer Zusammenhang zwischen Boden- und Ressourcenverlusten, die aus wachsendem Umwelt- und Klimastress resultieren, und einer Renaissance des Imperialismus. Imperialismus ist eine Politik der Landnahme.

Seit dem Beginn des Ukrainekriegs ist viel vom Großmachtstreben Russlands, von der imperialistischen Politik Putins, von einem Rückfall in großrussische Phantasien die Rede, was sicherlich auch alles zutreffend ist. Das Problem dabei ist nur, dass geopolitische Bestrebungen trivialisiert werden, wenn sie gewissermaßen als die individuelle Psychopathologie des russischen Diktators verstanden und dessen Reden und Texte eifrig auf Belegstellen auf sein Irresein hin untersucht werden. Eine solche individualisierende Perspektive ist zum einen unpolitisch und folgt der gerade in Kriegszeiten anzutreffenden Tendenz, Gegner zu pathologisieren, indem man sie mit allerlei negativen Eigenschaften ausstattet, die sich vor allem dadurch auszeichnen, dass die Eigengruppe sie nicht hat. Im Rahmen solcher Konstruktionen übersieht man leicht, vor welchem Hintergrund die Handlungsweisen des oder der Antagonisten zu verstehen sind, was, wie wir seit Sun Tzu wissen, kriegsentscheidend sein kann.

Imperialismus ist nun aber nicht so etwas wie die persönliche Vorliebe oder geistige Verirrung eines geopolitischen Akteurs, sondern folgt aus der Kombination von zwei Aspekten. Der erste Aspekt liegt darin, dass Autokratien und Diktaturen ihrem Wesen nach partikularistisch sind – sie teilen grundsätzlich nicht die normative Idee des Universalismus, dass gute und gerechte Verhältnisse für *alle* Menschen geschaffen werden sollten. In partikularistischer Perspektive ist es völlig ausreichend, wenn gute Verhältnisse für *die eigene* Wir-Gruppe hergestellt oder angestrebt werden, weshalb die kategoriale Unterscheidung zwischen Wir- und Sie-Gruppe ein notwendiges Merkmal aller autokratischen, diktatorischen und totalitären Gesellschaften ist. Denn, wie schon gesagt, gerade mit der Unterscheidung zwischen Zugehörigen und Nichtzugehörigen sichern solche Gesellschaften Kohäsion nach innen.

Und da auch Diktaturen in letzter Konsequenz auf die Zustimmung ihrer Bewohnerinnen und Bewohner angewiesen sind, setzen sie immer auf deren Aufwertung zu einer überlegenen Wir-Gruppe gegenüber einer oder mehrerer Sie-Gruppen mit negativen, also abzuwertenden Eigenschaften. Das wiederum legitimiert, den Sie-Gruppen auch mit Gewalt gegenüberzutreten und ihnen Territorium wegzunehmen und Herrschaft aufzuzwingen. Dieser Mechanismus der Integration der Zugehörigen durch die radikale und kategoriale Definition der Nichtzugehörigen sorgte zum Beispiel in der nationalsozialistischen Gesellschaft dafür, dass die Zustimmung zum NS-Regime mit dem Verlauf der Judenverfolgung nicht etwa sank, sondern zunahm.[61] Auch die von einem heutigen Diktator beherrschten russischen Menschen finden Landnahmen gut, wenn sie davon zu profitieren glauben.

Zum Zweiten, und da geschieht im 21. Jahrhundert etwas Neues, wird imperialistische Landnahme in dem Maß wahrscheinlicher, wie nutzbares Land und Wasser infolge von klimatologischen und ökologischen Veränderungen abnehmen, Überlebensressourcen also schwinden. Da genau dies durch Wüstenbildung, Extremwetterereignisse, Brände oder Meeresspiegelanstieg der Fall ist, schlägt in diesem Jahrhundert gewissermaßen erneut die Stunde der Imperialisten – jedenfalls in den Gesellschaften, für die partikularistische Normen handlungsleitend sind. Landnahme ist in diesem Sinn das geopolitische Gebot des 21. Jahrhunderts, und der Universalismus hat erkennbar keine Antwort darauf.[62]

Dies ist nicht so zu verstehen, dass Wladimir Putin die Folgen des Klimawandels im Sinn hätte, wenn er die Ukraine angreift. Aber auch politische Akteure können der List einer Geschichte folgen und Motive haben, die sie selbst nicht durchschauen. Landnahme jedenfalls kann unter ungünstigen Bedingungen ein alternatives Konzept zu den in der Klimapolitik bisher vorherrschenden Konzepten Vermeidung und Anpassung sein bzw. – falls man sich diesen Zynismus gestatten möchte – auch nur ein spezifischer Modus der Anpassung. Wenn der Umweltstress zu groß wird, nehme ich mir neues Land. Imperialismus hat also Zukunft.

Und damit steigt die Wahrscheinlichkeit von gewaltsamen Konflikten, was wiederum dazu führt, dass wir in ein Zeitalter neuer Aufrüstung eintreten. Folgerichtig ist in Deutschland das Rüstungsunternehmen Rheinmetall in den DAX aufgestiegen, und besonders unter den zu Kriegsfans gewendeten Grünen-Anhängern gilt der Kauf von dessen Aktien heute wahrscheinlich als heldische Tat. Das geopolitische Paradigma, so viel hat Putin geschafft, ist Verteidigungs- und in einigen Fällen sicher auch Angriffsfähigkeit. Die eine Million Granaten, deren rasante Produktion die EU beschlossen hat, sind da nur ein verschwindend kleiner Teil all der Aufwände, die für die Steigerung der Menge an Kriegsgerät nötig sind. Alle mit Folgen für das Klima. Ohne dass Redaktionen führender Tageszeitungen in der Lage wären, zwischen evidenten Sachverhalten evidente Zusammenhänge herzustellen.

Klimawandel und Krieg

Man schätzt, dass im Afghanistankrieg allein die US-Armee pro Tag acht Millionen Liter Treibstoff verbraucht und damit täglich 22 000 Tonnen CO_2 produziert hat. Die gesamten Emissionen des US-Militärs für die Jahre 2001 bis 2018 werden auf 1,3 Milliarden Tonnen CO_2 taxiert, davon entfielen 440 Millionen Tonnen auf direkte Kriegsaktivitäten im Irak, in Afghanistan und in Syrien. Der sich daraus ergebende Durchschnittswert von 70 000 Tonnen CO_2 pro Tag macht etwa 1,1 Prozent der gesamten Emissionen der USA aus.[63] Schätzungen für die Emissionen der britischen Armee landen bei drei Prozent, aber die Unsicherheit hat insofern System, als die Armeen der Welt nicht rechenschaftspflichtig sind, was ihre Emissionen angeht. Der Grund dafür liegt in militärischer Geheimhaltung. Das macht eine einigermaßen genaue Messung des Beitrags der Armeen zum Klimawandel unmöglich, führt aber auch zu dem eigentlich absurden Sachverhalt, dass die Emissionen des Militärs nicht in die Berechnungen der jährlich einzusparenden Emissionsmengen der Staaten eingerechnet werden, wie sie seit dem Paris-Abkommen berichtet werden müssen.

Klimapolitisch gibt es das Militär also nicht, obwohl es schon in Friedenszeiten ein gewaltiger Emittent ist. Im Krieg sieht das freilich noch ganz anders aus. Ein Leopard-II-Kampfpanzer, wie er insbesondere von den Grünen ganz dringend für den Kriegseinsatz in der Ukraine gefordert wurde, verbraucht etwa 500 Liter Diesel auf 100 Kilometer, und Kampfflugzeuge wie ein B-2-Bomber emittieren alle 45 Kilometer eine Tonne CO_2. Der gerade für die Bundeswehr bewilligte F-35-Kampfjet ist im Vergleich dazu regelrecht öko – er schafft 80 Kilometer, bis er eine Tonne CO_2 rausgehauen hat. Dies sind aber nur einige wenige Beispiele für direkte Emissionen, wie sie durch Kriegsgerät, das selbstverständlich ausnahmslos fossil ist, entstehen – man kann alle Schützenpanzer, Haubitzen, Transport-Lkws, Jeeps, Schiffe, Hubschrauber genauso hinzuaddieren wie die durch Treibsätze befeuerten Granaten und Raketen.

Wie gesagt: Hier geht es um die direkten Treibhausgas-Emissionen, die der Betrieb von Kriegsmitteln erzeugt – im Kampf erheblich mehr als zu Friedenszeiten. Wenn man aber alle indirekten Aufwände im Zusammenhang des Militärs und insbesondere militärischer Operationen dazurechnet, wird einem schwindelig. Man denke nur an den sechzig Kilometer langen Konvoi militärischer Fahrzeuge vor Kiew, den die russische Armee beim Angriff auf die Ukraine auffahren ließ, aber man denke auch an die – unsichtbaren – logistischen Aufwände, die etwa für die Treibstoffversorgung der kämpfenden

Truppen getrieben werden müssen. Als Beispiel kann man sich vor Augen führen, dass für einen Einsatz von zwei B-2-Bombern im Jahr 2017 zugleich 15 Tankflugzeuge gegen IS-Trainingscamps in Libyen flogen, um IS-Terroristen zu bekämpfen – mit 1000 Tonnen CO_2 produzierte diese Mission das Dreißigfache von dem, was die Bomber allein erzeugt hätten.[64]

Um das Bild zu vervollständigen, müsste man aber auch die komplette militärische Infrastruktur, die Produktion der Rüstungsgüter, die Militärbasen, die Kasernen, die Häfen, die Flugplätze, die Krankenhäuser usw. usf. einrechnen, um auf eine auch nur annähernde Schätzung zu kommen, wie viel am globalen Treibhausgasvolumen allein auf das globale Militär zurückgeht. Man geht für das Jahr 2018 davon aus, dass die durch Militär verursachten direkten Treibhausgasemissionen in der EU bei etwa 4,52 Millionen Tonnen lagen, die Gesamtmenge aber bei 24,8 Millionen Tonnen.[65]

Das gilt für den Friedensfall. Gerade der Ukrainekrieg führt jedoch live vor, wie Wohnhäuser, Raffinerien, Kraftwerke, Fabriken, Straßen, Plätze zerstört werden. Und während klimapolitisch die Diskussion darüber gerade erst anfängt, dass die zivile Bauwirtschaft etwa 40 Prozent der globalen Treibhausgasemissionen verantwortet, schaut man sich hier gedankenlos an, wie ganze Städte – wie früher schon Dresden, Hiroshima, Grosny und Aleppo – dem Erdboden gleichgemacht werden, und errechnet immer gleich mal die wirtschaftlichen Kosten des Wiederaufbaus. Natürlich soll die Ukraine – wir sind ja in Zeiten von »green deals« – »grün« wiederaufgebaut werden,[66] als könnte aus der Gesamtsumme aus addierten Zerstörungs- und Aufbau-Aufwänden irgendetwas »Grünes« resultieren. Nur eine Zahl dazu: Am Ende des Zweiten Weltkriegs entfielen auf jeden Einwohner Dresdens 42,8

Kubikmeter Trümmerschutt. Zur selben Zeit, in der man den Wiederaufbau der Ukraine mitten im Krieg vorbereitet, führen avancierte Architektinnen und Architekten andernorts einen Kampf gegen den Abriss und für das Bauen im Bestand – nichts könnte die Selektivität des Klimadiskurses besser verdeutlichen als diese grandiose Unverhältnismäßigkeit.

Ach so, eh ich es vergesse: Natürlich brennen nicht nur Häuser, Fabriken und Raffinerien, wenn Krieg ist – es brennen auch Wälder, Naturschutzgebiete werden durchpflügt, Gewässer durch Öl und Kampfmittel versaut, Tiere sterben oder verlieren ihre Lebensräume. Dies übrigens nicht nur als Nebenfolge. Seit dem Vietnamkrieg wissen wir, dass die Vernichtung von Naturräumen – etwa die Entlaubung des Dschungels – selbst ein Kriegsmittel ist, übrigens eines, von dem sich Vietnam bis heute nicht vollständig erholt hat. Im Vietnamkrieg sind durch den Einsatz von Entlaubungsmitteln 3,3 Millionen Hektar Land- und Waldfläche giftigen Chemikalien ausgesetzt gewesen, mit bis heute anhaltenden Folgen für die Böden, das Grundwasser, die Pflanzen und die Tiere. Die Weltbank hat 1995 resümiert, dass die Biodiversität Vietnams durch den Krieg dauerhaft verändert worden ist.

In Afghanistan sind durch den zwei Jahrzehnte dauernden Kriegszustand rund 80 Prozent des Landes durch Bodenerosion beschädigt worden – die Fruchtbarkeit des Bodens nimmt ab, wenn er nicht bebaut wird, die Versalzung steigt an, der Grundwasserspiegel sinkt, die Verwüstung erstreckt sich über weite Flächen, und Erosion durch Wasser und Wind sind weit verbreitet. Siebzig Prozent der Wälder Afghanistans sind in den vergangenen Jahrzehnten verschwunden, auf fünfzig Prozent der landwirtschaftlichen Flächen wurde durch den Krieg nichts mehr angebaut.

Neben solchen direkten Folgen der Zerstörung und der unkontrollierten Entnahme von Ressourcen, der Verschmutzung des Grundwassers durch Kampfstoffe und Öl oder der Verwandlung ganzer Regionen in No-go-Areas durch Landminen sind es auch die sekundären ökologischen Kriegsfolgen, die sich verheerend auswirken. So sind die Regionen um Flüchtlingslager meist in einem weiten Radius Ödland, weil die Geflüchteten zum Kochen oder zum Brennen von Ziegeln jedes verfügbare Bäumchen oder Gehölz niedermachen, was wiederum die künftige Versorgungslage beeinträchtigt, weil brennbares Material zur Überlebensinfrastruktur gehört.

In der Ukraine zählen zu den ökologischen Kriegsfolgen zerstörte Städte und Landschaften ebenso wie verwüstete Wälder und andere Naturräume mit ihren Tierbeständen. In der Ostukraine hatten, wie Sarah Fluchs in den *IW-Nachrichten* schreibt, »die Kämpfe seit 2014 die ohnehin schon prekäre ökologische Situation weiter verschärft. Durch die Überflutung von Minen, in denen seit dem Konflikt die Arbeit ruht, wurde das Wasser der gesamten Region kontaminiert. Der Fluss Siwerskyi Donez und seine Nebenflüsse liefern 80 bis 85 Prozent des von der Donbas Water Company verwendeten Wassers, dem wichtigsten Wasserversorger der Region. Neben fehlenden Trinkwasserquellen sind Infektionen in den betroffenen Gebieten eine weitere Folge.«[67] Erst mit der Zerstörung des Kachowka-Staudamms fiel auch in den Leitmedien jemandem auf, dass Krieg eine ökologische Dimension hat.

Interessanterweise hat die UN-Generalversammlung am 10. Dezember 1976 eine Konvention angenommen, die 1974 von der damaligen Sowjetunion auf die Agenda gesetzt wurde – gerade vor dem Hintergrund der Umweltverbrechen in Vietnam. Damit war das »Umweltkriegsübereinkommen«

in der Welt, das dann 1978 in Kraft trat. Dieses Übereinkommen verbietet den Einsatz von umweltzerstörenden Kriegshandlungen, etwa das gezielte Inbrandsetzen von Ölfeldern (wie in Kuwait 1991), das Bombardieren von Staudämmen, das Anzünden von Wäldern etc. Obwohl derlei seither zu den völkerrechtswidrigen Straftaten zählt, ist im Zusammenhang des Kriegs gegen die Ukraine zu solchen Themen noch kaum ein Wort zu hören gewesen.

Nach einem halben Jahrhundert intensiver Auseinandersetzung mit den ökologischen Folgen modernen Handelns und mehr als drei Jahrzehnten Debatten zum Klimawandel darf man in der Betrachtung des gegenwärtigen Kriegs nicht nur verwundert über die fast völlige Absenz jeder ökologischen und klimatologischen Perspektive sein, sondern auch irritiert über die Blindheit gegenüber den Ursachen heutiger und kommender Kriege.

Krieg ist nicht nur vor dem Hintergrund des menschlichen Leids, der für nichts gestorbenen Menschen, der Traumata und der physischen Folgen, eine inakzeptable menschliche Handlung, er ist auch ökologisch und klimatologisch eine solche Idiotie, dass man es zwar noch für möglich halten kann, dass imperialistische Potentaten das als Mittel der Politik anwenden, aber nicht, dass kriegsbegeisterte Zivilistinnen und Zivilisten aus sozialdemokratischen, liberalen, konservativen und grünen Parteien applaudieren, wenn weitere Waffenlieferungen genehmigt werden.

Und vor allem: Man sieht an diesem Beispiel, wie wenig es bei allen öko- und klimapolitischen Debatten und Aufregungen, bei allen aufwendigen Konferenzen, Forschungsprojekten und Umweltpreisen gelungen ist, die Aufgabe, mit der Zerstörung der Welt aufzuhören, als vordringlich zu betrachten.

Im Gegenteil: Das aktuelle Beispiel des regionalen Krieges mit der Folge globaler Aufrüstung macht deprimierend klar, dass man nicht einmal so weit ist zu sehen, dass Aufrüstung und Klimaschutz Zielkonflikte bilden. Die Widersprüchlichkeit zwischen beiden Maßnahmen tritt nicht in die Optik von Politik und Medien, übrigens genauso wenig wie der Zielkonflikt zwischen den (illusorischen) Hunderttausenden Wohnungsbauvorhaben im Koalitionsvertrag und den Klimaschutzzielen im selben Schriftwerk.

Kurz: Wir haben es noch nicht einmal mit einer vitalen Konkurrenz von Zielen des Klimaschutzes und Dingen wie Tariferhöhungen, Infrastrukturprojekten, Energiepartnerschaften oder Echtzeit-Lieferdiensten zu tun – das eine wird überhaupt noch nicht in Zusammenhang mit den anderen gebracht. Und das nach einem halben Jahrhundert Öko- und drei Jahrzehnten Klimadebatte.

Deren Ergebnisse bestanden offenbar gerade darin, dass man – nach einer anfänglich gesamtgesellschaftlich ausgerichteten Perspektive der Ökobewegung – gelernt hat, Zuständigkeiten zu schaffen, etwa in Form von Ministerien, nachgeordneten Behörden, Lehrstühlen, Instituten, NGOs usw. Damit kann der gesellschaftliche und wirtschaftliche Normalbetrieb von den Notwendigkeiten freigehalten werden, die die ökologischen und klimatologischen Probleme de facto aufwerfen, und das ermöglicht es, mit allem Unfug weiterzumachen. Arbeitsteilig. Die einen machen sich Sorgen, die anderen liefern die Gründe dafür.

Nach der sogenannten Zeitenwende ist die einstmals starke zivilgesellschaftliche Friedensbewegung radikal in die Defensive geraten. Medienpopulisten wie Sascha Lobo haben schon Begriffe wie »Lumpen-Pazifisten« oder »Friedensschwurbler« ausgegeben, sekundiert von tadelnden Politikern, die Menschen, die darauf beharren, dass Frieden zivilisatorisch wünschenswerter ist als Krieg, als »Vulgärpazifisten« (Robert Habeck), »naiv« (Annalena Baerbock), »Kapitulationsintellektuelle« (Volker Beck) oder gleich als »zynisch, menschenverachtend, niederträchtig« (Friedrich Merz) bezeichnen. Ja, Pazifisten seien in ihrer Naivität in Wahrheit die eigentlich gefährlichen Menschen, weil sie das Geschäft von Verbrechern wie Putin besorgten und dessen Expansionspläne begünstigten. Es ist erstaunlich, wie schnell dieser Unfug in der Bundesrepublik die Deutungshoheit in der veröffentlichten Meinung übernahm.

Die Utopie des Gewaltverzichts

Das Problem, das man insbesondere am Beispiel der grünen Partei studieren kann, ist Moralismus. Wenn man nämlich den Pazifismus ausschließlich darauf gründet, dass Menschen grundsätzlich zu schützen und Gewalt grundsätzlich zu vermeiden ist, kann der Moralismus blitzschnell die Seite wechseln und Kriegseinsätze gerade darum billigen und Waffen fordern, um Menschen zu schützen und »mehr Gewalt« zu verhindern. In diesem Konflikt steckte der grüne Pazifismus immer und hat ihn jeweils zur Seite der moralistisch begründeten Gewaltanwendung aufgelöst. Die Frage, ob man jemanden verteidigen würde, der – etwa im Park – hinterhältig angegriffen wird, war schon die Zentralfrage der »Prüfungsausschüsse« in den legendären Verhandlungen zur Verweigerung des Kriegsdienstes, denen man sich als Westdeutscher bis zum Jahr 1983 stellen musste. In meinem Fall gingen sie mit der finalen Feststellung aus, dass »Herr Welzer von seiner ganzen Persönlichkeit her nicht als Pazifist einzuschätzen« sei, und tatsächlich würde ich bis heute Gewalt aus Gründen der Verteidigung gegenüber Aggressoren für gerechtfertigt halten, genauso wie die Verteidigungsfähigkeit eines Staates.

Aber: Gewalt ist immer eine Option sozialen Handelns, sie nimmt historisch nur unterschiedliche Formen und Begrenzungen an. Insbesondere wenn, wie gerade ausgeführt, Imperialismus und Landnahme erneut in Mode kommen, muss man Mittel haben, um der Gewalt begegnen zu können. Das heißt aber keineswegs, dass das anzustrebende übergeordnete zivilisatorische Ziel nicht die Abschaffung des Krieges sein sollte – und dieses Ziel ist alles andere als naiv. Denn wie Norbert Elias in seiner großen Studie »Über den Prozess der Zivilisation«[68] dargelegt hat, besteht die Geschichte der Zivilisierung in einer immer weiteren Reduktion des direkten Gewaltgebrauchs zugunsten von anderen Formen der Konfliktaushandlung.

Wir genießen heute, vor allem als Bewohnerinnen und Bewohner von Rechtsstaaten, ein Maß an Lebenssicherheit, das sich mittelalterliche oder frühneuzeitliche Menschen nicht hätten vorstellen können. Oder anders gesagt: Die Normalitätserwartung, dass man *nicht* überfallen, ausgeraubt, körperlich angegriffen oder gar getötet wird, wenn man sich in einer Stadt bewegt, dass unterschiedliche Territorien dabei gar keine Rolle spielen und dass jederzeit die Polizei gerufen werden kann, wenn etwas Bedrohliches passiert – diese Erwartung entsteht nur in Gesellschaften, in denen es gelungen ist, die Gewalt im zwischenmenschlichen Alltag zurückzudrängen und den Gewaltgebrauch formal den einzelnen Menschen zu entziehen und ausschließlich der dafür legitimierten Exekutive – also der Polizei und dem Militär – zu übertragen.

Mit diesem Prozess der Zivilisierung geht, wie Elias minutiös rekonstruiert, eine Veränderung in den Verhaltensweisen einher, die kurzfristiges reaktives Handeln, etwa aus spontaner Wut, zugunsten von Weitsicht, Verhandeln und viel weniger spontanen Verhaltensweisen ablöst. Dieser Prozess zieht sich über Jahrhunderte und schreibt sich nicht nur in die alltäglichen Verhaltensweisen, zum Beispiel in Tischsitten oder Höflichkeitsformen, ein, sondern findet seine Entsprechung auch in der Psyche, etwa in einer höheren Sensibilität gegenüber den Empfindungen anderer und in einer möglichst genauen Antizipation der Absichten derjenigen, mit denen man zu tun hat.

Man kann am kontinuierlichen Absinken der Zahl der Gewaltopfer im Verlauf der Geschichte zeigen, wie tiefgreifend dieser historische Wandel im Gewaltgebrauch ist: Steven Pinker hat dazu – in deutlicher Anlehnung an Elias – eine monumentale Studie[69] vorgelegt, in der er die Zahlen derjenigen, die zu unterschiedlichen Epochen eines gewaltsamen Todes gestorben sind, mit den heutigen Quoten vergleicht. Gelegenheiten, einer Gewalthandlung zum Opfer zu fallen, gab es etwa im Mittelalter viele: Streitereien und Schlägereien auf der Straße oder in der Schänke, Überfälle und Raubmorde, Gewalt gegen Frauen und Kinder, Hexenverfolgung, Pogrome, Körperstrafen, Folter, die Definition von Menschen als Leibeigene oder Sachen. Und nicht zuletzt Kriege, die natürlich die größten Opferzahlen hervorbringen.

Auf Grundlage des Vergleichs von staatlichen und nichtstaatlichen Gesellschaften (also solchen, in denen zum Beispiel Gruppen von Jägern und Sammlern ohne übergeordnete Herrschaftsorganisation und ohne Institutionen zusammenleben) kommt Pinker zu eklatanten Unterschieden: Während in Gesellschaften von Jägern und Sammlern bis zu 60 Prozent der Todesfälle durch direkte Gewalt hervorgerufen sind, belaufen sie sich in modernen Staatsgesellschaften mit Zentralgewalt und rechtsstaatlichen Ordnungen in der Regel auf unter ein Prozent. Solche enormen Unterschiede finden sich im Übrigen nicht nur historisch, sondern auch in der Gegenwart. Die Gewaltquote ist dort, wo es keine funktionierende Staatlichkeit gibt – also in sogenannten failed states –, um ein Vielfaches höher als in funktionierenden Rechtsstaaten.

Das gilt auch für die innerstaatliche Gewalt, wenn zum Beispiel durch Drogenkartelle oder organisierte Kriminalität in manchen Städten oder Stadtvierteln das staatliche Gewaltmonopol außer Kraft gesetzt ist und Gewalt eine so alltägliche wie willkürliche Erscheinung ist. Man kann hierzu zum Beispiel den Roman »City of God« von Paulo Lins lesen, der eindrucksvoll das Gefühl vermittelt, wie wenig ein Menschenleben wert ist, wenn eine entsprechende Gewaltkultur herrscht. Oder die Arbeiten des Konstanzer Neuropsychologen Thomas Elbert über Kindersoldaten studieren, um eine Ahnung davon zu bekommen, was das Leben in einer Welt bedeutet, die durch direkte und nicht durch zivilisatorisch eingehegte Gewalt bestimmt ist. Und welche neuronalen Auswirkungen die entsprechenden Gewalterfahrungen und Traumata haben.

Denn die Ausübung und das Erleiden von Gewalt sind aufgrund der biochemischen Prozesse, die mit Aggression, Angst, Schmerzerleben usw. verbunden sind, keine »normalen«, sondern höchst spezifische und nachhaltige Erfahrungen, die auch das Weiterleben nach der Gewalt tief beeinflussen. Die Traumaforschung legt darüber, übrigens wiederum besonders seit dem Vietnamkrieg, beredtes Zeugnis ab. Auch von dieser Seite her ist umstandslose Zustimmung zu Kriegshandlungen, ja die geradezu begeisterte Forderung nach Eskalationswaffen, freundlich gesagt, naiv. Ein Beispiel aus dem neuesten Krieg:

Abb. 5: Sexualisierte Gewaltzustimmung auf ganz hohem Niveau.

Diese Tweets beziehen sich auf den Beschluss der deutschen Bundesregierung, Leopard-Kampfpanzer in die Ukraine zu liefern; bei den Personen, die sich darüber sehr freuen, handelt es sich um eine Juristin, die in den verschiedensten gehobenen und leitenden Funktionen in politiknahen Think-Tanks und Stiftungen sitzt, und einen Journalisten der *Süddeutschen Zeitung*. Die Dame im Leopardensuit ist im Original animiert und räkelt sich lasziv. Wir sehen hier mithin eine sexuell unterlegte Gewaltverherrlichung, die gleich nach Steigerung (Minkmar: »Next step: Kampfflugzeuge«) verlangt und die nicht nur grundsätzlich, sondern hier noch aus zwei Extragründen übel ist: Erstens handelt es sich um ein Beispiel des seit Beginn des Ukrainekriegs zu beobachtenden Vertretungsheldentums, dessen sich Frauen und Männer befleißigen, die ganz sicher mit den Gewalthandlungen, die sie verherrlichen, niemals direkt zu tun bekommen werden. Zweitens handelt es sich bei den Ergötzten nicht um Pubertierende mit geistigem und zivilisatorischem Entwicklungspotenzial, sondern um durchaus einflussreiche Personen, die politische Entscheidungen direkt und indirekt beeinflussen können. Aber dies nur als eines von leider sehr vielen Beispielen zur Willfährigkeit von Moralismus.

Man sieht schon an einem solchen Beispiel, mehr aber noch an der Dynamik von faktisch stattfindender Gewalt, dass ein einmal erreichter zivilisatorischer Standard niemals gesichert ist. Im Unterschied zu Steven Pinker hat Norbert Elias immer darauf hingewiesen, dass der Prozess der Zivilisation keine lineare Fortschrittsrichtung aufweist, sondern durch Prozesse der Entzivilisierung unterbrochen, umgedreht oder zunichte gemacht werden kann. Gerade die Entfesselung zweier Weltkriege durch Deutschland im 20. Jahrhundert sowie die Durchführung des organisierten Massenmords an sechs Millionen Menschen durch dieselbe Nation vermag das auf das Furchtbarste zu illustrieren.

Ein aufgeklärter Pazifismus

Schon vor diesem Hintergrund erscheint ein Moralismus, der den Pazifismus diskreditieren zu müssen meint, weil jetzt gerade Zeitenwende ist, als ungut und gefährlich. Aber gerade die historisch gut belegte Möglichkeit der Zivilisierung von Gewalt legt zwei Konsequenzen nahe: dass man erstens keinerlei moralisches Argument braucht, um das Streben nach Friedensordnungen höher zu priorisieren als wie auch immer begründete Optionen von Verteidigungs- und Angriffsfähigkeiten. Die großmaßstäbliche Zerstörung von Menschen, Lebensräumen und Infrastrukturen hat kein einziges Argument auf ihrer Seite, da braucht es kein Pathos, keine Empörung, keinen Moralismus. Denken genügt. Zweitens ist es gerade im Angesicht eines sich gerade vollziehenden Entzivilisierungsschubes umso notwendiger, sich theoretisch und politisch um die Zukunft des Friedens zu bemühen.

Norbert Elias hat es als eine gravierende Schwäche des Zivilisationsprozesses betrachtet, dass es zwar in vielen Staaten gelungen ist, ein innerstaatliches Gewaltmonopol mit den beschriebenen Folgen der Pazifizierung nach innen zu errichten. Was aber aussteht, so hat er argumentiert, sei ein zwischenstaatliches Gewaltmonopol, unter dessen Regime es den einzelnen Staaten nicht mehr erlaubt ist, Gewalt anzuwenden, was eine supranationale Armee mit Sanktionsrecht voraussetzt. Damit wäre zugleich das antizivilisatorische Potenzial, das das antiquierte Konzept nationalstaatlicher Souveränität immer bereithält, entschärft. Denselben Gedanken äußert Albert Einstein 1932 in seinem Briefwechsel mit Sigmund Freud: »Der Weg zur internationalen Sicherheit führt über den bedingungslosen Verzicht der Staaten auf einen Teil ihrer Handlungsfreiheit bzw. Souveränität, und es dürfte unbezweifelbar sein, dass es einen anderen Weg zu dieser Sicherheit nicht gibt.«[70] Ähnlich wie in föderalen Systemen könnten Staaten in Zukunft souverän etwa in der Ausgestaltung ihres Sozialsystems oder ihres Steuersystems oder wo auch immer bleiben, aber eben nicht mehr in der Ausübung von Gewalt gegenüber anderen Staaten.

Ein zwischenstaatliches Gewaltmonopol und eine gewaltbezogene Entmächtigung der Nationalstaaten wären wichtige Ziele eines *aufgeklärten Pazifismus*, dessen Begründung schlicht in der künftigen Überlebensfähigkeit der menschlichen Lebensform liegt. Denn wenn die ökologische und klimatologische Zerstörung der humanen Überlebensbedingungen im 21. Jahrhundert nicht nur wirtschaftsgetrieben fortgesetzt, sondern auch noch durch zunehmende Kriegsgewalt beschleunigt wird, gibt es schon recht bald nichts mehr, um das Menschen mit Gewinn kämpfen können.

Es ist zweifellos dumm, auf eine Renaissance des Imperialismus mit einer Renaissance der Aufrüstungsspirale zu reagieren – wie es mir überhaupt kein Zeichen von Intelligenz zu sein scheint, jede eskalative Aktion eines Aggressors mit einer Reaktion vom gleichen Typ zu beantworten. Das bedeutet ja nur, dass nach der Spielregel des Angreifenden agiert wird, wo es eigentlich doch darauf ankäme, die Regel selbst zu definieren. Das erfordert freilich kontraintuitives Denken und Handeln. Mit ukrainischen Fahnenmeeren in deutschen Städten gegen den Krieg zu demonstrieren, wie gleich nach Kriegsbeginn, war erwartbar und störte den Aggressor null. Aber was wäre es für Putin für eine irritierende Situation gewesen, wenn eine große Menge europäischer Menschen nach Kiew und Charkiw gereist wäre, um dort eine Präsenz zu zeigen, die der Diktator kaum hätte umstandslos zusammenbomben können? Eine solche paradoxe Fluchtbewegung in Gegenrichtung wäre gewaltfreier Widerstand gegen einseitige Gewaltanwendung gewesen und damit möglicherweise ein Beispiel dafür, dass auf Gegengewalt verzichtet werden, einem Aggressor aber im günstigen Fall Einhalt geboten werden kann.

Man könnte sich auch auf die Suche nach historischen Gewaltverzichten von Staaten machen und vor diesem Hintergrund die wirtschaftlichen, ökologischen und zivilisatorischen Gewinne berechnen, die daraus resultieren, dass man *nicht* Krieg führt. Das ist ausgerechnet im Fall von Deutschland nicht schwer: Antje Vollmer, langjährige Vizepräsidentin des Deutschen Bundestages, hat in einem kurz vor ihrem Tod erschienenen politischen Vermächtnis eindrucksvoll dargelegt, dass es der freiwillige Gewaltverzicht der Sowjetunion 1989 war, der den Mauerfall und die Wiedervereinigung ermöglichte. In der *Berliner Zeitung* vom 25.2.2023 schrieb sie: »Die Sowjetunion des Jahres 1989 unter Gorbatschow, wiewohl politisch und wirtschaftlich geschwächt, verfügte über das größte Atompotenzial, sie hatte eigene Truppen auf dem gesamten Gebiet ihrer Herrschaft stationiert. Es wäre ein Leichtes gewesen, das alles zu mobilisieren. Das wurde ja auch von vielen Vertretern des alten Regimes vehement gefordert.

Mit dem historischen Abstand wird noch viel deutlicher, welche staatsmännische Leistung es war, lieber ›Helden des Rückzugs‹ (Enzensberger) zu sein, als in einem letzten Aufbäumen als blutige Rächer und Schlächter von der Geschichte abzutreten. Die Wahl, die Michail Gorbatschow fast allein getroffen hat, hat ihm nicht zuletzt die Enttäuschung vieler seiner Bürger eingebracht. Es hieß, er habe nachträglich den Großen Vaterländischen Krieg verloren.«

Dieser Gewaltverzicht wurde im Westen aber nicht als zivilisatorische Wegmarke, sondern vor allem als Schwäche des untergehenden Sowjetsystems und dann noch als historischer Sieg des Westens über alles andere ausgelegt, was sich in Anbetracht der geopolitischen Entwicklung seither als eine der größten Torheiten der Geschichte herausgestellt hat. Faktisch hat aber dieser Gewaltverzicht zu einer Vermehrung demokratischer Gesellschaften, zur Erweiterung der Europäischen Union, zur Ermöglichung einer – jetzt gerade zerstörten – Friedensordnung geführt und für Europa die Fortsetzung der längsten Friedensperiode seiner Geschichte ermöglicht.

Eine Geschichte der staatlich *nicht* gezogenen Gewaltoption, der *nicht* gestorbenen Menschen und der *nicht* zerstörten Städte, Infrastrukturen und geistigen Verfassungen wäre ein weit überzeugenderes Fundament für einen aufgeklärten Pazifismus als Moralismus. Und dazu gehört eben zwingend die ökologische Perspektive, denn es ist ja glasklar, dass die Vermeidung von Zerstörung der Biosphäre zuträglicher ist als der Zerstörungsexzess, den Krieg immer bedeutet und der mit der Entwicklung moderner Kriegsmittel immer folgenreicher wird.

Der moralische Imperativ von Rückzug und Verzicht

Hans Magnus Enzensberger hat am 9. Dezember 1989 in der *Frankfurter Allgemeinen Zeitung* einen außergewöhnlichen Essay zu »Helden des Rückzugs« geschrieben – einerseits eine Vorwegnahme des »postheroischen Zeitalters«, das, wie wir heute sehen, leider auch nur ein paar Jahrzehnte dauerte. Andererseits aber ein erkenntnisleitender Impuls, darüber nachzudenken, wer denn die eigentlichen Helden der Geschichte sind. Diejenigen, die nach alten nationalstolzen Erzählungen den Tod nicht scheuende Kämpfer, Feldherren, Sieger sind, Gebiete und ganze Länder erobern und Besiegte unterjochen, oder aber diejenigen, die auf den Kampf verzichten, veränderte historische Notwendigkeiten richtig einschätzen und Gewalt und Zerstörung vermeiden? Enzensbergers Kardinalbeispiel in diesem hellsichtigen Text ist Michail Gorbatschow, dem er schon damals prophezeit, dass er im eigenen Land keine Popularität ernten würde. »Die schiere Aufgabe, die er sich gestellt hat, ist beispiellos. Er ist dabei, das vorletzte monolithische Imperium des zwanzigsten Jahrhunderts zu demontieren, ohne Gewalt, ohne Panik, ohne Krieg. Ob das gelingen kann, steht dahin. Doch hätte noch vor wenigen Monaten niemand das, was er bisher auf diesem Weg erreicht hat, für möglich gehalten. Es hat sehr lange gedauert, bis die Welt auch nur anfing, sein Projekt zu begreifen. Die überlegene Intelligenz, die moralische Kühnheit, die weitreichende Perspektive dieses Mannes – das alles lag, im Osten wie im Westen, so weit jenseits des Horizonts der politischen Klasse, dass keine Regierung wagte, ihn beim Wort zu nehmen.«

Enzensberger listet noch andere »Helden des Rückzugs« auf, aber es geht ihm nicht um Personen, sondern um die grundlegende zivilisatorische Haltung, im Angesicht von nicht fortsetzbaren Entwicklungen die Richtung zu wechseln. Diese Haltung gilt nicht für die Frage von Gewalt und Gewaltverzicht allein, sondern für alle politischen Handlungsfelder, deren Protagonisten allerdings, so Enzensberger, noch »am klassischen Heldenschema bis auf den heutigen Tag ebenso verbissen wie hilflos« festhalten.

Leider gilt dieser Befund, man denke nur an die allerneueste Kriegsrhetorik, auch ein Dritteljahrhundert später noch. Aber er gilt auch für das verbissene Festhalten an einstigen Erfolgsstrategien, die nicht mehr zu zwischenzeitlich veränderten Lagen und Herausforderungen passen. Boris Pistorius ist gewiss kein Held des Rückzugs, sondern ein Kämpfer für eine vergangene Welt. Rückzugspolitiker freilich sind nirgendwo zu sehen. Dabei, so Enzensberger, steht auch den westlichen Demokratien »eine Abrüstung bevor, für die es keinen Präzedenzfall gibt. Der militärische Aspekt ist nur einer unter vielen. Andere unhaltbare Positionen sind im Schuldenkrieg gegen die Dritte Welt zu räumen, und der schwierigste aller Rückzüge steht in jenem Krieg bevor, den wir seit der industriellen Revolution gegen unsere eigene Biosphäre führen.«

Die Fähigkeiten, die man braucht, um diesen überlebensnotwendigen Rückzug einzuleiten, könne man am besten an jenen studieren, die wie Gorbatschow aus der erwartbaren Entwicklungsrichtung ausgeschert sind, obwohl alle gefordert und erwartet haben, dass man »auf Kurs« bliebe. Erst durch solche »Vorbilder« wird erlernbar, wie man auf historische Herausforderungen angemessen antworten kann. Das ist übrigens für die Person des Rückzugshelden hart – das Ethos dieses Helden, schreibt Enzensberger, liegt in der Ambivalenz. Eindeutigkeit hat er nicht zu bieten, er muss die Zweideutigkeit der Alternative mit dem Risiko des Scheiterns auf sich nehmen. Geliebt wird man für Rückzüge nicht, solange das anachronistische Leitbild herrscht, das Unbeirrbarkeit, Konsequenz und Prinzipienfestigkeit hoch bewertet und Ambivalenz, Zögern, Selbstkorrektur niedrig. Man denke nur daran, wie oft Politikerinnen und Politiker routinemäßig sagen, sie seien »der festen Überzeugung«, oder an das mediale Bashing des Bundeskanzlers für sein »Zögern und Zaudern«, um zu spüren, wie wenig sich heute gegenüber der Zeit geändert hat, zu der Enzensberger seinen Essay geschrieben hat. Vor 34 Jahren, vor einer Generation.

Bis in die einzelnen Themen hinein, und jetzt bitte festhalten: »So kann eine Energie- und Verkehrspolitik, die diesen Namen verdient, nur mit einem strategischen Rückzug eingeleitet werden. Sie erfordert die Zerlegung von Schlüsselindustrien, die auf lange Sicht nicht weniger bedrohlich sind als eine Einheitspartei. Die Zivilcourage, die dazu nötig wäre, steht der kaum nach, die ein kommunistischer Funktionär aufzubringen hat, wenn es darum geht, das Monopol seiner Partei abzuschaffen. Statt dessen übt sich unsere politische Klasse in albernen Siegerposen und selbstzufriedenen Lügen. Sie triumphiert, indem sie mauert, und glaubt der Zukunft durch Aussitzen Herr zu werden. Vom moralischen Imperativ des Verzichts ahnt sie nichts. Die Kunst des Rückzugs ist ihr fremd.«

Das gilt auch 34 Jahre später noch, und mehr denn je. Der Westen hat aus der Erfahrung seiner Niederlagen nie eine Lerngeschichte des erfolgreichen Rückzugs gemacht, ja umso verbissener an seiner imaginierten Mission festgehalten, je weniger sie sich in der globalen Realität verwirklicht. Das ist enorm gefährlich.

Moralische Phantasie

Der moralische Imperativ des Verzichts, der schon aufgrund der ökologischen Notwendigkeiten seit langem zum Teil eines politischen Leitbilds hätte werden können, hat in der Leitkultur der Verschwendung keine Chance. Wir üben keinen Verzicht, wir üben Verschwendung. Günther Anders, dessen Werk »Die Antiquiertheit des Menschen« um das Theorem kreist, dass die Menschen der Moderne mehr herstellen können, als sie sich vorstellen können, hat von »moralischen

Streckübungen« gesprochen, die man praktizieren müsse, um das Gefälle zwischen Herstellen und Vorstellen abzuflachen. Eine Art Gegentraining also.

Anders hat seine Theorie in den 1950er Jahren entwickelt, und wenn wir heute auf dieses Gefälle zwischen Herstellung und Vorstellung blicken, sehen wir bei der KI, bei der toten Masse, die mittlerweile die Biomasse übertrifft, bei übermächtigen Plattformen, die ihre Algorithmen sorgfältig hüten, aber auch beim ganzen Formenkreis der ökologischen Probleme, dass das Gefälle seither sehr viel steiler geworden ist. Und dass die notwendige *moralische Gymnastik* nirgendwo geübt wird. Im Gegenteil: Eine grenzenlose Datenindustrie, die zu großen Teilen ausschließlich dafür da ist, personalisierte Werbung so genau zu platzieren, dass Konsum zum primären Lebensinhalt wird, trainiert die Leute ja 24 Stunden am Tag, 7 Tage die Woche in die genau gegenteilige Richtung. Die Moral gilt dem Kaufen und Haben, und Verzicht scheint geradezu amoralisch.

Aber Anders' Idee ist gut: Um den Abstand zwischen Herstellen und Vorstellen zu verringern, brauche es »moralische Phantasie«, um »die Kapazität und Elastizität unseres Vorstellens und Fühlens den Größenmaßen unserer eigenen Produkte und dem unabsehbaren Ausmaß dessen, was wir anrichten können, anzumessen; uns also das Vorstellende und Fühlende mit uns als Machenden gleichzuschalten«.[71] Lässt man sich einmal auf diesen Gedanken ein, kommt man schnell darauf, dass es unglaubliche amoralische Verzichtsleistungen sind, die einem die Gegenwart ganz selbstverständlich und ziemlich unauffällig auferlegt: Verzicht zum Beispiel auf *keinen* Lärm und *keinen* Begegnungsraum in den Städten, weil auf Autos nicht verzichtet werden soll. Verzicht auf *keinen*

Stress in der Kultur der permanenten Beschleunigung von allem und dem daraus resultierenden Verschwinden von Zeit, vor allem von ungefüllter, freier Zeit. Verzicht auf *keinen* Informations- und Reiz-Overkill, auf *keine* permanente Infiltrierung mit ungewolltem Wissen (über die britischen Royals bis hin zur Bedeutung bescheuerter Akronyme). Verzicht auf Resonanz, Unverfügbares, Schönheit, Begegnung.

Mithin also Verzicht darauf, in Ruhe gelassen zu werden von all den aufdringlichen Cookies und allfälligen Updates und sinnfreien Innovationen und überflüssigen Start-ups nebst der nervtötenden Sprache, mit deren Hilfe einem all das angedreht wird. Nach 4G kommt 5G, aber 6G steht schon am Start, um bald schon von 7G abgelöst zu werden. Und natürlich braucht es für jeden neuen Kram, von dem niemand sagt, warum um Himmels willen man den haben wollen soll, die entsprechend fähigen neuen Endgeräte. Schon wenn man all das nicht tagein, tagaus ertragen müsste, wenn einem all das nicht die Zeit stehlen würde, hätte man exakt jenen Raum, in dem man die moralische Phantasie trainieren könnte, die man braucht, um nicht Teil des grassierend Falschen zu bleiben, sondern es aus einer Perspektive betrachten zu können, die es zu beurteilen erlaubt und eine andere Wahl zulässt.

Vor einem halben Jahrhundert, als »Die Grenzen des Wachstums« erschienen, Greenpeace gegründet wurde und sich international eine Umweltbewegung formierte, hätte man das Ruder hin zu einem Friedensschluss mit der Natur viel leichter umwerfen können als heute. Damals waren die Konsum- und Weltreichweitenansprüche bei weitem nicht so ausgeprägt, und vom heutigen Universum der konsumistischen Ablenkungen von der Wirklichkeit ahnte nicht mal Günther Anders etwas. Aber damals lebten die Menschen aufgrund des weit geringeren Wohlstandsniveaus nicht nur nachhaltiger, es gab auch die seither angehäuften Unmengen der kumulierten Emissionen, Müllmengen, Mikroplastikteilchen, ausgelaugten Landschaften und zerstörten Lebensräume nicht, so dass inzwischen viel mehr zu überwinden ist, um zivilisiert überleben zu können.

Die Tragik liegt offenbar darin, dass die Kritik an einem sich in vollem Lauf befindlichen Erfolgsmodell, das immer breitere Beteiligung an einem immer weiter wachsenden Wohlstand verspricht und einlöst, als Angriff auf das verstanden wird, was einem doch gerade versprochen wurde und was man künftig haben möchte. Genau aus diesem Grund war die Gegenaufklärung der Immer-weiter-immer-mehr-Fraktion chronisch erfolgreicher als alle Versuche, unser Naturverhältnis endlich aufzuklären und zu verändern. Und je länger diese Gegenaufklärung wirkt, desto unrealistischer, ja verzweifelter scheint der Glaube, dass sich wenigstens noch die Dynamik aus dem immer rasanteren Prozess der Zerstörung nehmen ließe.

Das heißt paradoxal: Je mehr wir über das Falsche unserer Praxis wussten, desto größer wurde die Anstrengung, es uns nicht nehmen zu lassen. »So gingen wir, von uns selbst nicht aufgehalten.« (Roger Willemsen)

5. The rest of the West. Oder: Versiegen lernen

> *»Europa muss aus dem Denkmuster herauswachsen, dass Europas Probleme die Probleme der Welt sind, aber die Probleme der Welt nicht die Probleme Europas.«*
> Subrahmanyam Jaishankar, indischer Außenminister

Seit dem Vietnamkrieg, der im März 1973 mit dem Abzug der amerikanischen Truppen endete, insgesamt zwanzig Jahre dauerte, mehr als 58 000 US-amerikanische Soldaten und bis zu drei Millionen Vietnamesen das Leben kostete, haben die militärischen Interventionen des Westens wenig Ruhmreiches hervorgebracht. Der völkerrechtswidrige Irakkrieg von 2003, der zum Sturz des Diktators Saddam Hussein führte, endete formell erst mit dem Ende des Kampfeinsatzes am 16. Dezember 2011, also fast ein Jahrzehnt später. Und hinterließ ein Land, das von funktionierender Staatlichkeit, geschweige denn von einer rechtsstaatlichen Demokratie und von Stabilität weit entfernt ist. Dasselbe gilt für Libyen, dessen Diktator Gaddafi, wiederum nach einer völkerrechtswidrigen Intervention, 2011 gestürzt und getötet wurde. Das Land ist heute in von verschiedenen Warlords regierte Territorien zerfallen und ein failed state. Der Krieg in Syrien, ursprünglich ein Bürgerkrieg, in den verschiedene Mächte intervenierten, endete aus westlicher Sicht, als die damalige UN-Botschafterin Nikki Haley im März 2017 erklärte, dass der Sturz des Diktators Assad für die USA keine Priorität mehr sei, und der Außenminister Rex Tillerson sekundierte, das Schicksal Assads werde nunmehr vom syrischen Volk entschieden. Status: fortlaufend. Das Ende des Afghanistankriegs im August 2021 mit der Machtübernahme durch die Taliban und dem kompletten Überlaufen der westlich ausgebildeten und aufgerüsteten afghanischen Armee war ein totales Desaster, nach einem ebenfalls zwanzigjährigen Krieg. Auch für die Bundesrepublik, die in einer totalen moralischen Niederlage etwa 40 000 Ortskräfte und besonders gefährdete Personen der Macht der Taliban überließ.[72] Der deutsche Außenminister Heiko Maas hatte dazu nicht mehr mitzuteilen, als dass er sehr überrascht war.

Man darf sagen: ein halbes Jahrhundert ohne Erfolge. Kein nation building, keine Geburtshilfe für neue Demokratien. Dafür viele zerstörte Hoffnungen, viel Enttäuschung, viele Tote, auch viel Hass. Trotz seiner nicht nur militärisch, sondern auch moralisch eklatanten Niederlagen wird vonseiten des Westens immer wieder und immer noch der Anspruch artikuliert, zu intervenieren, um da und dort einen regime change in Richtung rechtsstaatlicher Demokratien zu initiieren und zu ermöglichen, Diktatoren zu stürzen, Menschenrechte durchzusetzen usw. usf. Wir leben in einer Welt, in der pausenlos immer alles evaluiert wird, Unternehmen, Institute, Arbeitsleistungen. Nur militärische Interventionen und Friedensmissionen nicht. Mali (unter dem vielversprechenden Namen »MINUSMA«), Südsudan – das sind Friedensmissionen, an denen auch die Bundeswehr beteiligt ist und bei denen völlig klar ist, dass das nichts wird mit dem Frieden.

Über alldem steht der bedeutungsvolle Titel »wertebasierte Außenpolitik«. Der Ukrainekrieg, in dem sich die NATO und alle ihre Bündnisstaaten entschieden gegen den völkerrechtswidrigen Überfall Russlands stellten und stellen, wird wiederum mit moralischen Argumenten unterlegt und als »Kampf um die Freiheit« definiert, den man »as long as it takes« führen müsse, um den Diktator Putin daran zu hindern, nach einem Sieg über die Ukraine weitere Länder zu überfallen und zu unterjochen.

Seit dem Kriegsbeginn am 24. Februar 2022 verzeichnet man eine stetige Steigerung des Mitteleinsatzes und der Zahl der gefallenen Soldaten wie der zivilen Opfer, ohne dass – Stand Juni 2023 – absehbar wäre, wann und mit welchem Ergebnis dieser Krieg enden könnte. Am Ukrainekrieg ist besonders auffällig, dass vor lauter Betonung von Solidarität und fast bedingungsloser Unterstützung des angegriffenen Staates, der – man muss heute schon daran erinnern – kein Bündnispartner ist, Definitionen von Kriegszielen, Abschätzungen der notwendigen Kriegsmittel, vor allem aber die Haltung anderer Staaten zu diesem Krieg in der medialen Öffentlichkeit kaum diskutiert werden.

Gerade der Umstand, dass die Haltung der nichtwestlichen Welt zur Rolle des Westens in diesem Krieg bei uns medial und politisch kaum zur Kenntnis genommen wird, ist höchst bemerkenswert. Denn es ist ja kaum verwunderlich, dass Staaten mit einer kolonialen und postkolonialen Geschichte, in deren Befreiungskriegen die Sowjetunion vielfach eine positiv wahrgenommene Rolle gespielt hat und die USA gerade nicht, in der Betrachtung des Ukrainekriegs nicht automatisch die Moral der NATO-Bündnispartner teilen. Und genauso wenig verwunderlich ist, dass die geo-, macht- und energiepolitischen Interessen anderer Nationen wie China, Iran, Brasilien, Indien, Südafrika und vieler mehr dafür sorgen, dass zum Beispiel die vom Westen verhängten Wirtschaftssanktionen gegen Russland gar keine Wirkung entfalten, die die russische Wirtschaft massiv treffen würde. Man nimmt Russlands günstige Rohstoffe gern ab, während der fossile Energiehunger etwa der Bundesrepublik gerade nach dem Ende russischer Öl- und Gaslieferungen zu teilweise erheblichen Preissteigerungen auf den entsprechenden Märkten geführt hat.

Und nicht zuletzt zu einer »Refossilisierung« der Energie- und damit der Klimapolitik. Man sieht, nicht nur die finanziellen Aufwendungen für die Unterstützung der Ukraine sind gewaltig, auch die Folgen für die unterstützenden Staaten werden erheblich sein. Der Krieg wird eine bedeutende Rolle im amerikanischen Wahlkampf spielen und die Demokraten schwächen, in Europa wird schon aus finanziellen Gründen die so emphatisch hervorgehobene Einheit der Mitgliedsländer mittelfristig wieder bröckeln, und die Mittel für die allenthalben – »Neue Zeit!« – geforderte Aufrüstung werden anderswo fehlen, bevorzugt in den Abteilungen Bildung, Kultur und Soziales.

Mithin ist keineswegs klar, wer am Ende die Verlierer dieses Kriegs sein werden, nicht einmal dann, wenn Putin die von ihm verfolgten Ziele nicht erreicht. Und genauso unklar ist, wie denn eigentlich eine internationale Friedensordnung nach diesem Krieg aussehen soll und welche Rolle dem sich immer noch dominant wähnenden Westen darin zukommt. Denn dass der Westen, wie Albrecht Koschorke am 2. März 2023 in der *Zeit*[73] schreibt, »sich einmal mehr in ein womöglich auswegloses militärisches Engagement verstrickt, wird in Ländern der früheren Dritten Welt als ein Symptom für das nahende Ende einer von den USA dominierten internationalen Ordnung gelesen. Ohnehin begegnet man dort der moralischen Parteinahme des Westens für die Ukraine mit dem

Verdacht, dass dem Leiden von Weißen mehr Gewicht beigemessen wird als dem Elend in südlicheren Weltregionen.«

In der Tat: Genau das hat der aus Malaysia stammende einflussreiche Umweltaktivist und Autor Chandran Nair in einem vielzitierten Artikel dargelegt, dessen Titel »Kriege sind nur dann böse, wenn Westler Opfer sind« auf jenen Vorwurf der doppelten Moral verweist, der westlichen Akteuren gerade aus der Perspektive des Globalen Südens heraus gemacht wird und der keineswegs unerheblich für die Frage ist, wie dieser Krieg denn einmal ausgehen wird.[74] Denn die Bereitschaft, Bündnisse einzugehen, hängt bei allem realpolitischen Kalkül immer auch davon ab, welchem staatlichen Akteur man ein Mindestmaß an Vertrauen beimisst.

Der Doppelmoral des Westens, die besonders in Ländern des Globalen Südens tief empfunden wird, hat der Völkerrechtler Kai Ambos im vergangenen Jahr ein kleines Büchlein gewidmet. Ambos ist Richter am Kosovo-Sondertribunal in Den Haag und Verteidiger am Internationalen Strafgerichtshof – ein Jurist mithin, der etwas vom Völkerrecht und Völkerstrafrecht versteht. Sein Buch mit dem Titel »Doppelmoral. Der Westen und die Ukraine« verfolgt ebenfalls die Fragestellung, »warum die westliche Ukraine-Politik im weltweiten Maßstab keineswegs von der viel beschworenen ›internationalen Gemeinschaft‹ […] unterstützt wird, sondern vor allem im Globalen Süden auf viel Kritik stößt.«[75]

In der Tat: Zwar haben im März 2022 141 von 193 stimmberechtigten UN-Mitgliedsstaaten der Resolution zugestimmt, die einen sofortigen, vollständigen und bedingungslosen Abzug der russischen Streitkräfte forderte, aber lediglich 38 Länder beteiligen sich de facto an Sanktionen gegenüber Russland und nur 30 unterstützen die Ukraine auch mit Waffenlieferungen. Eine weitere Resolution vom 23. Februar 2023 verzeichnet nur sieben Gegenstimmen und 32 Enthaltungen, aber eine grundsätzliche Änderung der Situation impliziert das nicht. Denn nach wie vor zeigt sich sowohl hinsichtlich der Staaten, die sich bei der Abstimmung enthalten oder nicht beteiligt haben, als auch hinsichtlich der faktischen Unterstützung der angegriffenen Ukraine eine deutliche Zurückhaltung der afrikanischen und asiatischen Länder.

So betrachtet kann von einer globalen Isolation Russlands auch mehr als ein Jahr nach Kriegsbeginn nicht die Rede sein, wobei Ambos ein deutliches Nord-Süd-Gefälle in der Entschiedenheit der Ablehnung Russlands konstatiert. Diese Zurückhaltung führt der Autor unter anderem auf den widersprüchlichen Umgang des Westens mit dem Völkerrecht zurück, den viele Vertreterinnen und Vertreter des Globalen Südens keineswegs nur vor dem Hintergrund der kolonialen Vergangenheit betrachten, sondern auch angesichts dessen, dass Völkerrechtsverbrechen westlicher Staaten noch gut in Erinnerung sind. Die rechtswidrige Irak-Invasion zählt dazu, Verletzungen der Menschenrechte durch NATO-Streitkräfte im Irak und in Afghanistan, die NATO-Intervention im serbisch-kosovarischen Krieg, aber auch die gezielten Tötungen im Rahmen des »Kriegs gegen den Terror«, zuletzt des Al-Qaida-Führers al-Zawahiri in Kabul. Alles nicht so richtig wertebasiert.

Auch die Zustimmung zur Zulieferung von Waffenbauteilen an Saudi-Arabien, das an einem Krieg beteiligt ist, der bislang 400 000 Menschenleben gekostet haben soll, ist kein Beitrag zur Konsistenz der westlichen Haltungen in Bezug auf völkerrechtliche Fragen. Ambos, der keinen Zweifel daran lässt, dass Russlands Bruch des Völkerrechts nicht hingenommen werden kann, stellt die gerade vor dem aktuellen Hintergrund berechtigte Frage, ob die notwendige Unterstützung der Ukraine und umgekehrt die internationale Isolation der russischen Diktatur nicht viel stärker ausfiele, wenn der Westen selbst mehr Glaubwürdigkeit beanspruchen könnte und seinerseits konsequenter dem Völkerrecht folgen würde, als es der Fall ist.

Albrecht Koschorke geht in seinen Überlegungen noch weiter und sieht in der sich abzeichnenden geopolitischen Figuration mit China, Russland, Indien und vielen anderen einen globalen Bedeutungsverlust des Westens, nicht nur, aber vor allem wirtschaftlich (vgl. S. 33).[76] Während die G-7-Länder in den 1980er Jahren weit mehr als die Hälfte der globalen Wirtschaftsleistung repräsentierten, sind es heute nur noch gut 40 Prozent.

Diese eher betrüblichen Befunde und Aussichten schlagen sich aber in den Selbstbildern der zum Westen zählenden Bündnispartner noch gar nicht nieder. So ist in den Medien oft von der »Führungsrolle« die Rede, die Deutschland endlich annehmen müsse, die Präsidentin der EU-Kommission tritt genauso wie die deutsche Außenministerin mit dem Habitus der Geschichtsmächtigkeit auf die außenpolitische Bühne, und dass selbst innerhalb des Bündnisses der türkische Präsident oder etwa auch der ungarische Ministerpräsident auch in Bezug auf den Ukrainekrieg ganz eigene Agenden verfolgen, wird gar nicht groß thematisiert. Zu dominant ist die Erzählung darüber, dass Putin es geschafft habe, die EU und die NATO so eng zusammenzuschmieden, wie es vor diesem Krieg gar nicht denkbar war – und in der Euphorie über diesen eher oberflächlichen und vermutlich wenig nachhaltigen Befund übersieht man geflissentlich, dass das für die andere Seite mindestens genauso gilt.

Auch dort werden die Bündnisse ja enger, wie der brasilianische Politikwissenschaftler Giorgio Romano Schutte schreibt: »Ein anschauliches Beispiel für den Erfolg der russischen Diplomatie ist die Haltung der OPEC-plus (Organisation der Erdöl exportierenden Länder). Europa mag steif und fest behaupten, dass Russland sich selbst isoliert – aus der Perspektive des Globalen Südens stellt sich das ganz anders dar.«

Gerade die fortgesetzt ignorante Haltung etwa gegenüber der Weigerung Brasiliens, Chiles und Argentiniens, die Waffenlieferungen an die Ukraine zu unterstützen, »stärkt im Globalen Süden das Bewusstsein dafür, dass er intensiver kooperieren und seine Prioritäten im Kampf gegen Armut und Hunger oder gegen Klimakrisen (unter denen diese Länder am stärksten zu leiden haben) und auch gegen Pandemien deutlich artikulieren muss. Europa muss begreifen, dass in den Augen der meisten Entwicklungsländer China in diesem Gesamtkontext ein maßgeblicher Partner ist – und Russland nicht das größte Problem. Das erklärt auch, warum immer mehr Länder ihr Interesse an einem Beitrag zum BRICS-Verbund und zu seiner Neuen Entwicklungsbank bekunden. Die eurozentrische Welt geht ihrem Ende entgegen, die Vormachtstellung der USA wird infrage gestellt.«[77]

Am deutlichsten zu sehen ist das Zusammenrücken auf der anderen, dem Westen abgewandten Seite an der Allianz zwischen China und Russland, die ressourcenpolitisch äußerst bedeutsam ist, es aber militärpolitisch noch sehr schnell werden kann – etwa wenn China Russland mit Waffen versorgt oder im Fall des erwartbaren Überfalls auf Taiwan auch Unterstützung von Putin und seinen Getreuen bekommen wird.

Die nächste Bredouille, in die sich der Westen peu à peu hineinmanövriert, wird mitsamt all seiner militärischen Niederlagen und Demütigungen aus dem vergangenen halben Jahrhundert in der vorherrschenden politischen und medialen Optik ausgeblendet. Das wiederum kann man als das Fortwirken eines Selbstbildes betrachten, das schon länger der historischen Situation nicht mehr angemessen ist. Norbert Elias hat in diesem Zusammenhang von einem »Nachhinkeffekt« gesprochen, der regelmäßig zu beobachten ist, wenn Staaten oder Imperien ihre einstmalige Bedeutung längst verloren haben, aber auf der Gefühlsebene immer noch »große« und »mächtige« Nationen sind. Elias hat das am Beispiel der ehemaligen Seemacht Holland illustriert, aber man muss ja aktuell nur nach England schauen, um zu sehen, dass aus dem ehemals mächtigen Empire nur mehr die tragikomische Reality-Version eines Monty-Python-Drehbuchs geworden ist, die sich aber mit König und Ultra-Kurzzeit-Prime-Ministers so inszeniert, als hätte sie als Nation noch eine Zukunft, die der Rede wert sei.

Aber lustig ist das alles natürlich nicht. Denn solche Täuschung über die eigene Rolle und die eigenen Potenzen kann ja gerade im Zusammenhang von kriegerischen Auseinandersetzungen dann äußerst fatal werden, wenn man die eigenen Möglichkeiten über- und die des Gegners unterschätzt. Oder in der selbstfokussierten Betrachtung der Situation nicht richtig wahrzunehmen in der Lage ist, wie sich auf der anderen Seite sukzessive die Gewichte zu den eigenen Ungunsten verschieben. Genau das scheint hier der Fall zu sein – weshalb Koschorke drei Verlierer des Ukrainekriegs sieht: Russland hinsichtlich seiner internationalen Reputation und seines Modernisierungsrückstands, die Ukraine wegen der verheerenden

Zerstörungen und Verluste und den Westen, dessen Gestaltungsmacht sich gerade in diesem Fall als begrenzter erweisen wird, als er selbst glaubt.

In einer aktuellen, international vergleichenden Studie, in der die Bevölkerungsmeinungen zum Ukrainekrieg erhoben wurden, kommt wiederum prägnant zum Ausdruck, dass die Rolle des Westens in diesem Krieg als weiterer Beleg für dessen Arroganz betrachtet wird. Die Befunde dieser Studie werden von einem ihrer Autoren, Mark Leonard, so resümiert: »Das Paradoxe am Krieg in der Ukraine ist, dass der Westen zugleich geeinter und weniger einflussreich in der Welt ist als je zuvor.«[78]

Norbert Elias hat darauf hingewiesen, dass gerade Abstiegsgesellschaften zu Gewalt neigen. Der Verlust ehemaliger Vorteile, schreibt er, spielt »eine Rolle in ihren Ängsten, in der Vorausschau einer unerfreulichen Zukunft, die sie zum Kampf und häufig zum Kampf mit immer grausameren und immer verzweifelteren Mitteln treibt, auch wenn Entwicklungen, die ihrem Einfluss entzogen sind, die Machtbalance offenbar zu ihren Ungunsten umstoßen«.[79] Vielleicht liegt auch darin ein Grund für die doch verblüffend rapide verlaufende Renaissance von Sprachgebräuchen und Begriffen in Milieus, die noch vor kurzem gegen Kindertagesstätten vorgegangen sind, weil man dort »Fuchs, du hast die Gans gestohlen« mit den Kindern gesungen hatte. Denn da kommt ja irgendwann »der Jäger mit dem Schießgewehr« und nietet den Fuchs um. Heute ist es im selben woken Milieu gang und gäbe, den Einsatz von Kampfpanzern zu fordern (»Let the Leopards free«), mit »Warfluencern« (Sascha Lobo) den Krieg hautnah mitzuerleben zu glauben und wie Anton Hofreiter Panzer- und Haubitzentypen so souverän aufzuzählen, dass er damit bei »Wetten, … dass?« auftreten könnte. Welcher mentale shift sich hier innerhalb von nur einem Jahr vollzogen hat, sieht man, wenn der grüne Landwirtschaftsminister sich bei der Teilnahme an Wehrübungen fotografieren lässt oder die Militärexpertin Claudia Major Kinderreportern erklärt, wieso in der Ukraine Krieg ist und wie man die Angegriffenen unterstützen muss.[80] »Fuchs, du hast die Gans gestohlen« gilt jetzt in Kitas vermutlich als verpönt, weil der Aggressor ja total pazifistisch vor dem Jäger gewarnt wird.

Bei alldem gerät komplett aus dem Blick, dass der Westen in Bezug auf diesen Krieg ein Selbstgespräch führt. »Während er bei uns«, schreibt Koschorke, »Tag für Tag die Schlagzeilen beherrscht, steht er in Indien, China, Indonesien, Lateinamerika, Afrika, den arabischen Staaten und der Türkei nicht in gleicher Weise oben auf der Agenda.« Dort ist man mit anderen Dingen befasst und betrachtet das Ganze als einen Regionalkonflikt, den der Westen mit Russland abzumachen hat. Dies alles zeigt auf eigentlich spektakuläre Weise, wie ein Selbstbild, das sich in einer spezifischen historischen Epoche – nämlich in der zweiten Hälfte des 20. Jahrhunderts – herausgebildet und verfestigt hat, auch dann noch die Wahrnehmungen und Handlungen bestimmt, wenn sich die Realitäten de facto längst verschoben haben.

Wie jung Rolle und Selbstbild des geopolitischen Akteurs Westen unter Führung der USA sind, kann man sich in Erinnerung rufen, wenn man den Aufstieg von Nordamerika als Schutzmacht der westlichen Demokratien historisch richtig einordnet: nämlich nach 1945 in die Nachkriegsfriedensordnung, die mit dem Potsdamer Abkommen zwischen den Siegermächten eingeleitet wurde und sich im Kalten Krieg konturierte, bis schließlich der Systemzusammenbruch des Ost-

Abb. 6: Wehrübend entschlossen: Landwirtschaftsminister Özdemir.

blocks die geopolitischen Karten neu verteilte. Aber anders, als man im Westen glaubte.

Am 16. März 1947 schrieb Sebastian Haffner im *Observer* einen Kommentar zu einer Rede des amerikanischen Präsidenten Truman, in der dieser betonte, dass »es die Politik der Vereinigten Staaten sein müsse, freie Völker zu unterstützen, die sich gegen Unterjochungsversuche durch bewaffnete Minderheiten oder Druck von außen wehren«. Haffner konstatiert gegenüber diesem Anspruch einige Befürchtungen »in den älteren Ländern Europas«, dass »die Amerikaner von ihrer Macht dilettantisch und unbesonnen Gebrauch machen – dass die Vereinigten Staaten, ein Neuling im internationalen Machtpoker, ihrer eigenen Position noch nicht sicher, durch zu starkes Selbstbewusstsein Krisen heraufbeschwören, vor denen sie dann kneifen«.[81]

Ups, denkt man als zeitgenössischer Leser, der in Westdeutschland und mit der Rolle der USA als westliche Schutzmacht und Weltmacht aufgewachsen ist, die waren nach dem Zweiten Weltkrieg »ein Neuling« in der Geopolitik, unerfahren, aber schon mit missionarischem Anspruch – eine ungute Kombination. Nur zwei Generationen später sieht man die Hellsichtigkeit von Haffners Beschreibung, denn während sich der wirtschaftliche und kulturelle Erfolg des amerikanischen Modells als durchschlagend und stilprägend erwiesen hat, ist das geopolitische und militärische Agieren der USA seither alles andere als eine Erfolgsgeschichte gewesen. Und der gegenwärtige amerikanische Präsident ist Jahrgang 1942, er selbst ist gewissermaßen die autobiographische Verkörperung des amerikanischen Zeitalters, das gerade zu Ende geht. Die bizarre Absicht, diesen alten Mann ein weiteres Mal für das Präsidentenamt kandidieren zu lassen, illustriert auf fast gespenstische Weise, dass eine Epoche nicht zu Ende gehen soll, die sich de facto überlebt hat.

Umso interessanter, dass das historische Gedächtnis so kurz ist, dass man die mögliche Fragilität des westlichen Modells nicht wahrnehmen will, da man die liberale Demokratie schon deshalb für ein Zukunftsmodell hält, weil man selbst Teil von ihr ist. Genau das könnte ein großer Fehler sein.

Im Grunde sieht man sich trotz aller Misserfolge immer noch als Vermittler eines nicht nur wirtschaftlich, sondern auch zivilisatorisch beglückenden Typs von Staatlichkeit, dessen normatives Fundament so beispielhaft ist, dass es auch die noch nicht demokratisierten Länder nach und nach übernehmen würden. Exemplarisch und in seiner ganzen Hybris hat Francis Fukuyama dieses Selbstbild nach dem Zusammenbruch der Sowjetunion in seine Theorie vom »Ende der Geschichte« (1992) gekleidet. Vielleicht hätte er Haffner lesen sollen.

Dreißig Jahre später kann man den rasanten Aufstieg nichtdemokratischer Mächte, allen voran China, verzeichnen, einen weltweiten Rückgang der Demokratien, die sich heute global in der Minderheit der vorhandenen Staatsformen befinden,[82] eine Hochkonjunktur militärischer Aufrüstung und eine Reihe demokratischer Gesellschaften auf der rechtsstaatlichen Kippe – wie Israel, Polen, Ungarn, England und die USA.

Aber in einer Art von somnambulem Zustand agiert man noch immer geleitet durch ein Selbstbild, das eine Geschichtsmächtigkeit suggeriert, die de facto längst im Rückwärtsgang fährt, deren mentales Zentrum aber das Aufstiegsmodell der früh industrialisierten Gesellschaften bildet, nämlich, so Koschorke, »die seit der europäischen Aufklärung immer wieder erneuerte Erwartung, dass der Fortschritt der Moderne eines nicht fernen Tages die friedliche Vereinigung aller Völker herbeiführen werde. Freihandel und internationale Verflechtung sollten kriegerische Auseinandersetzungen unmöglich machen. Dieser Glaube hat sogar die Katastrophen des 20. Jahrhunderts überstanden und in der Formel vom Wandel durch Handel noch die deutsche Russlandpolitik bis in die jüngste Gegenwart informiert. Im Narrativ der Globalisierung als eines scheinbar unausweichlichen Prozesses fand er seine vorerst letzte Bastion.«[83]

Aber auch dieses Narrativ ist nach der Corona-Pandemie brüchig, die die für viele überraschende Abhängigkeit zum Beispiel der Arzneimittelversorgung von einzelnen asiatischen Produzenten schlagend vorgeführt hat. Der russische Angriffskrieg bedeutete auch eine herbe Desillusionierung in Bezug auf die billige Energie und weckt mit dem Blick auf das imperialistische China furchtsame Erwartungen. Die schöne, aber etwas phantasiearme Idee, der etwa die deutsche Autoindustrie auch heute noch nachhängt, dass sich die wirtschaftliche Zukunft durch die beständige Erweiterung von Absatzmärkten definiere, ist nun dahin, und das erschreckende Wort von der »Deglobalisierung« kommt in Gebrauch, ohne dass man sich noch recht vorzustellen traut, welche Wohlstandsverluste diese am Ende mit sich bringen wird.

Und in aller Dialektik ist zu beobachten, wie die Fortschrittsansprüche von den Taten in die Worte wandern, eindrucksvoll zu sehen an den Gas-Shoppingtouren von Kanzler und Vizekanzler zu den antidemokratischen Potentaten der Welt, bei gleichzeitiger verbaler Hochrüstung in Sachen »wertebasierter«, »regelbasierter«, gar »feministischer Außenpolitik«. Je weniger etwas Wünschenswertes in der Wirklichkeit realisiert ist, desto größer wird der verbale Aufwand: Deshalb ist so viel von »Innovation« und »Transformation«, von »europäischen Werten«, von »Wertegemeinschaft«, »Verantwortung« und »Nachhaltigkeit« die Rede. Man hat das alles weniger denn je, man versichert sich gegenseitig nur mit der Inflation normativer Begriffe, dass man noch irgendetwas Werthaltiges mitzuteilen und zu bestellen hätte.

Das wäre nicht weiter schlimm, wenn es nur Folklore bliebe – wie Trachtengruppen, die Vergangenheiten aufführen, die es nie gegeben hat. Es ist aber dann verhängnisvoll, wenn daraus Wahrnehmungen, Schlussfolgerungen und Handlungen resultieren, die irregeleitet sind – also etwa die eigene Stärke, die eigene Bündnisfähigkeit, die eigene Wirtschaftskraft, die eigenen Handlungsmöglichkeiten überschätzen lassen. Eine bayerische Lebensweisheit lautet: »Nur mit vollen Hosen ist gut stinken«, und gerade absteigende Nationen oder Staatenbündnisse tun sehr gut daran, ihr Selbstbild gelegentlich zu prüfen und, wo nötig, tieferzulegen. Niemand im Rest der Welt erwartet vom Westen »Leadership«, die meisten würden einen entsprechenden Anspruch sogar fürchten, und das aus historisch guten Gründen. Die meisten sehen Doppelmoral, Arroganz, Überheblichkeit, und wenn sie mit der Deutschen Bahn durch die Bundesrepublik gereist sind, sehen sie auch, wie krass inzwischen der Unterschied zwischen Anspruch und Wirklichkeit geworden ist.

Aber gehen wir mal vom glücklichen Fall aus: Der Westen rutscht nicht in fortgesetzter Selbstüberschätzung seiner Bedeutung und seiner Mittel in die Entgrenzung des Kriegs hinein, sondern wirkt mit an einer internationalen diplomatischen Offensive, die den Krieg in der Ukraine zumindest einfriert. Damit wäre Zeit gewonnen für eine Neusortierung der historischen Rolle und der globalen Bedeutung und Raum für ein korrigiertes Selbstbild.

Was spricht eigentlich dagegen, die eigenen Mittel und Stärken nicht weiter in eine imaginierte globale Bedeutung zu investieren, sondern vor allem in die Resilienz und Krisenfestigkeit der eigenen Gesellschaft? Schließlich haben zahllose wissenschaftliche Einrichtungen, engagierte Stiftungen und Nichtregierungsorganisationen, aber auch viele Unternehmen wichtige Vorarbeit geleistet, um aus einer historisch falsch abgebogenen Hyperkonsumgesellschaft, die einem anachronistischen Leitbild folgt, eine moderne, sozial gerechte und ökologisch aufgeklärte Gesellschaft zu machen, die deshalb wieder zustimmungsfähiger wird, weil die meisten Menschen in ihr einen Sinn sehen, sich mit ihr identifizieren können. Was wäre schlimm daran, das zu verfolgen, ohne darin gleich eine Blaupause für den Rest der Welt zu sehen, sondern es vielleicht so ernsthaft zu versuchen, dass das Ergebnis sich sehen lassen kann?

delpy.julie •••

Gefällt **zoeruffner** und **weiteren Personen**

delpy.julie I made the great mistake to take a train in germany again because I had spoken at length to an agent at Deutschland bahn and they had guaranteed to me that there would be no problem. Of course there is tremendous amount of problems as usual. No trains are working every single train is late. Every single connection is being missed. Please travelers never ever travel by train in Germany. Go by foot if you have to.

Abb. 7: Versuch einer bekannten französischen Schauspielerin, mit der Deutschen Bahn zu reisen.

Die skandinavischen Länder hatten mit ihren sozialpolitischen Konzepten viel Erfolg, aber sie hatten nie eine Skandinavisierung der Welt im Sinn. Das allermeiste im Leben ist zyklisch, das gilt auch für Gesellschaften. Man sollte absteigen lernen und dafür studieren, wie Nationen wie Portugal, Spanien, Holland und andere ihre Abstiegstransformationen bearbeitet und bewältigt haben. Absteigen zu üben wäre überraschenderweise ein Lernprogramm mit weit mehr Erfolgspotenzial als eine zukunftsblinde Retropolitik, die unter dem Begriff der »Zeitenwende« glaubt, durch Aufrüstung und Konfrontation ihre Position im globalen Gefüge festigen oder auch nur halten zu können. Der Künstler Nikolaus Huhn hat die einstigen Versuche, aus der DDR eine führende Nation in der Erdölförderung zu machen, in dem Slogan zusammengefasst: »Von Thüringer Energiequellen lernen, heißt versiegen lernen!«

6. »Die« Wirtschaft

Der Mythos der »Dekarbonisierung«

»Unter Wirtschaften werden alle menschlichen Aktivitäten verstanden, die mit dem Ziel einer bestmöglichen Bedürfnisbefriedigung planmäßig und effizient über knappe Ressourcen entscheiden. Die Notwendigkeit zu Wirtschaften (sic!) ergibt sich aus der Knappheit der Güter einerseits und der Unbegrenztheit der menschlichen Bedürfnisse andererseits.«

Ach, Wikipedia, du Quelle unendlichen Wissens, du faszinierender Nachweis für die Schwarmintelligenz auch der Menschen! Nach deiner profunden Definition gäbe es all den Quatsch nicht, den »die Wirtschaft« unermüdlich und mit stetem Erfolg den Leuten andreht: Wer hätte denn je von sich aus das Bedürfnis gehabt, ein drei Tonnen schweres Elektroauto zu kaufen, das in keine Garage und auf keinen Parkplatz der Welt passt, aber dafür so designt ist, als hätte man es an einer Kirmesbude geschossen? Und wer würde, nach dem beschleunigten Ausbaubeschluss von 144 Bauprojekten auf Autobahnen in Zeiten der Klimakatastrophe, im Ernst von einer effizienten Nutzung knapper Ressourcen sprechen? Die »Unbegrenztheit der menschlichen Bedürfnisse« gibt es nur in der gehobenen Poesie der Wirtschaftswissenschaften, in der Wirklichkeit sind die menschlichen Bedürfnisse sehr begrenzt, zum Beispiel dadurch, dass sie alle sterben müssen, die Menschen.

Und genauso wie die Trivialpsychologie der »menschlichen Bedürfnisse« nur eine patente Erfindung dafür ist, den Menschen Eigenschaften anzudichten, die zu einer völlig entgrenzten und gerade nicht an Ressourcen und Bedürfnissen orientierten Immerwachstumswirtschaft passen, so wird die Knappheit der Güter eben nicht zum Ausgangspunkt des Wirtschaftens genommen, sondern durch Übernutzung permanent gesteigert, was etwa die spektakulären Aussterberaten der Arten bezeugen oder auch die planmäßige Zerstörung von Böden, Wäldern und Gewässern. Ausgerechnet die einzige Ressource, die nicht knapp ist, wächst immer weiter, weil sie so erfolgreich von den Ökonomen bewirtschaftet wird: Das ist die Dummheit.

Tatsächlich wird unser Zeitalter, falls es später noch Historikerinnen und Historiker geben wird, als »Age of Stupid« bezeichnet werden, denn noch nie haben Menschen mit so viel Wissen so viel falsch gemacht. Jedenfalls wenn man das, was sie tun, vom Standpunkt des Überlebens der menschlichen Lebensform her betrachtet.

Wenn man es vom Standpunkt der Maximierung von Lebenschancen für einen sehr kleinen Teil der Menschen betrachtet, dem als Voraussetzung auch noch das Prinzip der Generativität gleichgültig sein muss, ist aber ziemlich dicht am Optimum, was gerade so auf der Welt geschieht. So berichtet Greenpeace, dass es in Deutschland im Jahr 2022 58 424 Flüge mit Privatflugzeugen gegeben hat, die 208 645 Tonnen Kohlendioxid freigesetzt haben. Am häufigsten wurde dabei die Strecke Berlin–Köln geflogen, die im ICE in viereinhalb Stunden zurückgelegt wird. Greenpeace nennt das »rücksichtslose Mobilität«, die Soziologie nennt das Statuskonsum. Und dass die Leitkultur des Verbrauchs und der Verschwendung

Abb. 8: Hebt selbst ab. Friedrich Merz, CDU.

nach wie ganz ungebrochen ist, zeigten etwa die Bilder des im selbst gesteuerten Privatflieger zur Hochzeit des Kollegen Finanzminister anreisenden Oppositionsführers im Deutschen Bundestag.

Fotos wie das vom fliegenden Politiker, vom Monster-SUV fahrenden Fußballer oder von Kreuzfahrten liebenden Prominenten wie Harald Schmidt zeigen auch im 21. Jahrhundert, dass Statuskonsum im Wesentlichen immer noch über den sichtbaren Verbrauch funktioniert – man zeigt, was man sich leisten kann. Dieser Befund ist deprimierend, weil sich lebensweltliche Leitbilder immer noch als fossile Leitbilder formulieren und weil selbst bei den gesellschaftlichen Eliten noch nicht angekommen zu sein scheint, dass sie weiterhin Leitbilder des rücksichtslosen Konsums und der rücksichtslosen Mobilität pflegen und prägen.

Und es ist schon ein merkwürdiges Phänomen, dass etwa die Aktivistinnen und Aktivisten der selbsternannten »Letzten Generation« Ziel von – übrigens von Politikern geschürter –

heftiger Aggression sind, obwohl sie nicht mehr machen, als den durchschnittlich 1400 Staus pro Tag noch jeweils einen oder zwei hinzuzufügen. Die Aggression gegen die Mitwelt, die rücksichtslose Mobilität darstellt, wird hingegen kaum beachtet, sondern gilt im Gegenteil noch immer oder vielleicht mehr denn je als bewundernswert.[84]

Vielleicht muss man auch in Rechnung stellen, dass die Transformation umso mehr Gegnerschaft auf sich zieht, je unabweisbarer sie wird. In einer etwas naiven Herangehensweise in der Tradition von Bildung und Aufklärung geht man ja davon aus, dass wissenschaftliche Befunde und daraus abgeleitete Argumente sukzessive eine solche Überzeugungskraft entfalten, dass die politischen und wirtschaftlichen, aber auch die kulturellen Akteure nach und nach die Erkenntnisse und die daraus sich ergebenden Notwendigkeiten akzeptieren. Das wäre das, was die Soziologie »inkrementell« nennt – eine schrittweise Annäherung an ein anderes Bewusstsein und eine sukzessiv wachsende Veränderungsbereitschaft.

Nur findet die im Fall der Erderhitzung offenbar anders statt. Zwar hat sich das Bewusstsein dafür, dass man es beim Klimawandel mit einem ernsthaften Überlebensproblem zu tun hat, inzwischen weit verbreitet – und zumindest in Deutschland findet man Leugner dieses Vorgangs nur noch in verschrateten Kreisen von Querdenkern und Rechtsradikalen. Aber zugleich zeigt gerade der Erfolg, Bewusstsein inkrementell zu verbreiten, die ausgesprochen lose Verbindung zwischen Bewusstsein und Handeln an. Denn jedes Bewusstsein findet seinen Ort in einem gesellschaftlichen Zustand, in einer politischen Gemengelage und in einer Lebenswelt, die ein höchst widersprüchliches Anforderungsprofil für diejenigen bilden, die ein solches Bewusstsein haben. Und ein Bewusstsein über den katastrophalen Zustand des Klimasystems tritt in Konflikt mit allem Möglichen – den Mobilitätsangeboten, den beruflichen Aufgaben, den Reisewünschen, den politischen Vorgaben, der Tradition und den Gewohnheiten, dem Statuskonsum usw. usf. Gerade wenn die Widersprüche und die Zielkonflikte groß sind, wird so ein Bewusstsein schnell dasjenige, das am einfachsten kognitiv zu bearbeiten ist. Dafür ist eigens das Wort »eigentlich« erfunden worden, das es erlaubt, Gründe anzugeben, weshalb man nicht tut, was man tun müsste.

Das funktioniert individuell ganz prima, aber es funktioniert – und dafür ist der Klimawandel als faktisches Überlebensproblem ein Lehrbuchbeispiel – auch gesellschaftlich. Gerade an ihm lässt sich ja zeigen, dass ein objektives Dilemma sich nach seiner subjektiven Seite hin auflösen lässt. Etwas vereinfacht könnte man sagen: Dreißig Jahre Kommunikation und Forschung zum menschengemachten Klimawandel haben das Bewusstsein geschaffen, dass das Problem existiert und dass es gravierend ist. Da es ein menschengemachtes Problem ist, liegt seine Lösung nicht in Schicksalsergebenheit, sondern in der Transformation der Bedingungen, die es hervorgebracht haben. Diese Bedingungen sind höchst vielfältig – zusammengefasst liegen sie in einer industriegesellschaftlichen Entwicklung, die auf der Basis von fossiler Energie unglaubliche Wohlstands- und Möglichkeitssteigerungen geliefert hat und dabei erhebliche Störungen in der Biosphäre und im Klimasystem angerichtet hat. Der Grund für diese Störungen ist das Gesamt von Abbau, Transport und Nutzung natürlicher Ressourcen.

Wenn man die Perspektive von diesem Gesamt allein auf die Ursachen des Klimawandels verengt, spielen Treibhausgase und besonders das CO_2 eine besonders gut zu bestimmende Rolle, weshalb es die zentrale Aufmerksamkeit auf sich gezogen hat. Die Antwort auf die fälschlicherweise bald »Klimakrise« genannte Erderhitzung wurde folglich als eine technische definiert: Man muss nur den Ausstoß von CO_2 reduzieren und schließlich ganz vermeiden, dann wird das Problem gelöst. Mit dieser Zentralreduktion (vgl. S. 74) ist das Gesamt der Ursachen für die ökologisch und klimatologisch immer bedrohlichere Lage allerdings aus dem Blick geschoben. Was den psychologischen Vorteil hat, dass man den Umfang der notwendigen Veränderungen auf das CO_2 zusammenschnurren lassen und die Erzählung verbreiten kann, dass alles so weitergehen kann wie bisher, wenn die »Dekarbonisierung« der Weltwirtschaft gelingt.

Abgesehen davon, dass es nicht mehr als Kinderglaube ist, dass man eine statistische Abstraktion wie die »Weltwirtschaft« auf ein gemeinsames Ziel und eine gemeinsame Praxis eichen könnte – jedes Unternehmen und jede Volkswirtschaft verfolgen ja *ihre eigenen* und nicht die allgemeinen Interessen –, resultiert aus dem Herunterzoomen der Gesamtproblematik der Übernutzung aller natürlichen Ressourcen inklusive der Atmosphäre auf ein einziges Molekül die Fortschreibung eines nicht überlebenstauglichen Wirtschaftsmodells. Ein permanentes Anwachsen der Güter- und Verbrauchsmengen bringt auch ohne CO_2 noch so viel Zerstörung mit sich, dass man sich am Abbremsen der Erderhitzung kaum freuen wird, weil auch die klassische Verschmutzung und Vermüllung der Welt die Überlebensräume radikal verkleinert.

Man muss nur an den künftigen Bedarf an Rohstoffen denken, den man für die Dekarbonisierung braucht. Lithium, für die Batterien unabdingbar, kostet heute das Fünffache wie vor zehn Jahren, und im Jahr 2030 könnte es schon knapp sein. Vom Halbmetall Tellur braucht die energiegewendete Welt 2030 wahrscheinlich die zehnfache Menge im Vergleich zu heute, ein Problem für die Solarindustrie.[85] Und so geht das immer weiter, etwa wenn man sich scheinbar aus den Abhängigkeiten fossiler Energien befreit und für grünen Wasserstoff und synthetische Kraftstoffe »Energiepartnerschaften« mit Ländern abschließt, von denen man keineswegs weiß, ob die in Zukunft Demokratien oder Despotien sind.

Man bearbeitet also – und zwar geradezu obsessiv – einen kleinen Ausschnitt eines Gesamtprozesses, der sich nach wie vor in die falsche Richtung bewegt, und fragt sich dabei gern, weshalb »die Menschen nicht vom Wissen zum Handeln kommen«. Die Antwort darauf ist aber ganz einfach: Weil wir die Probleme, die mit Ökologie und Klima zu tun haben, arbeitsteilig zu behandeln gelernt haben. Für die Ökonomie – die gesellschaftliche Organisation des menschlichen Stoffwechsels – sind die Wirtschaftsleute zuständig. Für die Sorgen, die man sich über die schlechten Folgen eines falschen Wirtschaftens machen muss, die Ökos. Mit dem einen Ergebnis, dass die Wirtschaftsform, die nach wie vor radikal dominiert, nur in Spurenelementen ökologisch modernisiert ist, und dem anderen, dass sich die Öko- und Klimabewegung nur auf höchst luxurierende Weise für Ökonomie interessiert – vor allem in Form von Schuldzuweisungen an »die Wirtschaft« und »die Konzerne«.

Ihr sei aber gesagt, dass selbst jene »Gesellschaftsräte«, die etwa »die Letzte Generation« fordert, auch institutionelle Gebilde sind, die irgendwie finanziert werden müssen, genauso wie zum Beispiel Schulen und Universitäten, Gerichte und Schwimmbäder und womöglich auch ein bedingungsloses

Grundeinkommen. Das kann wiederum nur eine Wirtschaft gewährleisten, die in ihrer Organisation von Produktion und Reproduktion so viel Mehrwert abwirft, dass nicht nur die Leute, die die Arbeit machen, davon leben können, sondern überdies ein Staat so viel Steuern darauf erheben kann, dass er eine Daseinsvorsorge im umfassenden Sinn leisten kann.

Der Mythos der Nachhaltigkeit

Das heißt: Wenn wir ernst machen wollen mit der sozialökologischen Transformation von Wirtschaft und Gesellschaft, müssen wir die angenehme und liebgewonnene Arbeitsteilung zwischen Ökonomie und Ökologie aufheben und das Ökonomische ins Zentrum unserer transformativen Aktivitäten stellen. Denn wenn wir unseren Stoffwechsel nicht anders zu organisieren lernen als in den letzten zweihundert Jahren, wird das nix mit dem Überleben der Menschen.

Wieso zweihundert Jahre? Weil um diese Zeit der Siegeszug der fossilen Energie begann, zunächst in den früh industrialisierten Ländern England, Frankreich, Deutschland, später und bis heute auf der ganzen Welt. Und mit dieser Energie jenes zuvor unvorstellbare Ausmaß an Zurichtung und Zerstörung der Natur angerichtet werden konnte, dessen Folgen heute die künftigen Überlebensmöglichkeiten fraglich machen. Das aber kann man auch so formulieren: Wirtschaftlich wird unser gesellschaftlicher Stoffwechsel seit zweihundert Jahren nicht nachhaltig organisiert, und je weniger nachhaltig diese Organisation wurde, desto schneller wuchs und wächst der Wohlstand, jedenfalls der materielle. Die Gründe? Dazu ein kleiner Exkurs:

Strukturelle Nichtnachhaltigkeit

Da wäre zunächst das ungeheure Wirtschaftswachstum zu nennen, das auf der Basis der Nutzung fossiler Brennstoffe als Energiequelle möglich wurde. Allein in Deutschland hat sich das Bruttoinlandsprodukt (BIP) verachtzigfacht. Seit 1950 wuchs es von 50 Milliarden Euro auf 1300 Milliarden Euro im Jahr 1990 auf heute 3870 Milliarden Euro.[86] Die enormen Wohlstandsgewinne der Gesellschaften des Globalen Nordens, die die Handlungsspielräume der Menschen materiell immens erweiterten, wurden also erst mit einer durch fossile Energie angetriebenen Wachstumsökonomie ermöglicht. Fossile Energieträger erlaubten aber nicht nur zuvor unerreichte und anhaltende Wachstumsraten. Technologien, deren Entwicklung und Nutzung ohne den Rückgriff auf sie nicht denkbar ist, führten darüber hinaus auch zu einer umfassenden Verbesserung der Lebensbedingungen der Menschen, vor allem in den früh industrialisierten Gesellschaften. Hier sind unter anderem die Anhebung hygienischer und medizinischer Standards, die Etablierung eines verlässlichen Langstrecken-Transportsystems, die enormen Produktivitätssteigerungen in der Landwirtschaft sowie die Entstehung eines globalen Informations- und Wissenssystems zu nennen.[87]

Dies alles trug dazu bei, dass sich in diesen Gesellschaften die durchschnittliche Lebenserwartung der Menschen in einem Zeitraum von weniger als 150 Jahren verdoppelte. Diese Steigerung der durchschnittlichen Lebenszeit macht deutlich, was mit einer Zunahme der Handlungsspielräume gemeint ist: Während für Menschen in der Mitte des 19. Jahrhunderts das Leben mit etwa 40 Jahren in der Regel endet, haben sie heute in den reichen Gesellschaften erst »Halbzeit«, und ihnen verbleibt eine zweite Lebenshälfte, um – abhängig von ihrer konkreten Ressourcenausstattung – zu verreisen, Zeit mit ihren Familien und Freunden zu verbringen, Sport zu treiben oder zu schauen, Literatur und Kunst zu genießen, sich neu zu verlieben etc. Damit aber noch nicht genug: Folgt man der Argumentation Timothy Mitchells, entstanden die modernen Demokratien im 19. und 20. Jahrhundert als *Carbon Democracies*, ihre Entwicklung war fundamental mit der Extraktion fossiler Brennstoffe (insbesondere Kohle) sowie dem gesellschaftlichen Aufstieg der industriellen Arbeiterklasse verknüpft.[88] Mit anderen Worten, die gegenwärtige Demokratie, die trotz all ihrer Mängel ein bis dato unerreichtes Maß an politischer Teilhabe für breite Bevölkerungsschichten ermöglicht, ist eine Kohlenstoffdemokratie. »Das Haus der modernen Freiheiten steht auf dem Fundament des ständig wachsenden Verbrauchs fossiler Energie. Daher sind unsere Freiheiten bis jetzt immer energieintensiv gewesen", heißt es daher auch bei Dipesh Chakrabarty.[89]

Der vermutlich eindrucksvollste Beleg für den Zusammenhang zwischen Naturverbrauch und den sogenannten Errungenschaften der Moderne lässt sich in einem Schaubild ablesen, das auf Daten basiert, die der World Wildlife Fund (WWF) regelmäßig in seinen *Living-Planet*-Reporten veröffentlicht.

Eine ganze Reihe von Ländern – dies sind vor allem die Länder des sogenannten Globalen Nordens, also die Staaten Nordamerikas, Europas und Japan – verfügt über eine »sehr hohe menschliche Entwicklung« (gemessen nach dem Standard der Vereinten Nationen: Lebenserwartung, Schulbildung und Pro-Kopf-Einkommen). Alle diese Länder liegen aber weit oberhalb eines ökologischen Fußabdrucks, der als nachhaltig gelten kann. Auf der anderen Seite gibt es eine

Kein Land, nirgends.

NACHHALTIGKEIT UND HOHE LEBENSSICHERHEIT SCHLIESSEN SICH BISLANG AUS

Die bisherige historische Entwicklung zeigt, dass die Steigerung der Lebenssicherheit mit einem nichtnachhaltigen Umweltverbrauch einhergeht. Es existiert kein Land, das eine nachhaltige Praxis mit einem hohen Niveau von Lebensstandard und -sicherheit verbindet.

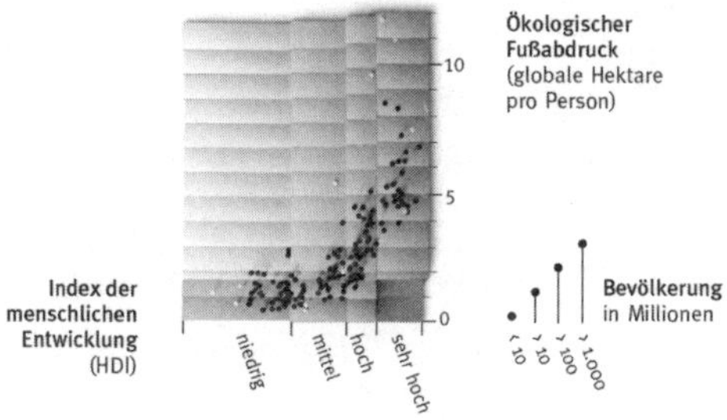

Quelle: Berechnungen basierend auf WWF (2012)

Abb. 9: Korrelation des ungleichheitsbereinigten Index der menschlichen Entwicklung und des ökologischen Fußabdrucks (gemessen in globale Hektar).

ganze Reihe von Ländern – überwiegend Staaten aus dem Globalen Süden –, deren Stoffwechsel mit der Natur zwar in diesem Sinne ökologisch nachhaltig ist, die aber ein sehr geringes Niveau »menschlicher Entwicklung« aufweisen. Mit anderen Worten, diese Gesellschaften sind aus purem Zwang »ökologisch nachhaltig«: weil der Großteil ihrer Bevölkerung bitterarm ist, über ein geringes formales Bildungsniveau verfügt und vergleichsweise früh stirbt. Nicht eine einzige Gesellschaft findet sich, die eine »sehr hohe menschliche Entwicklung« *und* einen nachhaltigen ökologischen Fußabdruck aufweist. Mit anderen Worten, eine Gesellschaft, die zugleich als modern und nachhaltig zu bezeichnen wäre, existiert bislang nirgends auf der Erde.[90]

Die Mittelalter-Historikerin Annette Kehnel hat in einem wunderbaren Buch dargelegt, wie eindimensional auf das Materielle begrenzt unser Wohlstand tatsächlich ist und dass unser Bild von den grenzenlosen Segnungen der kapitalistischen Moderne vor allem auf einer Selbsterzählung basiert, die unser Gesellschafts- und Wirtschaftsmodell in ein äußerst vorteilhaftes Licht rückt. Aber »die Frage ist, ob wir heute immer noch Erzählungen brauchen, die den Aufstieg der westlichen Welt erklären. Dieses Narrativ passte zur Zeit der Hochindustrialisierung und zum Zeitalter des Kolonialismus. Es begleitete die zunehmende Beherrschung der Natur durch Innovation und Technik seit der Erfindung der Dampfmaschine 1769«.[91] In der Perspektive dieser Aufstiegserzählung war die vorkapitalistische Welt eine einzige Trübsal, mindestens für die ärmeren Schichten, und die bildeten die übergroße Mehrheit – voller härtester Arbeit und Ausbeutung, Krankheiten, Kindersterblichkeit, Gewalt und allumfassender Freudlosigkeit. Und als die Moderne kam, begannen Milch und Honig zu fließen.

Was in dieser Erzählung freilich nicht vorkommt, ist zum Beispiel der Umstand, dass bis zur Industrialisierung weit *weniger* gearbeitet wurde als heute – schon aus Gründen nicht existenten künstlichen Lichts, aber auch wegen zahlloser religiöser Feiertage (neben den 52 arbeitsfreien Sonntagen zählte etwa die Diözese Oxford weitere 40 Feiertage, dasselbe galt für Frankreich und Spanien). Der Blue Monday hielt sich bis in das 20. Jahrhundert, und der Kampf um die Arbeitszeit als großes Thema der Arbeiterbewegung war vor allem ein Kampf gegen die ungeheure Mehrarbeit, die die unter Volldampf sich entwickelnde Industrie den Arbeitern aufbürdete, die zuvor anderes gewohnt waren.

Die Aufstiegserzählung ist sicherlich dort zutreffend, wo es um Dinge wie die Lebenserwartung, die Gesundheitsversorgung, die Reduktion der Kindersterblichkeit, die Einführung von Schulpflicht oder die Eroberung von gleichen Rechten ging – aber bei all diesen Fortschritten bleibt festzuhalten, dass sie durch intensive Kämpfe gegen etablierte Interessen mittels Reformen durchgesetzt wurden. Und dass es eine Weile gedauert hat, bis die Kapitalisten zu verstehen begannen, dass es ihrem Wirtschaftssystem langfristig dienlicher ist, wenn die Kinder nicht schon zu früh durch Arbeit degenerieren und man das Proletariat gerade so gut behandelt, dass es keine Revolution macht.

Und es bleibt vor dem Hintergrund der Problemlagen des 21. Jahrhunderts festzuhalten, dass eine Aufstiegserzählung, die vor allem die materielle Besserstellung der unterschiedlichen Bevölkerungsschichten hervorhebt, alle jene Nachhaltigkeitspraktiken weglässt, die bis zum Siegeszug des fossilen

Kapitalismus dafür sorgten, dass Ressourcen eben nicht verschwendet wurden. Mittelalterliche Zunftordnungen, auch das kann man bei Kehnel nachlesen, wiesen den Beruf, den man seit den 1950er Jahren abfällig als »Lumpensammler« bezeichnete, als ausdifferenzierten Ausbildungsberuf mit jeder Menge Spezialisierungen aus. Lebens- und Produktionsgemeinschaften wie die der Beginen waren über viele Jahrhunderte funktionierende kooperative Wirtschaftsformen, die einen auch nach heutigen Maßstäben auskömmlichen Lebensstandard erlaubten, ohne dass dafür eine privatwirtschaftliche Organisationsform die Voraussetzung bildete. Dasselbe gilt für die Bewirtschaftung von Gemeingütern, die ausgefeilte Ordnungen voraussetzte, aber dann über viele Generationen etwa in der Waldwirtschaft so funktionierte, dass die Ressourcen erhalten blieben, man aber von ihrer Bewirtschaftung trotzdem gut leben konnte. So gibt es, ein Beispiel unter Tausenden, im österreichischen Weinort Langenlois noch heute den »Vierzigerhof«, der auf die gemeinschaftliche Bewirtschaftung eines Waldes durch vierzig Familien seit dem 12. Jahrhundert zurückgeht.

In der Bauwirtschaft wäre früher niemand auf die Idee gekommen, dass Steine, die man mühsam in Steinbrüchen gebrochen und behauen hatte, nicht wiederverwendet würden, wenn ein Gebäude abgerissen und ein anderes gebaut wurde. Aus den Aufzeichnungen von Dombauten geht hervor, wie Steinmetze dafür bezahlt wurden, geeignete Materialien aus römischen Ruinen zu besorgen. Solches Baustoffrecycling führte auch zu lustigen Ergebnissen, etwa wenn in Aachen zum Ruhme eines christlichen Kaisers ein Relief auftaucht, das den Mythos einer Jupiter-Tochter darstellt, »die von Pluto in die Unterwelt entführt wurde und seither unfreiwillig als

Göttin der Unterwelt regiert«.[92] Solche Praktiken der Bricolage, wie der Ethnologe Claude Lévi-Strauss die Lösung neuer Probleme mit vorhandenen Mitteln genannt hat, wurden ganz selbstverständlich so lange praktiziert, bis die Nutzung fossiler Energien und die spätere Entwicklung fossiler Werkstoffe wie Plastik das permanente Neuschaffen von Dingen möglich machten und erstmals solche Dinge wie »Müll« und Praktiken wie »Entsorgen« erfanden.

Das heißt: Wenn wir heute von Nachhaltigkeit sprechen und vor allem wenn etwa Unternehmen versuchen, »nachhaltiger« zu produzieren, findet das unter Bedingungen systematisch entwickelter Nichtnachhaltigkeit statt. Auch hier darf das Drei-Tonnen-E-Auto von BMW als probates Beispiel dienen: Ein Mobilitätsmittel, das einen ungeheuren Infrastrukturaufwand erfordert, um überhaupt herumfahren zu können, und der komplexen Bereitstellung von fast drei Tonnen unterschiedlichster Materialien bedarf, um erst mal hergestellt zu werden, und dann jede Menge elektrischer Energie braucht, um diese drei Tonnen wiederum zu bewegen, kann niemals nachhaltig sein. Auch dann nicht, wenn seine Lederausstattung mit einem Extrakt aus Olivenblättern gegerbt ist und damit als besonders nachhaltig beworben wird.

Oder wenn die Bundeswehr zur Publikation eines Nachhaltigkeitsberichts verpflichtet wird, obwohl deren Wesensbestimmung in der Fähigkeit zum Führen fossiler Kriege zum Zweck der Zerstörung von Geschaffenem besteht.[93] Oder wenn Kreuzfahrtschiffe mit Gasantrieben ausgestattet werden, Motorboote für Binnengewässer mit 400 PS-starken Elektromotoren oder der neue Lamborghini Revuelto zusätzlich zu seinem Zwölfzylindermotor noch zwei Elektromotoren bekommt. Das hilft beim Energiesparen. Dieses Auto hat 1015

PS, braucht 2,5 Sekunden, um von 0 auf 100 zu beschleunigen, fährt 350 km/h Spitze und kann 15 Kilometer weit elektrisch fahren. Alles dieses sind Verbesserungen an Objekten, die an sich falsch und daher nicht nachhaltisierbar sind.

Das gilt in einer nichtnachhaltigen Welt nicht nur für das eine oder andere besonders absurde Beispiel, sondern ist ein systematisches Problem: Das wird insbesondere dann sichtbar, wenn Unternehmen sich neuen Berichtspflichten gegenübersehen, die Nachweise über Energieeinsparungen, Transparenz und korrekte Behandlung der Mitarbeiterinnen fordern. Die brauchen sie nach den ESG-Kriterien (Environment, Social, Governance), etwa um Kredite oder Förderungen zu bekommen. Manche dieser Kriterien behindern die Fortsetzung nicht nachhaltiger Praktiken, und das ist auch ihr Sinn – sie stehen aber nicht selten in Widerspruch zu den geschäftlichen Erfolgsbedingungen, die die Unternehmen im Wettbewerb aufrechterhalten müssen.

Die Klage darüber hört man sofort, wenn man mit Akteuren aus der Unternehmenswelt spricht, und nicht selten ist sie nur die routinemäßige Klage darüber, dass man schon wieder etwas umsetzen muss, was angeblich die Wettbewerbsfähigkeit, gerade in internationaler Perspektive usw. usf., beeinträchtigt. Sie kann aber auch das strukturelle Problem ansprechen, dass es bislang weitaus einfacher ist, nichtnachhaltig zu wirtschaften, weil Subventionen Fehlanreize und -steuerungen bedingen, weil die Abnehmerseite aus Sparsamkeit nichtnachhaltige Produkte bevorzugt, weil vorhandene Infrastrukturen und Gebäude modernen energetischen Standards im Weg stehen usw.

Vor allem aber auch, weil das Paradigma des Wachstums echter Nachhaltigkeit insofern grundsätzlich entgegensteht, als Wachstum immer gleichbedeutend mit steigendem Verbrauch ist. Das Mantra der Entkoppelung von Ressourcen- und Energieverbrauch vom Wirtschaftswachstum ist eben nicht mehr als routiniert gepredigter Glaube. Nirgendwo ist es bislang zu absoluter Entkoppelung gekommen. Und wo relativ entkoppelt wird, wie etwa beim Musikstreaming, das die Hardware in Form von CDs oder Vinyl einspart, frisst der Energieaufwand die Einsparungen hinterrücks auf oder überkompensiert sie sogar durch gesteigerten Konsum (Rebound-Effekt).

Da bleibt die große Frage, ob es einen Kapitalismus gibt, der Privateigentum und die Generierung von Mehrwert durch die Unternehmerinnen und Unternehmer vorsieht, aber ohne Wachstum und vor allem ohne Zerstörung der Überlebensgrundlagen funktioniert. Oder vorsichtiger gefragt: Ob es die Rückkehr zu einer Marktwirtschaft geben kann, die nach Prinzipien der Schonung von Naturressourcen und Arbeitskraft organisiert ist und trotzdem ein gewisses Maß an Wohlstand und vor allem auch die Bereitstellung von zivilisatorischen Gütern wie demokratische Teilhabe, Recht und Daseinsvorsorge leistet.

Eine Ökonomie der Endlichkeit

Die Entwicklung einer »Ökonomie der Endlichkeit«, die sich diesen Fragen stellt und dazu Antworten zu entwerfen beginnt, ist schlicht und ergreifend überfällig in einem Jahrhundert, in dem die Naturverhältnisse in ziemlicher Dramatik zu zeigen beginnen, dass die bislang dominierende Ökonomie der Grenzenlosigkeit an ihrer zugrunde liegenden Illusion zerbricht. Es gibt die Grenzen nämlich, und es ist fahrlässig, weiterhin so zu tun, als gäbe es sie nicht. Da hilft übrigens auch kein pseudowissenschaftliches Raunen über »planetare Grenzen« – es reichen schon die, die wir ganz konkret in den irdischen Naturräumen anzuerkennen haben und an die das wirtschaftliche Handeln notwendig gekoppelt sein muss.[94]

Wie die unternehmerisch Handelnden aufgefordert sind, ihre Geschäftsmodelle so neu zu erfinden, dass die Zerstörung aufhört, so ist die Politik aufgefordert, Rahmen für das unternehmerische Handeln in einer Weise zu definieren, dass Chancen für wirtschaftlichen Erfolg auch dann bestehen, wenn die Grenzen des Wachstums anerkannt werden.

Und dann sind schließlich die Ökos aufgefordert, sich ernsthaft mit der Wirtschaft zu befassen, anstatt weiterhin ihrer Kritik zu frönen, aber gleichzeitig schöne Dinge wie ein bedingungsloses Grundeinkommen zu fordern. Schon der Umstand, dass bislang noch nicht einmal ein Begriff für eine nichtzerstörerische oder nichtwachsende Ökonomie gefunden worden ist, sagt ja etwas darüber aus, dass man sich um die zentrale Frage der notwendigen Bereitstellung der zivilisatorischen Güter herumdrückt: »Postwachstum« und »Degrowth« sind ja hilflose Begrifflichkeiten, die andeuten, dass man noch längst nicht bei einer eigenständigen ökonomischen Theorie angekommen ist.

Ich glaube, dass eine neue ökonomische Theorie, eben eine Ökonomie der Endlichkeit, für ein neues Leitbild der Politik geradezu zwingend ist. Wir bewegen uns nach wie vor in einem ökonomischen Modell der Nichtnachhaltigkeit, die Richtung ist noch keineswegs geändert. Und dass jeder Versuch, innerhalb dieses falschen Modells nachhaltiger zu werden, zu Widersprüchen und Zielkonflikten führt, zeigt ja, dass ein wirtschaftspolitisches Leitbild für das 21. Jahrhundert überhaupt nicht existiert.

Und genau das führt zu einer Wahrnehmung, dass die Aufforderung, nachhaltig zu wirtschaften und auch zu leben, ständig an Widersprüchlichkeiten, Ungerechtigkeiten und Unzulänglichkeiten scheitert und insgesamt keine attraktive Herausforderung, sondern eine Zumutung ist, der man am besten schnell aus dem Weg geht. Deshalb spricht der Politikwissenschaftler Ingolfur Blühdorn auch davon, dass die Rede, man sei ja schon auf dem richtigen Weg, da ein Bewusstseins- und Wertewandel sichtbar sei, an der Wirklichkeit vorbeigeht: »Nicht nur werden die klima- und nachhaltigkeitspolitischen Forderungen der Wissenschaft und vieler Aktivist*innen von wesentlichen Teilen der Gesellschaft als elitär und statusbedrohend wahrgenommen und entschieden abgelehnt […], sondern auch in den Teilen der Gesellschaft, in denen solche Narrative entwickelt und in besonderem Maße gepflegt werden, sind sie oft vor allem Selbstdarstellungen und Sollvorstellungen, die weit entfernt sind von den real praktizierten Handlungsformen, Lebensstilen und Selbstverwirklichungsmustern.«[95]

Sollvorstellungen ist ein gutes Stichwort. Die politische Bearbeitung des Klimawandels im Sinne der Reduktion der CO_2-Emissionen setzt ja Ziele, unter anderem deswegen, weil man auf diese Weise Messgrößen für Fortschritte hat und jeweils abgleichen kann, in welchen Bereichen Einsparungen erreicht wurden und in welchen nicht. Die Ziele, die 2015 auf der Pariser Klimakonferenz unter Jubel und Tränen von 195 Staaten vereinbart worden sind, bestehen bekanntlich darin, die Erderwärmung auf 2 Grad, nach Möglichkeit 1,5 Grad gegenüber der vorindustriellen Zeit zu begrenzen. Die Wissenschaft hat errechnet, welches »Budget« an Emissionen noch offen ist, um das Klimasystem auf Werte unterhalb der vereinbarten Ziele einzuschwören – und genau daraus ergeben sich dann politische Ziele für Deutschland wie eine Reduktion der Emissionen um 65 Prozent bis 2030 und eine »Klimaneutralität« bis 2045. Um das zu erreichen, wäre laut Umweltbundesamt eine jährliche Reduktion um sechs Prozent nötig, die aber weit verfehlt wird.

Wenn der Wirtschafts- und Klimaminister, wie es in schöner fossiler Sprachtradition heißt, »Gas gibt« und etwa den Einbau von fossilen Heizungsanlagen verbieten möchte, dämmert den Beteiligten, dass »Ziel« im Fall von Emissionsreduktion nicht bedeutet, dass sich im Jahr 2030 und dann noch mal im Jahr 2045 etwas verändern muss, sondern dass solche Ziele nur erreicht werden können, wenn man möglichst lange vorher mit den notwendigen Veränderungen beginnt. Was diese Erkenntnis bedeutet, konnte man im Frühjahr 2023 am Beispiel der regierungsinternen wie regierungsexternen Debatten darüber sehen, welche psychischen Zumutungen, technischen und sozialen Probleme und auch Bedarfe an zum Beispiel Wärmepumpen und Fachkräften auftreten, wenn man ein gesetztes Ziel tatsächlich verfolgen will.

Das vorläufige Endergebnis bestand in einem Beschluss des Koalitionsausschusses, in dem so gut wie alle zuvor beschlossenen klimapolitischen Maßnahmen konterkariert und zugunsten von Nichtveränderung unterminiert wurden. Neben der schon erwähnten originellen Idee, 144 Autobahnprojekte beschleunigt auf den Weg zu bringen, ist besonders die Aufhebung der verpflichtenden Sektorziele eine Niederlage für den Klimaschutz. Das war offensichtlich das Resultat eines Deals: Die Reform des Gebäudeenergiegesetzes, also das Verbot des

Einbaus klassisch fossiler Heizungsanlagen ab dem Jahr 2024, gegen die Aufhebung der Sektorziele: So funktioniert Politik ohne Leitbild. Damit der Klimaminister das Gesicht nicht verliert, bekommt der Verkehrsminister Carte blanche. In der Legislaturperiode zuvor hatten die damalige Umweltministerin Svenja Schulze und ihr Staatssekretär Jochen Flasbarth mit viel Beharrlichkeit und Mühe durchgesetzt, dass jedes Ministerium für seinen Bereich Nachweise über das Erreichen der vereinbarten Einsparziele vorlegen musste, um mit dem Schwarze-Peter-Spiel der Verantwortungsabgabe Schluss zu machen.

Das notorisch von der Automobilindustrie lobbyierte Verkehrsministerium verfehlte seine Ziele souverän, ebenso andere wie das Bauministerium, was im Koalitionsausschuss zur salomonischen Aufhebung nicht der Arbeitsverweigerung des Verkehrsministers, sondern der Sektorziele führte. Nicht erreichte Einsparungen eines Sektors können in einem anderen ausgeglichen werden, was man mit »organisierte Nichtverantwortlichkeit« übersetzen kann. Konsequenterweise fällt auch die jährliche Überprüfung der Einhaltung der Ziele weg. Klimaschutz ist in den Modus der Unverbindlichkeit überführt, bereits erreichte Erfolge sind annulliert worden. Die Grünen, die dieses Ergebnis als Regierungspartei mittragen, ergehen sich seither in guter Orwell'scher Tradition in der Erfindung neuer Begriffe. Da wird der Autobahnausbau zur »Engpassbeseitigung« und die famose Idee, längs von bestimmten Autobahnteilstücken Fotovoltaik zu installieren, zum Anlass, von »Klimaautobahnen« zu sprechen.

Man sieht an diesem Beispiel von Retropolitik, wie erfolgreich Gegenkräfte mobilisiert werden können, wenn mit notwendigen Veränderungen nicht nur auf der kostenlosen Ebene des Bewusstseins, sondern auch auf der Ebene der faktischen Eingriffe in die Versorgung, ihre Kosten und ihre Tragweite begonnen wird. Hier wird Transformation insofern eine ernste Angelegenheit, als die Ersetzung fossiler Infrastruktur, in der industriellen Energieversorgung ebenso wie in der privaten Wohnung, Geld kostet, ohne dass dadurch ein unmittelbarer Nutzen empfunden wird. Das widerspricht der konsumistischen Sofortismuskultur radikal, die ja so etwas wie das Aufschieben von Bedürfnisbefriedigung gerade bekämpft.

Die Mobilisierung der Blockierer, medial von *Frankfurter Allgemeine Zeitung* bis *Bild*, politisch von CDU, SPD und FDP, setzt folgerichtig mit Vehemenz ein, womit nicht nur die auch vom Bundesverfassungsgericht eingeforderte Generationengerechtigkeit[96] unterlaufen wird, sondern weite Bereiche von Wirtschaft und Gesellschaft vor ihrer Modernisierung geschützt werden. Das ist Privilegiensicherung der herrschenden Generation auf Kosten derjenigen, die nach ihr kommen. Zumal die Gesellschaft einen systematischen Modernisierungsrückstand verordnet bekommt, der alle künftigen Transformationsschritte wiederum schmerzhafter macht.

Insbesondere die FDP, schon bei Gelegenheit des Mövenpick-Gesetzes als besonders skrupellose Klientelpartei bekannt geworden,[97] erweist sich in dieser Funktion als erstaunlich durchsetzungsstark. Ihre Rolle in der sogenannten Ampel-Koalition darf man in vielerlei Hinsicht – Widerstand gegen die Kindergrundsicherung, Blockade des EU-Beschlusses, den Verbrennungsmotor ab 2035 zu verbieten, Ausbau der Autobahnen – als konsequentes Verhindern notwendiger Transformationsprozesse im Auftrag antiquierter Industrien interpretieren. Als Partei repräsentiert die FDP eine politische Bewegung, die es in Deutschland gar nicht gibt: die »Gelbwesten«, die in Frankreich mit Vehemenz jede Modernisierung bekämpfen.

Es ist vielleicht frustrierend, aber auch erwartbar und eine wiederkehrende historische Erfahrung, dass gesellschaftliche Modernisierungsprozesse von denjenigen bekämpft werden, die von den kommenden Veränderungen Einschränkungen ihrer Privilegien fürchten. Das war schon bei der Arbeiterbewegung so und galt in gleicher Weise für die Frauenbewegung, die frühe Ökologiebewegung und auch für die Fridays for Future und ihre radikale Fraktion der »Letzten Generation«. Wenn es ernst wird, formieren sich die Gegner.

Das Bedauerliche daran ist, dass sich die Gesellschaften, in denen Modernisierungsverhinderer politisch durchsetzungsfähig sind, um Gestaltungschancen bringen, die sie insgesamt gerechter, resilienter und auch zustimmungsfähiger machen würden. Wer etwa eine Branche wie die deutsche Autoindustrie protegiert, die erstens jahrzehntelang die Notwendigkeit ignoriert hat, sich nicht als Anbieter von Autos, sondern von Mobilität zu verstehen, zweitens die Entwicklung des E-Autos verschlafen hat, drittens ihre Innovationsfähigkeit darin erschöpft hat, immer größere Autos zu bauen und immer neue Märkte zu erschließen, und viertens mit dem Argument der Arbeitsplatzsicherung durch Modernisierungsverweigerung am Ende 800 000 Arbeitsplätze gefährdet, verhält sich nicht im Sinn des Grundgesetzes.

Auf der Automesse in Shanghai 2023 vermittelten die deutschen Stände und die albernen Präsentationen der CEOs der deutschen Automobilunternehmen inmitten all der chinesischen Benchmark-Elektroautos denselben Eindruck wie vor ein paar Jahrzehnten die Stände von Lada oder Škoda auf der IAA in Frankfurt: rührend irgendwie, aber totally lost. Man sieht: Eine Industrie, die über Jahrzehnte von der Politik gepampert wird, verliert jeden Bezug dazu, wie sich die Welt um sie herum verändert.

Man kann sich im Kontrast dazu Unternehmen anschauen, die proaktiv die Notwendigkeiten des Wirtschaftens im 21. Jahrhundert verstanden und in ihre Geschäftsmodelle übersetzt haben. Anhand ihrer Beispiele kann man einerseits die Chancen ermessen, die in unternehmerischen und marktwirtschaftlichen Möglichkeiten der Transformation stecken, andererseits aber auch zerknirscht feststellen, welche Chancen die antiquierten Wirtschaftsakteure und ihre politischen Repräsentanten vertun.

Wirtschaftsavantgarden

Vor nicht allzu langer Zeit hat sich der Investmentfonds Planet A gegründet, der ausschließlich in Start-ups investiert, deren Geschäftsmodell nachweisbar eine positive Umweltbilanz aufweist – also mehr Schaden beseitigt als anrichtet. Die Unternehmen, die Risikokapital von diesem Fonds haben möchten, müssen aufwendige Berechnungen und Bewertungen über sich ergehen lassen, bevor es zu einer Investitionsentscheidung kommt. Oder nicht. Mit 160 Millionen Euro Kapital kann Planet A schon ein bisschen was bewirken; es versteht sich selbst als Impuls, dass Risikokapital auch nach langfristig überlebensdienlichen Kriterien eingesetzt werden kann und nicht nur nach der höchsten Renditewahrscheinlichkeit. Und langfristig, so nehmen die Initiatoren an, werden »saubere« Unternehmen der Standard sein. »Wir sagen nicht, positive Wirkung und finanzieller Return können Hand in Hand gehen. Wir sagen, das eine wird das andere bedingen: Wenn es uns gelingt, die zu identifizieren, die gesellschaftlich relevante Lösungen und Technologien zur Verfügung stellen, wenn wir in die investieren und die wachsen lassen, werden das die neuen DAX-Unternehmen werden.« Lena Thiede, die ursprünglich aus der Umweltbewegung kommt, lange in der politischen Administration gearbeitet hat und nun den Kapitalismus praktisch zu reformieren versucht, begründet ihren Ansatz mit einem ziemlich plausiblen Argument: »Wenn wir unsere Art zu investieren nicht verändern, dann ist auch irgendwann nicht mehr viel da zum Investieren.«[98]

Christian Hiß, gelernter Gärtner und Ökolandwirt, ist ebenfalls jemand, der den Kapitalismus mit den Mitteln des Marktes ökologisch und sozial befrieden möchte. Das Konzept: Man kann Geld bei der Regionalwert AG anlegen, mit dem die Aktiengesellschaft leerstehende Höfe kauft, die dann an Landwirte verpachtet werden. Dabei ist das Geld in erster Linie das Mittel, um die Höfe zu erhalten. Statt einer monetären Rendite bekommen die Aktionäre Werte wie eine steigende Bodenfruchtbarkeit und Biodiversität durch die geförderte Vielfalt landwirtschaftlicher Betriebe. »Regionalwert AG bedeutet«, in den Worten von Hiß, »sich beteiligen zu können: als Aktionär oder Betrieb. Sie eröffnet Möglichkeitsräume mit dem spezifischen Zweck der Ökologisierung der Land- und Ernährungswirtschaft.« Über die Jahre wurde das Prinzip der Regionalwert AG auf die gesamte Wertschöpfungskette ausgeweitet. Nicht nur landwirtschaftliche Betriebe gehören zu den Partnerbetrieben, sondern ebenso Verarbeitungsbetriebe, Hofläden und Restaurants. »Ich möchte Wertschöpfungsräume aufbauen, die in sich immer resilienter werden«, sagt Hiß. Mit der »Regionalwert Leistungen GmbH«

arbeitet er mit inzwischen 15 Mitarbeiterinnen und Mitarbeitern an der standardisierten Erfassung von sozioökonomischen und ökologischen Leistungen auf Höfen. Damit soll transparent nachvollziehbar sein, welche Leistungen die Betriebe für das Gemeinwohl erbracht haben. Eine Verbreitung der Regionalwert-AGs ist auch in städtische Regionen möglich und geschieht: Mittlerweile gibt es deutschlandweit acht AGs, die sich von Freiburg bis Hamburg erstrecken, sowie weitere in Österreich, Luxemburg und Spanien.[99]

Der Schweizer Patrick Hohmann führte von 1983 bis 2020 ein erfolgreiches Garnhandelsunternehmen, die Remei AG in Rotkreuz, das den normalen textilwirtschaftlichen Weg hätte weitergehen können: also in Ländern mit den niederträchtigsten Löhnen produzieren, mit den günstigsten Subunternehmern und Zwischenhändlern, Arbeits- und Umweltrecht Fehlanzeige. Was so normal ist, im globalen Wettbewerb. Doch Hohmann beschlich nach acht Jahren im Textilgeschäft das deutliche Gefühl, dass Ausbeutung und Gesundheitsschäden durch Herbizide und Pestizide im Baumwollanbau überhaupt nicht normal sein dürfen: »Es kann nicht sein, dass ein indischer Bauer mein T-Shirt subventioniert.«

Vor dem Hintergrund dieser Erkenntnis begann er ab 1991, sein Unternehmen umzubauen. Und zwar vom Beginn der Wertschöpfungskette an, also vom einzelnen Arbeiter auf den Baumwollfeldern und den Bedingungen, unter denen der sein bisschen Geld verdient. Um die zu verändern, dachte Hohmann, müsste er auf jeden Zwischenhandel verzichten, und die Arbeiter müssten selber wieder Produzenten werden. Also gab er Feldarbeitern Kredite und erlaubte ihnen, selbst darüber zu bestimmen, wie viel sie liefern würden. Einzige Voraussetzung: Sie müssten auf jeden Einsatz von Chemie und Gentechnik verzichten. Das senkte Kosten und gab Unabhängigkeit von der Industrie, für die Gesundheit der Arbeiter und die Böden war es auch viel besser.

Obwohl seine Branchenkollegen ihm die baldige Pleite prophezeiten, produziert die Remei-Gruppe heute immer noch Garne, T-Shirts und eine eigene Fashion-Kollektion – nur geht es nun nicht ausschließlich mehr darum, möglichst viele Produkte herzustellen und abzusetzen, sondern darum, möglichst vielen Baumwollbauern in Indien und Tansania ein gutes Leben zu ermöglichen. Die Remei AG, heute unter der Leitung von Marion Röttges und Simon Hohmann, ist als Wirtschaftsunternehmen vom Zweck zum Mittel geworden, Mittel zum sozial und ökologisch besseren Wirtschaften. Das funktioniert sogar im berühmten globalen Wettbewerb.

Auch hier wird das Unternehmen selbst als Treiber der notwendigen Transformation verstanden, es geht um den nachhaltigen Wandel der Textilindustrie selbst. Hätte es nicht Unternehmen wie Remei gegeben, wäre es dem deutschen Entwicklungsminister Gerd Müller in Zusammenarbeit mit dem Arbeitsminister Hubertus Heil nicht gelungen, das Lieferkettensorgfaltspflichtengesetz zur Verabschiedung zu bringen, das Unternehmen ab einer bestimmten Größe darauf verpflichtet, über die gesamte Wertschöpfungskette hinweg für die Einhaltung von arbeits- und umweltrechtlichen Standards Verantwortung zu tragen.

Tatsächlich führte die Einführung des Gesetzes nicht nur zur erwartbaren Kritik, sondern etwa auch zu Unternehmensentscheidungen wie bei C&A, Teile der Produktion nach Deutschland zurückzuverlagern, weil das die Einhaltung der Standards wesentlich sicherer macht. Da Regionalisierung und Lokalisierung von Produktion und Wertschöpfung ein wichtiges Element der Reduktion von Aufwand und somit der sozialökologischen Transformation ist, kann man hier ein Beispiel dafür sehen, wie unternehmerisches Handeln und Politik sich zugunsten der Zukunftsfähigkeit und damit des Gemeinwohls wechselseitig unterstützen.

Übrigens nicht nur am Unternehmenssitz: Im Fall der Remei AG fließt ein erheblicher Teil des Unternehmensgewinns seit 1997 in die unternehmenseigene bioRe-Stiftung. Sie unterstützt Dorfschulen vor Ort, ein mobiles Gesundheitszentrum, Biogasanlagen – was gebraucht wird in den Teilen der Welt, die in den letzten Jahrzehnten vor allem Gegenden waren, in denen Menschen für zu wenig Geld unter zu hohen Kosten für ihre Gesundheit zu billige Sachen produzierten. Die bioRe-Stiftung führt Schulungen zur Kultivierung von Biobaumwolle durch, baut Infrastruktur auf und hilft zum Beispiel Webern, ein eigenes Geschäft zu betreiben und damit den Lebensunterhalt und den ihrer Kinder selbst zu verdienen. 10 000 Bauern, die autonom wirtschaften und ihr Leben selbst gestalten können, hat Patrick Hohmann mal gesagt, das wäre sein Unternehmensziel.

Gerade im Bereich der Textilwirtschaft, im Zuge der Globalisierung zu einem sowohl sozial als auch ökologisch schmutzigen Zweig der Industrie geworden, gibt es viele Vorreiterinnen – sei es eben Remei, sei es Patagonia, sei es Vaude, sei es Cotton made in Africa der Otto-Group, sei es Manomama. Das war das erste ökosoziale Textilunternehmen in Deutschland. Es produziert seit 2010 mit inzwischen mehr als 120 Menschen und hat »aus einer Halle voller Unqualifizierter einen mittelständischen Fachbetrieb mit 4000 Jahren Kompetenz geschaffen«. So Sina Trinkwalder, die Gründerin und Chefin des Unternehmens, die ihren Erfolg damit begründet, dass Manomama nicht primär die Wertschöpfungs-, sondern die *Wertschätzungskette* interessiert, die sie unternehmerisch zwischen Gesellschaft, Belegschaft, Kundschaft und Unternehmen schafft. Auch hier wird die sozialökologische Transformation unternehmerisch gedacht und praktiziert.

Hans-Dietrich Reckhaus produziert Insektizide in zweiter Generation. Über eine sehr gut nachlesbare Geschichte[100] ist ihm vor etwas mehr als einem Jahrzehnt plötzlich klargeworden, dass sein Geschäftsmodell im Töten von Tieren bestand, von Tieren zumal, die bei Menschen nicht sehr beliebt, für deren Überleben aber unverzichtbar sind: Insekten.

Sie sind verantwortlich für das Bestäuben von Pflanzen, bilden wichtige Glieder in der Nahrungskette zum Beispiel für Vögel, halten wechselseitig Bestände im Gleichgewicht. Ohne Insekten läuft das alles nicht, und gewiss ist der Rückgang der Biomasse der Insekten in Deutschland um mehr als drei Viertel ein ökologisches Problem von gigantischer Dimension.

Reckhaus entwickelte ein neues Geschäftsmodell, dessen Kern die Kompensation und Überkompensation der durch die Reckhaus'schen Insektizide zu Tode gekommenen Insekten ist. Für die jeweils ermittelte Anzahl der getöteten bzw. potenziell zu tötenden Tiere werden Flächen reserviert, um einer vergleichbar großen oder größeren Zahl von Insekten Lebensraum zu bieten. Das zugehörige Label heißt »Insect Respect« und prangt inzwischen nicht nur auf den Verpackungen von Reckhaus' Produkten, sondern auch auf denen anderer Insektizid-Hersteller, sofern die sich darauf verpflichtet haben, die entsprechenden Kompensationsmaßnahmen zu ergreifen. Insect Respect ist – jetzt mehr als zehn Jahre nach seinem Start – ein erfolgreiches Konzept, das zwar den Umsatz und den Gewinn des Unternehmens beträchtlich reduziert hat, dafür aber die unternehmerische Tätigkeit mit wesentlich mehr Sinn versehen hat als zuvor. Denn nun geht es um das Verabschieden des alten Geschäftsmodells und um das Entwickeln eines neuen, das ein zukunftsfähiges Naturverhältnis zur Grundlage hat.

Heute wird auf jeder Produktverpackung von Reckhaus vor eben diesem Produkt gewarnt und überdies noch eine Menge Information zu Insekten vermittelt. Darüber hinaus wird erklärt, wie man auf die Anwendung des Produkts verzichten kann und, falls nicht, wie die Folgen im Fall der Anwendung kompensiert werden können. Des Weiteren verabschiedet sich Reckhaus' Firma von alten Produkten und entwickelt stattdessen sogenannte »Rettungsprodukte«, die dem Insektenbestand zu- und nicht abträglich sind. Schließlich, und deshalb hat Reckhaus auch eigens zwei Bücher zum Thema geschrieben und veranstaltet eine Menge »Insect-Respect«-Events (»Tag der Insekten«), geht es ihm um die Entwicklung eines unternehmerischen Geschäftsmodells, das zum Schutz der Biosphäre aktiv beiträgt. Reckhaus' Ehrgeiz geht heute dahin, die Transformation von Geschäftsmodellen hin zu einer nachhaltigen Wirtschaft im emphatischen Sinn zu befördern.

Auch hier wird das unternehmerische Handeln als Mittel zum Zweck der Veränderung der Organisation unseres Stoffwechsels gesehen. Wichtig an diesen wenigen Beispielen, zu denen sich noch zahllose andere erzählen ließen, ist die Aufhebung der klassischen Arbeitsteilung: auf der einen Seite die Unternehmen und die Konzerne, die die Schäden anrichten, auf der anderen die NGOs, die für die Sorgen zuständig sind, die die Schäden verursachen. Die interessante Frage ist, ob der Kapitalismus mittelfristig geschmeidig genug ist, auf der Grundlage eines Naturverhältnisses zu funktionieren, das nicht mehr zerstörerisch ist. Mir scheint, dass die Suche nach der Antwort auf diese Frage sehr erfolgreich sein kann, wenn sie unternehmerisch erfolgt.

Interessant ist, dass es Branchen gibt, die in Sachen Transformation sehr weit sind – wie etwa in manchen Segmenten des Tourismus oder der Architektur –, während man in anderen, etwa in der Finanzwirtschaft oder in der Unternehmensberatung, weit zurückliegt. Das kann damit zu tun haben, wie »materiell« geerdet eine Berufsgruppe ist. Wenn der Beruf direkt mit der Landschaft und den natürlichen Bedingungen zu tun hat, wie etwa im Wandertourismus, liegt die Entwicklung nachhaltiger Tourismuskonzepte besonders nah. Man kann in diesem Bereich, zum Beispiel bei den österreichischen Wanderdörfern, holistische Konzepte finden, die den Individualverkehr zurückfahren, auf Slow Food setzen, vor allem aber dem Prinzip folgen, dass im Zentrum nicht nur die Gäste, sondern ebenso auch die lokale Bevölkerung und die Beschäftigten stehen. Das führt zum Teil zu Ergebnissen, die schon weit in eine Zukunft weisen, an die in anderen Branchen noch nicht einmal gedacht wird.[101]

Wenn man im Bereich von Architektur und Planung einerseits die mittlerweile lange neuere Geschichte des nachhaltigen Bauens und auch der Plus-Energie-Konzepte von Werner Sobek, Rolf Disch oder Christoph Ingenhoven betrachtet, die breite Diskussion um das Bauen im Bestand verfolgt oder etwa auch Unternehmen antrifft, die ausschließlich mit gebrauchten Materialien bauen,[102] bekommt man einen Eindruck davon, wie nachhaltiges Wirtschaften auch in einer Gegenwart funktioniert, in der der jeweilige Mainstream noch an der Leitkultur des Verbrauchs und der Verschwendung festhält.

Inzwischen gehen die Avantgarden des Unternehmerischen schon durch fast alle Branchen, und das Spektrum reicht von der Soloselbständigen bis hin zu großen Unternehmen wie dm oder Otto. Man kann die Sektoren durchmustern vom Reinigungs- und Pflegemittelhersteller Werner & Merz (»Frosch«) mit einem Jahresumsatz von mehr als 600 Millionen Euro bis zum Kleinbetrieb Parsch mit dem formidablen Reinigungsmittel »Beeta« aus roter Bete.[103] Von Dienstleistern über Planungsbüros bis hin zu Veranstaltern von Festivals, von Energieanbietern bis zu Architekturbüros, die ausschließlich gebrauchte Materialien verwenden.[104] Es gibt auch in ganz traditionellen Branchen wie der Stahlindustrie Unternehmen, die mit gebrauchtem Material, zum Beispiel mit rekonditionierten Wälzlagern, bessere Produkte als aus der Neuproduktion anbieten können.[105] Und es gibt eine ganze unternehmerische Bewegung wie die der Gemeinwohlökonomie, die mit Hilfe einer eigenen Bilanzierungsmatrix den Unternehmenserfolg an anderen als nur den rein monetären Kriterien misst. Ihr haben sich inzwischen mehr als 1000 Unternehmen angeschlossen.[106]

Komisch, dass so vieles auf dem Markt funktioniert, wo doch noch immer die Standardklage anhebt, man stünde im nationalen, internationalen, globalen, intergalaktischen Wettbewerb, und jede ökologische Modernisierung koste Hunderttausende Millionen Arbeitsplätze. Diese immer wieder hergebeteten Glaubenssätze für den unbedingten Erhalt des Bestehenden und gegen jede Veränderung sind radikal visionsloses Reklamieren von Besitzstandssicherung. Diejenigen, die mit der Veränderung beginnen, ehe die anderen auch nur etwas ahnen, gegen das sie sich dann wehren zu müssen meinen, sind Visionärinnen und Visionäre der Praxis. Und, liebe CEOs der deutschen Automobilindustrie, sie alle werden noch »am Markt« erfolgreich sein, wenn eure Produkte nur noch im Museum anzuschauen sind. Es geht eben immer auch alles anders, und das ist ja die eigentliche DNA des unternehmerischen Denkens und Handelns. Man darf es sich nur nicht leicht vorstellen. Aber wie sagt Patrick Hohmann? »Es ist ja nie das Wetter schuld, wenn die Ernte schlecht ist.«

7. »Die« Medien[107]

»Es wird in jeder Redaktion permanent alles hinterfragt: Das Geschäftsmodell, die letzte Ausgabe, die generelle Strategie, die gegenwärtige Taktik, die Berichterstattung über Deutschland und die Welt und alles andere auch.« So schreibt Nils Minkmar, Journalist bei der *Süddeutschen Zeitung*, in einer Kritik am Buch »Die vierte Gewalt«, in dem Richard David Precht und ich unter anderem eine Vereinseitigung der Berichterstattung in verschiedenen Krisensituationen beschrieben haben. Nein, nein, das sei nicht so, die Redaktionen seien divers, die Debatten in ihnen kontrovers, und wie wir von Minkmar wissen, wird in dieser Branche immer alles hinterfragt. Einseitigkeit? Ganz ausgeschlossen.

Frank Schöbel hingegen, der heute achtzigjährige bekannteste Schlagersänger der untergegangenen DDR, sieht das mit den Medien so: »Ich bin ja nah dran an den Leuten. Es brodelt überall. Man kann froh sein, dass es noch so ruhig ist. Es ist ja heute so wie früher im Osten: Wenn Du was Falsches sagst, dann bist Du weg. Nicht im Knast, aber vom Fenster, bühnentechnisch, keine Auftritte mehr.«[108] Dass man seine Meinung »nicht mehr sagen« dürfe, ist inzwischen ein fester Topos in der öffentlichen Meinung: In einer (nicht repräsentativen) Erhebung des MDR mit immerhin 27 000 Befragten sind 78 Prozent der Auffassung, dass man »bei manchen Themen vorsichtig« sein müsse, wie man sich äußert, 48 Prozent haben

»Angst, die eigene Meinung zu äußern«, 59 Prozent halten den »Zustand der Meinungsfreiheit« für schlecht.[109]

Im jährlich vorgelegten Freiheitsindex des Allensbach-Instituts geben nur noch 48 Prozent der repräsentativ Befragten zu Protokoll, dass man seine Meinung frei äußern könne. Das Medienvertrauen, wobei Fernsehen, Radio und Zeitungen gemeint sind, rangiert Ende 2022 bei 42 Prozent. Eine Studie der Friedrich-Ebert-Stiftung von 2023 sieht es bei lediglich 35,1 Prozent.[110] Die Werte dazu schwanken immer mal, während der Pandemie zum Beispiel hat es nicht ab-, sondern sogar zugenommen. Bemerkenswert ist aber, dass es bei der intensivsten Nutzergruppe der Direktmedien, nämlich den Jugendlichen, einer Studie der Universität Bielefeld zufolge äußerst gering ist: 75,8 Prozent misstrauen Zeitungen, 71,6 Prozent Journalistinnen und Journalisten. 37,9 Prozent glauben, dass die Medien absichtlich wichtige Informationen zurückhalten, 32,8 Prozent, dass sie nur ihre eigene Meinung verbreiten.[111]

Machen die Medien, mit Nils Minkmar, also alles richtig und sind nur die Leute doof? Wie immer man die entsprechenden Umfragewerte interpretieren mag – sie deuten insgesamt eine erhebliche Unsicherheit in Bezug auf das an, was an Meinungsfreiheit in Deutschland gegeben ist, und zumindest eine deutliche Verbreitung der Auffassung, dass man »nicht alles sagen« könne. Zusammen mit den Werten zum Medienvertrauen könnte man daraus mindestens den Schluss ziehen, dass die etablierten Medien solchen Eindrücken nicht erfolgreich begegnen. Was unter anderem ihre Aufgabe wäre, da ihnen ja in einer Demokratie für die Meinungsbildung eine zentrale Rolle zukommt. Die können sie aber nur erfüllen, wenn die Leute ihnen vertrauen und wenn die Auffassung vorherrscht, dass es keine wie auch immer gearteten Beschränkungen von Meinungsfreiheit gibt. Da nützt es wenig, wenn man sich hinter seiner eigenen Großartigkeit verschanzt und sich gegenseitig erzählt, wie toll man ist.

In dem Buch »Die vierte Gewalt«[112] konnten wir erstaunlich einheitliche Berichterstattungen und Kommentierungen über die Leitmedien hinweg beschreiben. Dies stieß bei der betroffenen Berufsgruppe auf starke Kritik – erstens beruhten, so hieß es, unsere Befunde nur auf »Bauchgefühlen«, und zweitens ginge es in den Redaktionen, wie gesagt, unglaublich differenziert, divers und kontrovers zu, da könnten einheitliche Erzählungen gar nicht aufkommen.

Nun ja. Im Buch stützten wir unsere Aussagen erstens auf medienwissenschaftliche Studien, die eben diese Tendenz zur Vereinheitlichung an den Krisenereignissen der Flüchtlingswelle 2015/16 und an der Pandemieberichterstattung belegen konnten. Wir haben betont, dass diese erstaunliche Konturierung von einheitlichen Les- und Deutungsarten vor allem beim Auftreten von Krisenereignissen zu verzeichnen ist – also dann, wenn niemand ein Skript dafür hat, womit man es zu tun hat und wie die Sache weitergeht. Für das aktuelle Geschehen des Kriegs in der Ukraine und die entsprechende Berichterstattung und Kommentierung hatten wir zum Zeitpunkt des Erscheinens der »Vierten Gewalt« noch keine empirische Evidenz, aber inzwischen gibt es sie.

Dazu kann ich aber gleich die Geschichte erzählen, dass der Abdruck der Ergebnisse einer quantitiven Auswertung von *Zeit, Spiegel, taz, Süddeutscher Zeitung* und *Redaktionsnetzwerk Deutschland* abgelehnt wurde. Bei der *Frankfurter Allgemeinen Zeitung* habe ich es gar nicht versucht. Deren Mutation von einer für differenzierte Meinungsbildung Raum gebenden bürgerlichen Zeitung zu einem Organ für Gesinnungsjournalismus findet besonders im Feuilleton seit dem Tod von Frank Schirrmacher durch seinen Nachfolger Jürgen Kaube statt. So war es kaum verwunderlich, dass nach der Veröffentlichung unserer Analyse der Medienberichterstattung in der *Neuen Rundschau*, die zugleich auch Open Source gestellt wurde,[113] die *Frankfurter Allgemeine Sonntagszeitung* selbige als »Karikatur einer Studie« bezeichnete. Das Fazit lautet: »Eine Lücke aber fällt in dieser Studie besonders auf: In der Liste der Experten, die besonders häufig zum Ukrainekrieg befragt wurden, fehlen sogar die Namen von Precht und Welzer selbst. So verhilft die Studie immerhin zu einer Erkenntnis: Wenn es darauf ankommt, können die beiden sogar auf alle Eitelkeit verzichten.«[114]

Der Grund, dass wir in unserer Auswertung nicht als Experten für den Ukrainekrieg vorkommen, ist einfach: Wir sind keine Experten für den Ukrainekrieg. Im Unterschied etwa zu Carlo Masala, Claudia Major oder Sönke Neitzel auf der Seite der Wissenschaft oder Marie-Agnes Strack-Zimmermann und Roderich Kiesewetter aufseiten der Politik. Deren Nennungen kann man zählen, wenn man wissen will, wer leitmedial quantitativ die Debatte anführt. Die *Frankfurter Allgemeine Zeitung* hatte zum Erscheinen des Buches bereits eine Polemik veröffentlicht, die die These mitteilte, wir – also Precht und ich – würden beklagen, wir würden in den Medien totgeschwiegen, unsere Präsenz oder Nichtpräsenz scheint den Autor Harald Staun also sehr zu beschäftigen. Immerhin vermied er auf diese Weise in beiden Versuchen eine Beschäftigung mit den Inhalten.

Ganz ähnlich verhält es sich mit Joachim Huber, Redakteur des *Tagesspiegel*, der zu denjenigen Journalistinnen und Journalisten zählt, die im vergangenen Jahr schon vor Erscheinen der »Vierten Gewalt« schrieben, dass das Buch nichts taugen würde. Auch er war an den Ergebnissen der empirischen Analyse nicht interessiert, sondern teilte mit, es handele sich um eine Bestätigung einer »wilden These«, die schon im Buch aufgestellt wurde – nämlich dass die Leitmedien in Bezug auf den Ukrainekrieg einseitig berichten würden.

Es gibt, vielleicht mit Ausnahme arabischer Familienclans in Berlin, keine Branche in Deutschland, die sich als so kritikavers erweist wie der Medienbetrieb. Jedes Universitätsinstitut, jede Unternehmensabteilung, jede Behörde unterzieht sich gelegentlich Evaluationen, also Prüfungen durch Dritte, um herauszufinden, wo die Stärken und Schwächen des jeweiligen Betriebs liegen, wo Verbesserungsbedarf gesehen wird, wo Fehlentwicklungen zu verzeichnen sind. Ausgerechnet in jener Branche, die selbst mit einem Informationsauftrag und einem Aufklärungsanspruch versehen ist und das auch gern vor sich her trägt, wird eine Abwehrkultur gepflegt, die eigentlich nur dadurch zu erklären ist, dass alle wissen, was falsch läuft, es aber doch lieber für sich behalten möchten.

Dabei hatten wir in der »Vierten Gewalt« nicht mehr gemacht, als die letzten beiden Jahrzehnte Entwicklung in der deutschen Medienlandschaft nachzuzeichnen, in denen es zu deutlichen Veränderungen im traditionellen Geschäftsmodell der Medienhäuser kam, weil die Werbeeinnahmen radikal zurückgingen und weil durch die Direktmedien eine informationelle Konkurrenz entstanden war, die die Auflagen in Sinkflug brachte. Im Ergebnis lässt sich eine Verlagerung der betrieblichen Strategien von den Redaktionen in die kaufmännischen Abteilungen der Medienhäuser beschreiben – mit erheblichen Folgen für die Größen der Redaktionen, die Mittel für Recherchen, die Aufwände für Auslandskorrespondenten usw. usf.

Alles Dinge, die so sind, wie sie sind. Warum man sich mit geradezu panischer Aggressivität dagegen wehrt, die entsprechenden Fakten und ihre Folgen zu diskutieren, bleibt rätselhaft. Aber nun zur unfassbar differenzierten, alle Facetten berücksichtigenden, profund informierten und aus den Zentren des Kriegsgeschehens kommenden Kommentierung und Berichterstattung der deutschen Leitmedien zum Ukrainekrieg.

Einseitige Berichterstattung

Auf dem Höhepunkt der Debatte um die Lieferung von Kampfpanzern in die Ukraine, am 20. Januar 2023, bekam ich eine E-Mail aus der Redaktion der *Welt* mit der Bitte, mich zum gerade veröffentlichten ARD-Deutschlandtrend zu äußern. Dort ging es um die Meinung der Bevölkerung zur Lieferung von Kampfpanzern, und interessant schien dem Absender, dass 52 Prozent der jüngeren Deutschen (zwischen 18 und 34 Jahren) dagegen waren, womit sie die relativ stärkste Gruppe der Ablehnenden stellten. Dieser Sachverhalt zog die folgenden journalistischen Fragen nach sich, die man mich zu beantworten bat: »Wie sollte die Konsequenz aus diesem Dissens zwischen Jungen und Alten sein? Muss die Politik, müssen Medien den Jüngeren nur ›besser erklären‹, warum Leopard-Lieferungen nötig sind?«

Unschwer erkennt man an diesem Beispiel, dass der Absender so wenig Zweifel an der Notwendigkeit der Lieferung von Kampfpanzern in die Ukraine hegte, dass ihm völlig aus dem Blick geraten war, dass der journalistische Auftrag eigentlich nicht darin liegt, anderen Menschen zu erklären, warum sie falscher Meinung sind.

Genuin war die Aufgabe des Journalismus einmal anders definiert – nämlich die in »vielfältige Interessen differenzierte Gesellschaft« abzubilden,[115] insbesondere auch deshalb, weil die politischen Institutionen, wie eingangs schon gesagt, erhebliche Repräsentationslücken aufweisen und bestimmte, besonders auch marginalisierte Gruppen geringere Chancen haben, ihre Auffassungen politisch zur Geltung zu bringen. Gerade zur Korrektur von Verzerrungen in der Repräsentation und zur Vervollständigung des Meinungsspektrums sind die Medien in der Demokratie da, insbesondere die öffentlich-rechtlichen, um eine angemessene Urteilsbildung zu relevanten Geschehnissen überhaupt zu ermöglichen.

Aber viele Beobachtungen zu den Veränderungen im Mediengebrauch aus den vergangenen zwanzig Jahren legen den Verdacht nahe, dass sie diese »Integrationsfunktion«, die ihnen neben der Informationsfunktion zukommt, kaum mehr wahrnehmen. Im Gegenteil legt der »Regierungsfliegerjournalismus« von in Talkshows überpräsenten Alpha-Journalistinnen wie Melanie Amann vom *Spiegel*, Robin Alexander von der *Welt* oder Gregor Peter Schmitz vom *Stern* eine Verdoppelung des Elitenproblems nahe: Politischer Journalismus scheint zu einer Form des freiwilligen embedded journalism geworden zu sein, dessen Statusmerkmale die intime Einbezogenheit in die Kommunikationen im »politischen Berlin« (Robin Alexander) und das Mitfliegen bei Staatsbesuchen sind.

Das ist aber keineswegs eine Geschmacksfrage, denn der politische Journalismus schrumpft auf diese Weise von der Analyse und Vermittlung der gesellschaftsrelevanten politischen Anforderungen und Entscheidungsprozesse auf eine kleinteilige Exegese politischer Ränke – am liebsten zwischen

Angehörigen von Koalitionen. Solcherlei Journalismus zu – nationaler – Politikerpolitik ist aber etwas anderes als politischer Journalismus, weil er nicht informiert und aufklärt, um eine empirisch grundierte Meinungsbildung zu ermöglichen, sondern weil er nach den Konjunkturen in der Ökonomie der Aufmerksamkeit jene Konflikte und Konkurrenzen besonders gern ausstellt, die skandalisierbar sind und großen »Wallungswert« (Roger Willemsen) haben. Da schreibt man Ministerinnen aus dem Amt oder heizt Konflikte zwischen Koalitionären so auf, dass sie womöglich zu Regierungskrisen führen, über die man dann wiederum aus ganz intimer Sicht berichten kann. Auf diese Weise transformiert sich der politische Journalist zum politischen Akteur – freilich ohne dafür in irgendeiner Weise mandatiert zu sein.

Das ist schon problematisch genug, wird aber geradezu fatal, wenn sich Entwicklungen entfalten, für die weder die Politik noch das mediale Personal ein Skript haben. Krisen haben ja die unangenehme Eigenschaft, dass niemand weiß, wie sie sich entwickeln werden; das Wissen und die Routinen, die in Zeiten der Normalität erworben wurden, sind hier nur begrenzt hilfreich. Aber gerade in Krisenzeiten besteht erhöhter Deutungsbedarf, weil die unsichere Entwicklung ja durchaus als beunruhigend oder bedrohlich empfunden wird. Deshalb kann man in Krisenzeiten mit unklarer Entwicklungsperspektive – oder fehlendem »Skript« – historisch immer wieder eine rasche Verengung des Diskursraums beobachten. Je unklarer und beängstigender eine Situation, desto eindeutiger die normativen Perspektiven und die daraus resultierenden Forderungen an die verantwortlichen Akteure. Es findet eine Komplexitätsreduktion zugunsten von eindeutigen Pro- und Contra-Haltungen statt. Das ist vielfältig etwa für die Situation vor dem Ersten Weltkrieg oder nach der nationalsozialistischen »Machtergreifung« beschrieben worden.[116]

Auch dieser Sachverhalt steht in Widerspruch zu der schon erwähnten Aufgabe des Journalismus, die informationelle Landschaft ausgewogen und differenziert auszumessen und dabei möglichst viele Perspektiven zur Geltung zu bringen, damit die Rezipienten sich gut begründete Meinungen zum Geschehen bilden können. Dabei ist es auch eine Aufgabe der Medien, die Auffassungen in unterschiedlichen Teilen der Gesellschaft gerade zu krisenhaften und konsequenzenreichen Geschehnissen angemessen zur Geltung zu bringen. Dies gilt zumal für Krisen, die mit Gewalt und Eskalationsrisiken einhergehen – gerade da wäre es verantwortungsvoll, ein möglichst breites Spektrum von Beobachtungen, Analysen und Einschätzungen zu liefern und bestimmte Perspektiven nicht von vornherein abzuwerten oder gar nicht zu berücksichtigen. So wäre etwa eine gesellschaftliche Stimmungslage, in der die Forderung nach verstärkten Waffenlieferungen mit kleinen Schwankungen über die gesamte Kriegszeit von etwa der Hälfte der Bevölkerung unterstützt und von der anderen Hälfte abgelehnt wird, in den Leitmedien mindestens grob abzubilden. Das bedeutet auch die qualifizierte Darstellung von Chancen und Risiken politischer Entscheidungen, deren Bewertung ja erst in der Bevölkerung zu Zustimmung oder Ablehnung führt. Sollte das nicht der Fall sein, könnte man sagen, erfüllen die Medien ihre Rolle in der Demokratie nicht angemessen.

Damit nun zur Empirie: Zum einen ist Anfang des Jahres 2023 eine klassisch inhaltsanalytische Untersuchung der Berichterstattung und Kommentierung in den acht Leitmedien (*Frankfurter Allgemeine Zeitung*, *Süddeutsche Zeitung*, *Bild*,

Spiegel, *Zeit*, ARD Tagesschau (20 Uhr), ZDF Heute (19 Uhr), RTL Aktuell (18 Uhr 45)) durch eine Forschungsgruppe um Markus Maurer von der Uni Mainz erschienen, die aber lediglich einen Untersuchungszeitraum vom 24.2. bis 31.5.2022 umfasst; die Otto-Brenner-Stiftung hat den Endbericht am 31.1.2023 veröffentlicht. Diese Leitmedien haben auch wir – Leo Keller und ich – untersucht, aber wir können unsere folgenden Aussagen in Bezug auf den viel längeren Zeitraum vom 1.2.2022 bis zum 31.1.2023 machen. Unsere empirische Grundlage umfasst 107 000 Texte, die zum Thema »Krieg in der Ukraine« in den Leitmedien über diese Periode hinweg publiziert wurden (mit Ausnahme jener der *Zeit*, die ihre Artikel für automatisierte Crawling-Prozesse nicht zur Verfügung stellt); dazu konnten wir auch 1,1 Millionen Beiträge aus 140 Regionalzeitungen auswerten. Daneben haben wir auch 13,5 Millionen Twitter-Beiträge analysiert, die im selben Zeitraum erschienen sind.

Die Analysen stützen sich auf eine Datenbank mit 19,3 Millionen Texten zum Ukrainekrieg aus den unterschiedlichsten Medien, die uns das Beratungsunternehmen Blue Ocean Semantic Web zusammen mit Talkwalker zur Verfügung stellte. Das verwendete Analysesystem von Talkwalker erlaubt es, sehr große Mengen von zunächst unstrukturierten Daten (Zeitungsartikel, Blog-Beitrag, Tweet/Retweet, Forum-Kommentar etc.) zu erfassen, nach formalen und inhaltlichen Kriterien zu strukturieren und zu indexieren. Anschließend kann es auf spezifische Fragestellungen hin inhaltlich ausgewertet werden. Im Vergleich von Dokumenten aus Leitmedien, Regionalzeitungen und Twitter, die mindestens einen Aspekt des Ukrainekrieges thematisieren, wurden relativ einfache deskriptive Auswertungen durchgeführt, z. B.:

- Wie oft wurde die Forderung nach Kampfpanzerlieferungen thematisch
- wie oft wurden Eskalationspotenziale thematisch
- welche Parteien wurden im Zusammenhang mit dem Ukrainekrieg wie oft genannt
- welche Expertinnen wurden im Zusammenhang mit dem Ukrainekrieg wie oft genannt
- und wie stehen diese Nennungen im Vergleich zu anderen Parteien etc. –
- wie verändern sich diese Nennungen im Verlaufe der Zeit
- wie unterscheiden sich die Nennungsmuster in den einzelnen Medienkanälen.[117]

Die Akteure

Dass den Leitmedien besonders in Krisenzeiten die jenseits der Spitzenpolitik oder des »politischen Berlin« existierende Welt aus dem Blick gerät, haben die inhaltsanalytischen Studien zu den beiden großen Krisenereignissen vor dem Ukrainekrieg – der »Flüchtlingskrise« und der Corona-Pandemie – gezeigt. In schöner Einhelligkeit galt da jeweils der Löwenanteil der Aufmerksamkeit den sogenannten Spitzenpolitikern, obwohl in allen drei Krisenfällen die soziale und politische Wirklichkeit durchaus auch von anderen Akteursgruppen gebildet wurde: Landräte, Hilfsdienste, Polizei, Ehrenamtliche, Rechtsradikale und Flüchtlinge im ersten Fall; Krankenhaus- und Pflegepersonal, Wissenschaftlerinnen, Bürgerinnen und Querdenker im zweiten; Militärs, Politik- und Rechtswissenschaftler, Waffenindustrie und Energiewirtschaft im dritten – um nur einige zu nennen. Die Leitmedien interessiert bei alldem vorrangig wiederum »das politische Berlin«.[118]

Im Kontext des Ukrainekriegs, immerhin ein Ereignis mit globaler Wahrnehmung und Wirkung, passiert es daher, dass einer FDP-Abgeordneten mehr mediale Aufmerksamkeit zuteil wird als etwa den Regierungschefs so kleiner Länder wie Indien, Brasilien oder Südafrika, in denen nun aber die Motive und Ziele der westlichen Länder im Ukrainekrieg ganz anders bewertet werden als in diesen Ländern selbst.

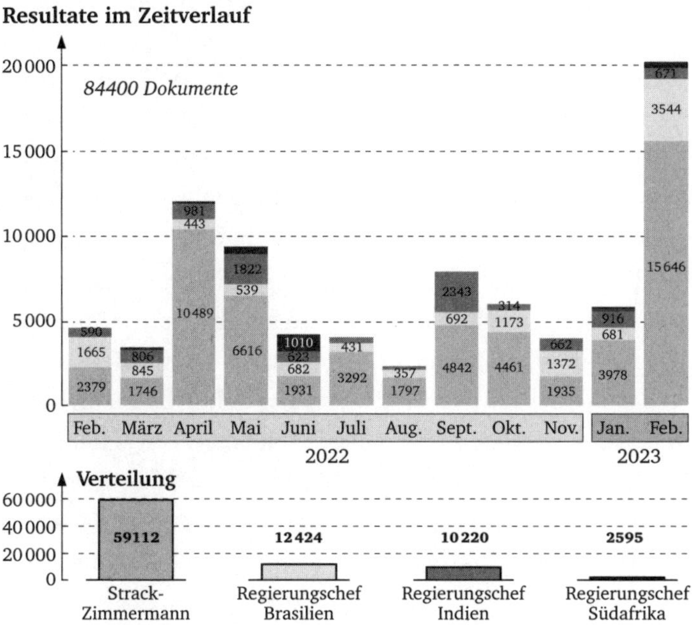

Abb. 10: Weltberühmt in Deutschland: Strack-Zimmermann.

Bemerkenswert ist jedenfalls, dass weder die Abfuhr, die der brasilianische Präsident Lula dem deutschen Bundeskanzler bei dessen Ersuchen nach Unterstützung für die Ukraine erteilte, noch etwa Diskussionsbeiträge aus den USA, Afrika, Asien oder Indien im deutschen politischen Journalismus eine prominente Rolle spielen. Und dass die breitbeinig vorgetragene werte- und regelbasierte Außenpolitik, die der Westen gern für sich in Anspruch nimmt, aus Sicht nichtwestlicher Länder als doppelzüngig und unglaubwürdig betrachtet wird, sollte eigentlich ein Gegenstand des politischen Journalismus sein.

Aber all dies vermisst man bei der Lektüre deutscher Leitmedien ebenso sehr, wie man sich über die Überpräsenz der kriegshalber in der Ökonomie der Aufmerksamkeit nach oben gespülten Politiker wie Roderich Kiesewetter (CDU) oder Experten wie Carlo Masala von der Münchener Bundeswehruniversität wundern kann, die vor dem Februar 2022 in der Öffentlichkeit weitgehend unbekannt und medial unbeachtet waren. Um sich ein Bild von den militärischen Bedingungen und internationalen Verflechtungen des Kriegsgeschehens machen zu können, wären Gastbeiträge internationaler Militärs und Wissenschaftlerinnen, wie sie etwa in der *Financial Times* oder im *Guardian* zu finden sind, sicher hilfreich. Autoren, deren Analysen andernorts als wichtig betrachtet werden, wie etwa Ivan Krastev, Gideon Rachman, David Remnick, Keith Gessen oder Chandran Nair, sucht man in den deutschen Leitmedien meist vergeblich: Über den gesamten Untersuchungszeitraum hinweg finden sich in den deutschen Leitmedien kaum mehr als zwanzig Texte, in denen diese Autoren erwähnt werden oder die von ihnen verfasst wurden.

Solche Provinzialisierung der Betrachtung ist freilich nichts Neues, sie kommt nur im Zusammenhang des Krieges noch einmal stärker zur Geltung. Eine Analyse der 2022 publizierten Jahresrückblicke kommt auf den Befund: »85 Prozent der Weltbevölkerung leben im globalen Süden; in den deutschen Medien kommen sie nur zu 11 Prozent vor.« Der Autor schreibt weiter: »Die Hilfsorganisation *Care* veröffentlichte im

Januar 2023 ihren alljährlichen Bericht zu den zehn im vergangenen Jahr am stärksten vernachlässigten humanitären Krisen und Katastrophen. Zum ersten Mal befinden sich alle dort gelisteten Krisen auf dem afrikanischen Kontinent. Zu den vergessenen Krisen gehören beispielsweise die schlimmste Dürre seit 40 Jahren in Angola, Hunger in Malawi, wo mehr als ein Drittel der Kinder mangelernährt sind sowie der stets neu aufflammende Bürgerkrieg in der Zentralafrikanischen Republik.

Abseits davon gab es im Jahr 2022 noch eine Reihe anderer Krisen und Katastrophen im Globalen Süden, die in den Nachrichten nicht oder kaum berücksichtigt wurden [...]. Weder die eskalierende Gewalt und humanitäre Krise in Haiti noch die politische Krise und der landesweite Notstand in Peru oder der Militärputsch in Burkina Faso fanden große Beachtung. Die Erklärung der Weltgesundheitsorganisation (WHO), dass die Zahl der Malariatoten im Vorjahr bei 619 000 lag, wurde ebenso nur randständig wahrgenommen wie die ›Jahrhundertflut‹ in Pakistan, die 1700 Menschenleben forderte und ca. 33 Millionen Personen obdachlos machte. Der Bürgerkrieg in der äthiopischen Region Tigray, wo seit Ende 2020 mittlerweile mehrere Hunderttausend Menschen starben und mindestens 2 Millionen Menschen vertrieben wurden, stand ebenfalls weit am Rand der Berichterstattung.«[119]

Im vergangenen Jahr hat Marc Engelhardt unter dem schönen Titel »Das Verblassen der Welt« eine Studie veröffentlicht, die das allmähliche Verschwinden des Auslands aus dem deutschen politischen Journalismus dokumentiert: So wurde 100 000 Mal in den vergangenen zehn Jahren über ganze acht Staaten in 23 deutschen Zeitungen berichtet, über 34 Staaten hingegen weniger als fünfzig Mal, über viele überhaupt nicht.[120] Das liegt, wie bereits ausgeführt, an Einsparungen bei den Korrespondenten, den Mitteln für Recherchen, dem Entfall von Auslandsseiten und Sendeplätzen etc. Wenn daher nicht selten zutreffend ist, dass »Auslandsberichte an deutschen Schreibtischen geschrieben« werden, wie Engelhardt sagt, muss man sich über die selektive Sicht auf den Krieg zwar nicht wundern – aber gerade das wäre doch ein Grund dafür, wenigstens mehr internationale Gastbeiträge zu drucken.

Eine genauere Analyse etwa darüber, von welchen Orten aus das konkrete Kriegsgeschehen von Korrespondentinnen berichtet wird, würde darüber hinaus Aufschluss darüber geben, was eigentlich in Bezug auf Geländegewinne, Verluste, Desertionen oder Rückzüge konkret gewusst wird und was in diesen Angelegenheiten nur Hörensagen ist, der wie Journalismus daherkommt. Insgesamt kann man jedenfalls sagen: Die Berichterstattung zu einem global wirksamen Ereignis wie dem Ukrainekrieg fällt in Deutschland unfassbar provinziell und geradezu fahrlässig monoperspektivisch aus – wozu übrigens passt, dass die meisten Ereignisse auf dem Schlachtfeld vom ominösen »britischen Geheimdienst« berichtet werden. Man fragt sich, ob die deutschen Geheimdienste ebenso wie der deutsche politische Journalismus vor allem an Deutschland interessiert sind. Und was sie eigentlich sonst so machen.

Panzerlieferungen

Deutet sich auf dieser Ebene eine, milde formuliert, erstaunlich einheitlich begrenzte Perspektive auf das globale Geschehen an, tritt die Einheitlichkeit der Berichterstattung und Kommentierung in der Frage der Waffenlieferungen sogar noch deutlicher zutage.

Schon die Mainzer Studie verzeichnet ein in dieser Hinsicht stark vereinheitlichtes Narrativ: »Dies betrifft insbesondere die Bewertung der unterschiedlichen Maßnahmen zur Beendigung des Krieges. Dass die militärische Unterstützung der Ukraine im Allgemeinen und die Lieferung schwerer Waffen im Besonderen in den meisten der untersuchten Medien als deutlich überwiegend sinnvoll und auch als sinnvoller als diplomatische Maßnahmen dargestellt wurden, ist angesichts der schrecklichen Bilder aus der Ukraine und der offensichtlich mangelnden Verhandlungsbereitschaft auf russischer Seite verständlich, überrascht in dieser Deutlichkeit aber dennoch«, resümieren Maurer et al.[121]

Ich würde sagen: Angesichts von Umfragen über die entsprechenden Auffassungen zum selben Thema in der Bevölkerung, die eben durchgängig ein eher polarisiertes Bild zeigen, ist das gerade nicht verständlich, sondern zeigt die Medienschaffenden in einer spezifischen Diskursgemeinschaft, die eine weitgehend einheitliche Auffassung teilt und kommuniziert. Wenn man den Fortgang dieses Diskurses bis Ende Januar 2023 betrachtet, sieht man, dass die in der Mainzer Studie festgestellte Einheitlichkeit der Deutung keineswegs schwindet, sondern sich im Gegenteil noch vertieft. Besonders die mediale Debatte im Januar 2023 über die Frage der Lieferung von Kampfpanzern zeigt eine Kulmination der Forderung, dass der Kanzler die Lieferung beschließen müsse. Dabei stieg auch die Zahl der negativen Bewertungen seines »Zögerns« sehr stark an. Der »Zögerer-Vorwurf« gegen Scholz wurde im Januar in den Leitmedien um den Faktor 3.5 häufiger erhoben als in den elf Monaten davor. Zeitgleich nimmt die Thematisierung von Risiken wie einer Entgrenzung des Krieges oder einer Eskalation zum Atomkrieg im Januar 2023 signifikant ab.

In den Monaten April/Mai 2022 lag der Anteil der Beiträge in den Leitmedien, in denen nicht nur über die Lieferung von schweren Waffen diskutiert wurde, sondern auch über die möglichen Eskalationsrisiken, nämlich die Risiken eines Dritten Weltkriegs oder eines Atomkriegs, bei 12 Prozent (303 von 2500 Dokumenten). Im Oktober wurden die Eskalationsrisiken sogar in 17 Prozent der Beiträge zur Frage der Waffenlieferungen mit thematisiert (im Durchschnitt der Monate Februar bis Dezember 2022 betrug dieser Anteil 11 Prozent). Im Januar schwoll die Diskussion über die Lieferung schwerer Waffen deutlich an (November/Dezember 1200 Dokumente; Monat Januar 2800 Dokumente), aber der Anteil jener Texte, in denen auch die Eskalationsrisiken »Dritter Weltkrieg/Atomwaffeneinsatz« mit thematisiert wurden, sank im selben Zeitraum zugleich um die Hälfte.

Dass diese Tendenz nicht dem Meinungsbild in der Bevölkerung entsprach, zeigen die zeitgleichen Umfragen – der ARD-Deutschlandtrend vom 19. Januar. verzeichnete 46 Prozent Befürworter und 43 Prozent Gegner der Kampfpanzerlieferungen, das RTL/ntv-Trendbarometer vom 17. Januar kam auf 44 Prozent der Befragten für Panzerlieferungen und 45 Prozent dagegen, das ZDF-Politbarometer vom 27. Januar auf 54 versus 38 Prozent. Hier befürchteten aber 48 Prozent eine erhöhte Gefahr der Entgrenzung des Krieges.

Wenn man die Verteilungen in den Umfragen mit jenen in den Leitmedien vergleicht, kann man gesichert sagen, dass der Diskurs, der in den Berichterstattungen und Kommentaren der Leitmedien zum Ukrainekrieg stattfindet, die Meinungs- und Diskurslandschaft in der Bevölkerung nicht spiegelt. Auch wenn man hier noch einmal daran erinnern kann, dass es durchaus ein informationelles und argumentatives Gefälle zwischen veröffentlichter und öffentlicher Meinung geben kann und soll, scheint hier doch aufseiten des politischen Journalismus der Anspruch durch, die politische Debatte über diesen Fall von Krieg und Frieden leiten zu wollen. Damit wäre dem Journalismus eine Rolle zugewiesen, die ihm demokratietheoretisch nicht zukommt: von der kritischen Berichterstattung und Kommentierung hin zum politischen Aktivismus, von der Kontrolle zur Beeinflussung.

Zusammen mit der beschriebenen Tendenz zur Verfertigung eines einheitlichen Narrativs in Bezug auf den Ukrainekrieg ist diese Übergriffigkeit besonders fatal. Die Sozialpsychologie des Gruppendenkens[122] hat ja zur Genüge gezeigt, wie schnell sich bestimmte Deutungen in Gruppen verfestigen, deren Mitglieder sich wechselseitig bestärken, und wie intensiv dann abweichende Meinungen zurückgewiesen und ausgegrenzt werden. Dieses Phänomen hat schon einmal, nämlich im Zusammenhang der Kubakrise, beinahe in den Dritten Weltkrieg geführt. John F. Kennedy hatte seither darauf geachtet, dass in seinen Expertengremien immer auch Leute saßen, die fachfremd waren und die Perspektive der Gruppe nicht automatisch teilten oder übernahmen. Desgleichen verfahren militärische und andere professionelle Krisenstäbe, und zwar aus dem guten Grund, dass es höchst gefährlich ist, vorhandene Entwicklungsmöglichkeiten eines Geschehens deswegen zu übersehen, weil alle Beteiligten dieselbe Perspektive haben. Oder anders gesagt: nur in eine Richtung schauen.

Umso problematischer erscheint gerade im Zusammenhang einer Krise, in der es buchstäblich um Leben und Tod und um erhebliche Eskalationsrisiken geht, die freiwillige und bewusste Selbstbeschränkung der Leitmedien auf die Erzählung einer Geschichte, die sie selbst zwar mit Wohlgefallen hörten, die aber das Geschehen nicht entfernt in seiner ganzen Komplexität und Widersprüchlichkeit adressiert. Schlimmer noch: Abweichende Lesarten und Versuche, den beschränkten Diskurs zu erweitern, werden oft unisono mit einer geradezu schäumenden Diskreditierung belegt. Man kann ja zum Beispiel vom »Manifest für Frieden« von Sahra Wagenknecht und Alice Schwarzer halten, was man will – aber die Empörung darüber, dass zwei Personen öffentlich zur Geltung bringen, dass sie es für möglich halten, dass verstärkte Waffenlieferungen nicht die einzige außenpolitische Option sind, erscheint gemessen am Anlass geradezu grotesk und sagt mehr über die mediale Landschaft aus als über den Sinn oder Unsinn des Manifestes.

Panzer? Wieso Panzer?

Eine besondere Pointe nicht nur zu der einheitlichen Medienerzählung zur Dringlichkeit der Kampfpanzerlieferungen, sondern auch zur Mutation des politischen Journalismus zum Agitationskader lieferte dann die Wirklichkeit. Denn nachdem Bundeskanzler Scholz nach einer Abstimmung mit den USA den Beschluss der Bundesregierung verkündete, eine Anzahl von Leopard-Panzern in den Ukrainekrieg zu schicken, passierte in den anderen europäischen Ländern erst mal – gar nichts. Das war besonders instruktiv, war doch das zentrale Konstrukt der medialen Erzählung, dass Deutschland sich zunehmend peinlich Absichten verweigere, die in anderen europäischen Ländern längst vorhanden seien. Ja, dass Deutschland blockiere und sich zunehmend von den Bündnispartnern deswegen geächtet sähe. Diese Erzählung entpuppte sich schlicht und ergreifend als falsch. Niemand von den Bündnisstaaten hatte gedrängt (mit Ausnahme von Polen, das aber immer drängt), niemand hatte selbst Lieferungen am Start. Die amerikanische Administration zeigte sich überdies verärgert, von Scholz gedrängt worden zu sein, Abrams-Panzer in die Ukraine zu liefern.

Heißt: Die Leitmedien haben hier, wie unsere Daten, aber eben auch der Fortgang der Geschichte belegen, nicht Journalismus betrieben, sondern eine Kampagne verfertigt, die im Ergebnis auch erfolgreich war. An dieser Stelle muss man deutlich sagen: Es ist nicht die Aufgabe der Journalistinnen und Journalisten, Politik zu machen. Denn sie sind nicht gewählt und für eine solche Aufgabe nicht mandatiert. Fatal an diesem Vorgang ist, dass damit Realitäten geschaffen werden, der Journalismus sich also eigentlich für eine Steigerung der eingesetzten Kriegsmittel verantworten müsste. Das wird er aber in der Realität niemals tun müssen, denn verantwortlich für folgenreiche Entscheidungen ist ja »die Politik«.

Man sollte meinen, der Realitätsschock oder wenigstens die Peinlichkeit der ausbleibenden Lieferzusagen der Bündnispartner hätten dazu geführt, dass man sich im Betriebssystem der Leitmedien doch etwas bescheidener auf die eigentliche Aufgabe besonnen hätte, aber der nächste Kampagnenanlass fand nur wenig später statt. Als der französische Präsident Emmanuel Macron nach seinem dreitägigen Chinabesuch im April die Gefahr thematisierte, sich als Europa in den absehbaren Konflikt zwischen China und den USA wegen der chinesischen Ansprüche auf Taiwan hineinziehen zu lassen, und er – wie schon seit Beginn seiner Amtszeit – auf die Notwendigkeit einer europäischen Souveränität gerade in militärischer Hinsicht hinwies, prasselte eine leitmediale Empörung auf ihn nieder, und zwar unterschiedslos. Als der SPD-Fraktionsvorsitzende Rolf Mützenich ihm inhaltlich zustimmte (»Europa muss schon versuchen, eine eigenständige Rolle so weit wie möglich zu formulieren und nichts als Anhängsel der USA dort in der Region zu erscheinen«) traf die einheitliche Empörung auch ihn. An dieser Stelle wurde einmal mehr deutlich, wie dominant die transatlantisch grundierten Netzwerke sind, die den politischen Journalismus in Deutschland charakterisieren.

Uwe Krüger hat diese Netzwerke vor einigen Jahren analysiert und exemplarisch zur Netzwerkanalyse der Alpha-Journalisten Klaus-Dieter Frankenberger (*Frankfurter Allgemeine Zeitung*), Michael Stürmer (*Welt*), Stefan Kornelius (*Süddeutsche Zeitung*) und Josef Joffe (*Zeit*) resümiert: »In allen vier [Netzwerken, HW] spielen nicht nur Organisationen eine Rolle, die sich mit Außen- und Sicherheitspolitik beschäftigen, sondern speziell auch mit der Festigung der transatlantischen Beziehungen [...]. Alle vier waren im Untersuchungszeitraum Teilnehmer der Münchner Sicherheitskonferenz, die historisch aus der NATO heraus erwachsen ist. Frankenberger und Joffe waren Mitglieder der Trilateralen Kommission, einer privaten Organisation, welche Eliten aus Nordamerika, Westeuropa und dem asiatisch-pazifischen Raum vernetzt und die 1973 von US-Bankier David Rockefeller gegründet wurde. Joffe und Stürmer waren in der Atlantik-Brücke involviert, die auf Elitenebene Beziehungspflege zwischen Deutschland und den USA betreibt. Joffe und Kornelius waren im American Institute for Contemporary German Studies involviert sowie im American Council on Germany [...]. Frankenberger war Beiratsmitglied der atlantischen Initiative, einem weiteren deutsch-amerikanischen Freundschaftsverein; Kornelius saß im Präsidium der Deutschen Atlantischen Gesellschaft, die Lobbyarbeit für die NATO macht. Joffe war Teilnehmer der geheimen Bilderberg-Konferenz, bei der sich nordamerikanische und europäische Eliten austauschen, sowie Kurator der American Academy in Berlin und des Aspen-Institute Deutschland und hat die US-Fachzeitschrift ›The American Interest‹ mitgegründet.«[123]

Zu Macron schreibt Josef Joffe in der Kolumne »Was macht die Welt?« im *Tagesspiegel* vom 17.4.2023: »Von der Leyen, Macron, Baerbock. Wer hat in China den schlechtesten Eindruck hinterlassen? – Besser: Wer den besten beim Alleinherrscher Xi, der nach Weltmacht strebt? Macron, wiewohl als ›nützlicher Idiot‹, wie Lenin Sowjetunion-Versteher nannte. Macron hat Xi praktisch zur Einverleibung Taiwans eingeladen. Europa sollte sich aus einem Konflikt heraushalten, der nicht der seine sei. Schon gar nicht als Mitläufer Amerikas, obwohl es das Überleben des Inselstaates garantiert, der weltweit zwei Drittel aller Chips produziert. M. will die ›strategische Autonomie‹, spaltet aber die Europäer, um sie den Amis abspenstig zu machen.«[124]

Gut, das ist eine Kolumne, da schreibt Joffe pointierter als in anderen Formaten. Die Botschaft ist aber klar: Alles, was auch nur nach einer vorsichtigen Problematisierung der Treue zu US-Amerika riecht und eine eigene europäische Position diskutiert, wird als »Spaltung« deklariert. Wiederum: Was ist die Rolle der Leitmedien für eine Demokratie? Agitation für durchsichtige Interessen oder Recherche, Analyse und Kommentar für transparente Förderung der politischen Meinungsbildung?

Um es auch hier, wie in der »Vierten Gewalt«, nochmals

zu sagen: Es geht keineswegs um die Zustimmung zu den von der AfD- und Querdenker-Szene propagierten »Lügenpresse«-Vorwürfen, die behaupten, die Regierung würde direkt den Redaktionen diktieren, was zu schreiben sei. Das ist Blödsinn. Viel entscheidender ist, was in den Kommunikationswissenschaften die *Indexing-Hypothese* genannt wird: die oft weitgehende Übereinstimmung von grundsätzlichen Auffassungen innerhalb der politischen und journalistischen Elite, die aufgrund ähnlicher Sozialisations- und Karriere-Milieus zustande kommt (vgl. S. 14). Für die Übereinstimmung bedarf es keines Zensors auf der einen Seite, der den anderen anweist, lenkt und leitet. Das Spiel funktioniert eher gleichmächtig und gleichberechtigt: »Besteht über ein Thema Konsens in der politischen Elite, so die Annahme, unterstützen die Medien die Regierungslinie kritiklos oder schweigend; sie äußern dann keine grundsätzliche Kritik an einem Vorhaben, sondern arbeiten sich allenfalls an taktisch-performatorischen Details ab, üben Kritik also an einer weiter unten liegenden Ebene.«[125] Hinzu kommt, was die Medienwissenschaften als »framing« bezeichnen: die Berichterstattung, Einordnung und Analyse von Informationen nach vorhandenen Deutungsmustern. Wozu übrigens auch das breite Feld dessen gehört, worüber man *nicht* berichtet – zum Agenda Setting gehört unvermeidlich auch das Agenda Cutting, das Nichtberichten.[126]

In gewisser Weise ist ein solcher Befund deprimierender als der simple Verdacht einer »von oben« gesteuerten Gleichschaltung der Medien. Es handelt sich viel eher um eine eigenmotivierte Selbstan- und -abgleichung, die für die beschriebene Einheitlichkeit sorgt. Und dabei mag sogar der subjektive Eindruck zutreffend sein, dass die Beteiligten meinen, in ihren Redaktionen würde unglaublich differenziert und divers diskutiert. Am Ende kommt trotzdem heraus, dass sie über die unterschiedlichen Häuser hinweg dasselbe nicht nur schreiben, sondern auch handfest propagieren.

Auch hier wieder: Das sind keine Geschmacksfragen. Wie hier Meinung geformt wird und Druck auf Politik gemacht wird, schafft Realitäten, und das ist dort, wo es um Krieg und Frieden geht, durchaus gefährlich. Eine Selbstaufklärung, etwa durch einen reflexiven Diskurs innerhalb der Medienhäuser, ist bis heute unterblieben. Man hatte sich ja wechselseitig schriftlich versichert, dass »Die vierte Gewalt« zahlreiche Fehler enthielte, kenntnislos sei und aus dem durchschaubaren Motiv geschrieben, damit viel Geld zu verdienen. Immerhin: Mindestens die dritte Hypothese ließ die Angst durchklingen, dass das Buch viele Leserinnen und Leser finden würde. So war es dann auch.

Dies und die immer weiter sinkenden Auflagenzahlen der Printmedien, die RTLisierung einstmals wichtiger und traditionsreicher Medienhäuser wie Gruner & Jahr auf der einen Seite und der Aufstieg anderer medialer Formate – Podcasts, YouTube-Videos zu anspruchsvollen Themen, lange Interviews wie bei Jung & Naiv und vieles andere mehr – deuten an, dass die Bedeutung der Leitmedien für die politische Meinungsbildung stark im Sinkflug begriffen ist. Sie sind allem Anschein nach nicht mehr so wichtig, wie sie sich selbst nehmen. Gleichwohl würde ich es für leichtfertig halten, auf die Funktion einer ausdifferenzierten Medienlandschaft – sowohl privat als auch öffentlich-rechtlich – für eine vitale Demokratie verzichten zu wollen.

Nicht nur aus diesem normativen Grund, auch im Sinn ihrer künftigen Selbsterhaltung würde ich den Akteuren im Mediensystem dringend empfehlen, ihre Rolle und ihre Praxis kritischer Reflexion und Evaluation zu unterziehen. Das ist übrigens gar nichts Besonderes: Jedes Unternehmen, das sich selbst ernst nimmt, jedes Universitätsinstitut, jede Volkshochschule macht das. Es ist gar nicht schwer.

Zurück an die Arbeit

Man kann die Vermutung haben, dass die zunehmende Beschäftigung mit sich selbst, wie sie sich etwa an den Macho-Scharmützeln aus dem Soziotop des Hauses Springer zeigt, ein letztes Zeichen für den Verfall des Medienbetriebssystems ist. Neben den Umfragewerten zum sinkenden Medienvertrauen sind es ja auch die aufwendigen Kaspereien der Herren aus den Chefetagen der Medienhäuser mit ihren früheren Buddies und heutigen Feinden, die das Antiquierte des Betriebs beispielhaft verkörpern. Auch da muss mal modernisiert werden.

Zahlreiche Formate, die in den letzten Jahren entstanden sind, wie etwa die Flut der Podcasts, zeigen das offenbar unerwartete Phänomen an, dass Menschen erstens zuhören können und zweitens an Inhalten interessiert sind. Der Erfolg von Jung & Naiv, aber auch von Rezo zeigt, dass es auch unter jüngeren Menschen manifestes Interesse an politischer Aufklärung im besten Sinn gibt; es muss nur vielleicht nicht in den notorischen Rechthaber-Formaten angeboten werden, um angenommen zu werden.

Daneben haben sich unter extrem schwierigen Bedingungen auf dem Markt der Printerzeugnisse auch neue Zeitschriften wie *Katapult* etablieren können, die mit frischen Ideen auch jüngere Leserinnenkreise erschließen. Und: Vieles, was

Menschen an Informationen haben möchten, wird auch über online abrufbare Diskussionen, Debatten, Vorträge und Tutorials im Netz rezipiert. Auch das generiert differenziertes Wissen, das zum Beispiel über Kampagnenjournalismus gegen Verteidigungsministerin X oder Staatssekretär Y eben überhaupt nicht erzeugt wird.

Schließlich gibt es eine zarte Bewegung hin zum konstruktiven Journalismus, der sich dafür interessiert, welche Lösungen es für die Probleme gibt, an denen der konventionelle Journalismus sich festbeißt. *Contructive Institute, Perspective Daily, Futurzwei,*[127] *correctiv, oya* und eine ganze Reihe anderer Medien versuchen sich an der Entwicklung eines lösungsorientierten Journalismus, der erstens an der Idee der Öffentlichkeit festhält, zweitens informiert und drittens sein Geschäftsmodell nicht darin sieht, die Leute wuschig zu machen. Die Schöpflin-Stiftung eröffnet 2024 in Berlin ein Medienhaus, das mehrere Redaktionen aus dem Bereich des konstruktiven Journalismus beheimaten wird. Eine weitere Verbreitung von Beiträgen des konstruktiven Journalismus wird auch dem für die demokratische Kultur unguten Eindruck gegensteuern, dass alles immer schlechter wird und die Gegenwart eine einzige Ansammlung von Krisen und Katastrophen, von Pleiten, Pech und Pannen ist. Er macht dagegen darauf aufmerksam, wo die Handlungsspielräume für proaktive und konstruktive Veränderungen sind und wie man sie nutzen kann. Genau dies sollte generell zum Leitbild des Journalismus in der Demokratie zählen.

8. »Die« Politik

Suchen Sie mal mit mir das Leitbild der Politik der Gegenwart. »Mein Leitbild, das Leitbild der neuen Bundesregierung«, so Bundeskanzler Olaf Scholz in seiner ersten Regierungserklärung, »ist eine Gesellschaft des Respekts. Respekt, Anerkennung, Achtung – das bedeutet, dass wir uns bei aller Verschiedenheit gegenseitig als Gleiche unter Gleichen wahrnehmen. Respekt heißt: Niemand schaut auf andere herab, weil er oder sie sich für stärker hält, für gebildeter, für reicher. Damit allein wären wir schon ein großes Stück weiter. Denn viele der Verletzungen und Kränkungen in unserer Gesellschaft haben ihre Ursache darin, dass sich Bürgerinnen und Bürger nicht genügend wahrgenommen fühlen.«

»Jede Zeit hat ihre Aufgabe. Die Aufgabe unserer Zeit ist, eine krisenfeste Gesellschaft demokratisch und nachhaltig zu gestalten. Dazu ist Wohlstand im Sinne von Klimaneutralität, Vorsorge und Gerechtigkeit sowie globaler Verantwortung neu zu definieren und die Politik ist darauf auszurichten. Um Krisen zu meistern, braucht es Zusammenhalt – in einer Gesellschaft, die allen Bürger*innen die gleichen Rechte und Möglichkeiten gewährt, die Wohlstand gerecht verteilt, die die Unterschiedlichkeit von Menschen und Regionen als Stärke und Wert begreift, die die Rechte und Teilhabe von Minderheiten schützt und fördert sowie Spannungen durch Respekt ausgleicht. Wir streben nach einem solidarischen, gemeinsamen Wir in einer vielfältigen Gesellschaft.« So heißt es in Artikel 6 des Grundsatzprogramms der Grünen.

»Wir treten für eine offene Gesellschaft ein. Wir stehen für eine werteorientierte Politik, in der Familie und Ehe die Grundpfeiler unserer freien und solidarischen Gesellschaft bilden. Wir stehen für ein Miteinander der Generationen. Wir halten an religiös fundierten Werten und der Verantwortung des Einzelnen vor seinem Gewissen und Gott fest. Wir wollen, dass alle an Bildung und Ausbildung teilhaben. Keine Begabung darf ungenutzt bleiben. Vorfahrt für Arbeit – heißt die Devise der CDU. Wir wollen daher insbesondere den Mittelstand, das Handwerk und Existenzgründer fördern. Wir wollen, dass alle Menschen sicher in unserem Land leben können.« So lauten »Grundsätze« der CDU.

Es lohnt kaum, solche und noch mehr Passagen aus den Regierungserklärungen und Grundsatzprogrammen im Einzelnen zu analysieren. Schon diese drei kurzen Auszüge zeigen einen gewaltigen normativen Überschuss mit geringer praktischer Bedeutung. Die Betonung des »Respekts« bei SPD und Grünen ist eigentlich erstaunlich, haben doch beide Parteien historisch einen materialistischen Kern: Bei den Sozialdemokraten ging es immer um die Herstellung gerechter Lebensverhältnisse, bei den Grünen um ein weniger zerstörerisches Naturverhältnis. »Respekt« ist aber nur eine symbolische Kategorie, eine merkwürdig antiquierte zumal – die Tradition des deutschen Obrigkeitsstaates klingt da nach. Bei der CDU sind die programmatischen Äußerungen, mit Ausnahme der Erwähnung der »offenen Gesellschaft«, zeitlos. Sie hätten wortgleich vor fünfzig Jahren so formuliert werden können. Die Frage, wo und wie die Werte sich niederschlagen, sich unter Beweis stellen und auch unter heutigen Bedingungen von

Stress und Krise belastbar sind, stellt sich allen drei Parteien nicht.

Dabei unterscheidet sich die Wirklichkeit des 21. Jahrhunderts gravierend von der des 20., insbesondere von der Zeit nach dem Zweiten Weltkrieg. Ungefähr in der folgenden Weise: Die lange Friedensperiode, die Europa erleben durfte und die eine historische Ausnahme, keine Normalität darstellt, ist vorbei. Welche Friedensordnung wann unter Beteiligung von wem eingerichtet werden wird, ist völlig offen. Es ist möglich, dass wir erst am Beginn der heißen Phase kommender Gewaltkonflikte stehen. Die geopolitische Figuration ist heute, in den 2020er Jahren, eine völlig andere als nach dem Zusammenbruch des Ostblocks und der kurzlebigen Illusion der globalen Geschichtsmächtigkeit des Westens. Längst haben sich andere Machtblöcke formiert, und ihre Zukunftsperspektiven sehen besser aus als die des Westens, ihre politischen Optionen sind andere.

Das universalistische Projekt der globalen Demokratisierung, Liberalisierung und der Menschenrechte wird sich absehbar nicht realisieren. Und über allem, aber in engem Zusammenhang mit allem, entfalten sich die klimatologischen und ökologischen Problemlagen. Niemand weiß, wie man sie bewältigen können wird.

Wenn von Zeitenwende sinnvoll die Rede sein würde, dann wäre es diese knappe Aufzählung, die anzeigt, dass die tradierten politischen Konzepte und Leitbilder nicht mehr passen zur neuen Lage. Darin liegt übrigens auch ein Grund, dass sie mehr und mehr vom Materiellen ins Symbolische rutschen. Politische Sprache bekommt etwas Unwirkliches, wenn sie die Sachverhalte nicht mehr benennt, sondern metaphorisiert, verniedlicht und irrealisiert.

Die Bürgerinnen und Bürger leben aber in einer wirklichen Welt. Für sie ist der Neubau von Autobahnen der Neubau von Autobahnen und nicht eine »Engpassbeseitigung«. Sie lehnen ihn, den Neubau, übrigens mehrheitlich ab.[128] Für sie sind Schulden auch Schulden und kein »Sondervermögen«, und sie betrachten das Schuldenmachen, wie dieselbe Umfrage zeigt, mit großer Skepsis. Sie denken auch, dass es, wenn es »im Kampf gegen die Klimakrise« auf jedes Gramm CO_2 ankommt, auf jedes Gramm CO_2 ankommt, und verstehen daher mehrheitlich nicht, wieso es kein Tempolimit gibt und wieso Atomkraftwerke abgeschaltet werden. Sie finden es auch befremdlich, dass es einen Mangel an Antibiotika für Kinder und sogar an Hustensaft gibt, und sie verstehen deshalb auch nicht die halluzinatorischen Reden von Deutschlands Führungsrolle irgendwo. Was sie freilich verstehen, ist die kaum zu kaschierende Tatsache, dass keine Konzepte vorliegen, wie mit den Problemen des 21. Jahrhunderts so umzugehen wäre, dass man weiterhin gut und in Freiheit und in Frieden leben kann.

An dieser Stelle ist daran zu erinnern, in welcher Situation und mit welchem Impetus das Leitbild entwickelt wurde, das Westdeutschland und nach der Wiedervereinigung auch das ganze Deutschland prägte. Die Entstehungsgeschichte des Grundgesetzes ist ein historischer Sonderfall, da in diesem Fall keine verfassungsgebende Versammlung eine Verfassung debattiert und verabschiedet hatte, sondern ein Parlamentarischer Rat, der nicht vom Volk gewählt war. Dessen Arbeit und die schließliche Verabschiedung des Grundgesetzes der Bundesrepublik Deutschland am 8. Mai 1949 erfuhr in der Bundesrepublik wenig Aufmerksamkeit, aber auch wenig Kritik,[129] und wurde im Lauf der Nachkriegsgeschichte in seiner Bedeutung immer besser erkennbar.

Der Charakter des Grundgesetzes ist – im Unterschied zur Weimarer Verfassung – pessimistisch, was die Zustimmung der Bevölkerung zur Demokratie angeht. Wie Ulrich Herbert schreibt, betonte der einleitende Grundrechtskatalog »die herausragende Bedeutung des Rechtsstaates angesichts der Erfahrung der Rechtswillkür in den Jahren der Diktatur und den Schutz von Individuum und Minderheiten gegen die schrankenlose Macht der Mehrheit. Zugleich stattete er den neuen Staat mit starken Instrumenten gegen die Feinde der Demokratie aus – eine Abwendung vom Weimarer Werterelativismus, der es den Nazis wie den Kommunisten […] gestattet hatte, die Demokratie mit ihren eigenen Mitteln zu untergraben. Den Parteien wurde ein ausdrückliches Mitwirkungsrecht bei der politischen Willensbildung des Volkes zugesprochen […] und sie wurden auf die demokratische Verfassung festgelegt.«[130]

Man könnte sagen, dass die Weimarer Verfassung sehr großes Vertrauen in die Bürgerinnen und Bürger setzte, weshalb etwa Volksbegehren und Volksentscheide, auch die direkte Wahl des Reichspräsidenten und relativ einfache Möglichkeiten zur Auflösung des Reichstags vorgesehen waren. »Das Bonner Grundgesetz ist eher von Mißtrauen geprägt, seine Verfasser waren gebrannte Kinder: Sie hatten erlebt, wie verführbar und schwankend in seinen Stimmungen der Wähler sein kann, wie leicht eine Demokratie gerade durch zu schrankenlose Demokratie sich selbst zugrunde richten kann«, formulierte Sebastian Haffner 1974 in einem Radiobeitrag.[131]

Diese pessimistische Perspektive in Bezug auf mögliche gesellschaftliche Entwicklungen hat dazu geführt, dass das Grundgesetz jetzt schon fast ein Dreivierteljahrhundert einen sicheren Rahmen für eine funktionierende Demokratie bildet, gerade deswegen, weil nicht jede Schwankung in der politischen Stimmung oder im gesellschaftlichen Klima sich in parlamentarische oder administrative Ermächtigungen übersetzen lässt. Der Grund, dass alle Populisten dieser Welt Fans der direkten Demokratie sind, ist ja genau der: dass sich mit Instrumenten wie Volksentscheiden Stimmungen in Legitimationen übersetzen lassen, um dann etwa die Verfassungsgerichtsbarkeit auszuhebeln. Was Wählerinnen und Wähler vielleicht wollen, muss in der deutschen Verfassungsrealität erst mal »durch den Grobfilter der gewählten Parlamente: Bundestag, Landtage und Gemeindevertretungen«.[132]

Föderalismus und Bundesverfassungsgericht fügen dazu systematisch Barrieren ein, die so etwas wie »Durchregieren« oder gar die Abschaffung der Demokratie selbst äußerst schwierig machen. Man kann von heute aus sagen, dass sich diese Installierung eines institutionellen »Zugriffsgedrängels« (Odo Marquard) in der Geschichte der Bundesrepublik erstaunlich gut bewährt hat – so etwas wie eine Staatskrise oder eine Verfassungskrise hat es in einem Dreivierteljahrhundert nicht gegeben, und es sieht auch trotz sich kumulierender Krisenereignisse nicht danach aus. Schon 1974 hat Sebastian Haffner daher sagen können, dass die Verfassungswirklichkeit den Verfassungsanspruch in Deutschland übertrifft. Das resultiert eben daraus, dass das Grundgesetz als Leitbild die Menschenrechte, die freiheitliche Ordnung und die Demokratie voraussetzt und fundiert – was 1949, kurz nach dem Untergang des totalitären Systems des Nationalsozialismus und im Angesicht des totalitären Sowjetkommunismus, naheliegend war, aber nicht deshalb schon funktionieren musste.

Eine besondere Rolle kommt im Grundgesetz im Unterschied zu anderen Verfassungen den Parteien zu. Nach Artikel 21 wirken sie »bei der politischen Willensbildung des Volkes mit«, sind aber, wie Haffner schreibt, in der Verfassungswirklichkeit »die wesentlichen Träger und Gestalter dieser politischen Willensbildung [...]. In ihrer Verfassungswirklichkeit ist die Bundesrepublik ein Parteienstaat. [...] Durch die Parteien – und wiederum nur durch sie – fließt Staatspolitik von oben nach unten, in Form von Gesetzen, Verordnungen, administrativen Maßnahmen, erklärenden und anfeuernden Reden oder werbenden Fernsehauftritten. Die Parteien sind das große, unentbehrliche Bindeglied zwischen Volk und Staat; von ihrem Zustand hängt ab, ob die Verbindung von Demokratie und Stabilität, die das Grundgesetz erstrebt, gelingt oder nicht.«[133]

Wie gesagt, diese Beschreibung stammt aus dem Jahr 1974, seither hat sich die Parteienlandschaft der Bundesrepublik deutlich verändert – Die Linke und die AfD sind dazugekommen (zwischenzeitlich auch in einigen Länderparlamente Kleinparteien wie Die Piraten oder die ÖDP), die Grünen sind neben die beiden ehemaligen Volksparteien CDU und SPD getreten, die FDP gibt es aus Gründen, die niemand erklären kann, immer noch. Das, was man früher »die Mitte« genannt hat, ist heute im Bundestag etwas, wo sich die übergroße parlamentarische Mehrheit befindet, zusammengesetzt aus SPD, CDU/CSU, Grünen und FDP, ganz links und ganz rechts flankiert durch sehr kleine Parteien. Diese Konstellation führte übrigens dazu, dass es in Bezug auf den Umgang mit dem Ukrainekrieg eben tatsächlich Opposition nur von den extremen Rändern her gab. Und sie führt auch dazu, dass Unterschiede in der politischen Willensbildung sich heute an medial aufmerksamkeitstauglichen Kleinigkeiten wie dem Verbot bestimmter Heizungstypen festmachen, aber überhaupt nicht mehr an prinzipiellen ideologischen Differenzen.

Dieser »Sog hin zur hochflexiblen Mitte zeitigt zwei Folgen. Je smarter sich Politiker an den medial mitbestimmten Zeitgeist anpassen, umso intoleranter werden sie gegenüber ihren nichtmittigen Flügeln. Die Grünen verabschiedeten erst die ›Fundis‹, dann die Postwachstumsfraktion und schließlich die Pazifisten aus ihrer politischen Führung. Die Schröder-SPD nahm in Kauf, dass sich der ›Verein Wahlalternative Arbeit und soziale Gerechtigkeit‹ (WASG) von ihr abspaltete und mit der PDS zur Linkspartei fusionierte. Die Merkel-CDU verstörte den konservativen Flügel, der einstmals ihr Markenkern war, und ließ rechts von sich die AfD heranwachsen.

All das führte zu einer zweiten Folge. Im gleichen Maße, wie es gleich vier Parteien in die Mitte drängte, wurden sämtliche stärker von dieser Mitte abweichende Positionen von nun an einem politisch und medial geächteten Abseits zugeordnet. Um den größer gewordenen Kuchen – der Vier-Parteien-Koalition der Mitte – entstand ein als verkrustet gebrandmarkter und als ›radikal‹ stigmatisierter Rand. Dass Ausgrenzung zugleich das beste Mittel dafür ist, um Radikalisierung zu provozieren, wurde dabei billigend in Kauf genommen. [...] Und wo der Windkanal des Zeitgeistes das Design bestimmt, kann die Integration von Vielfalt nur stören. Parteien, stromlinienförmig wie die einander zum Verwechseln ähnlich gewordenen Automarken, zwingen geradezu zur Ausgrenzung. Sie unterscheidet die angepassten ›Guten‹ von den unangepassten ›Bösen‹.

Die bundesdeutsche Demokratie des frühen 21. Jahrhunderts, lange ohne ernsthafte äußere Feinde, verstärkte auf diese Weise ihr Feindbewusstsein im Innern.«[134]

Diese vor einem halben Jahrhundert noch nicht antizipierbare Entwicklung, die viel mit einer inzwischen stark veränderten Medienlandschaft zu tun hat, führte sukzessive auch dazu, dass innerhalb der Parteien der Pluralismus abgenommen und die Wichtigkeit der Medienpräsenz und auch -präsentabilität zugenommen hat. Das heißt auch, dass die Rekrutierung des politischen Nachwuchses in den Parteien anderen Regeln folgt als früher: Profilierungsprofis, Schwächenbeobachter und Virtuosen des Wegbeißens von Konkurrenz sind erfolgreich; wer politische Inhalte oder gar Ideale verfolgt, gilt als naiv, antiquiert und somit als wenig zukunftsfähig in den Parteien. Dass unter solchen Bedingungen die Viskosität der Überzeugungen und die Austauschbarkeit der Argumente wichtig werden, sieht man am Personal, das dabei herauskommt.

Angela Merkel bezog ihre im Verlauf ihrer Kanzlerschaft gewachsene Glaubwürdigkeit aus ihrer persönlichen Unbestechlichkeit – niemand hätte ihr je Unkorrektheiten oder private Interessen unterstellt. Unbestechlichkeit ist aber schlecht für diejenigen, die über Lobbytätigkeiten, Parteispenden, mediale Platzierungen etc. Einfluss auf die Politik ausüben möchten; Akteure, die ideologisch und moralisch nicht so festgelegt sind, lassen sich von Lobbys einfacher instrumentalisieren. Die Dominanz der überzeugungsflexiblen und geschmeidigen Typen heute in den Parlamenten schafft probate Gelegenheitsstrukturen für das Einbringen von Partikularinteressen. Die Entstehung von Kontrollagenturen (Abgeordnetenwatch, LobbyControl, Transparency International u. a.) zeigt ja nur an, dass die internen und vor allem informellen Kontrollfunktionen des Parlamentarismus unter diesen Bedingungen nicht mehr ausreichen. Wenn Institutionen schwach werden, hat der Soziologe Arnold Gehlen gesagt, bedürfen sie der Stützung von außen. Daher ist die Existenz solcher Stützen ein Zeichen für eine wachsende Instabilität der Institutionen.

Was es aber bedeutet, wenn die informellen Regulationsfunktionen der Institutionen schwächer werden, lässt sich am Verfall der politischen Kulturen Nordamerikas, Englands, Polens, Ungarns oder Israels studieren, wo man jeweils versucht, das für Demokratien und freiheitliche Ordnungen unantastbare Prinzip der Gewaltenteilung anzugreifen. Über welche Themen solche mehr und mehr erfolgreichen Versuche gespielt werden, kann unterschiedlich sein: Ob es vorgeblich religiöse Motive sind, die Frauen Grundrechte der Selbstbestimmung zu nehmen versuchen, wie in immer mehr Bundesstaaten der USA und in Polen, ob es über die vorgebliche Abwehr von Migranten läuft, wie in England, den USA, Polen, Ungarn, oder um den Schutz korrupter Politiker geht wie in Israel – die Beispiele sind inzwischen auch in Demokratien zahlreich und zeigen jedes für sich die große Gefahr, die entsteht, wenn auch nur ein Element des Prinzips der Gewaltenteilung angegriffen wird.

Die Widerstandsfähigkeit der Demokratie in Deutschland bis dato beruhte auf der systemischen Verteilung von Machtchancen über die Institutionen und der an historischer Erfahrung geschulten Unantastbarkeit der Gewaltenteilung. Odo Marquard hat das so formuliert: »Die moderne Welt neutralisiert die eine einzige absolute Position durch Pluralisierung der Positionen und macht gerade dadurch die moderne Wirklichkeit individualitätsfähig. Denn individuelle Freiheit gibt es für Menschen nur dort, wo sie nicht dem Alleinzugriff einer einzigen Allmacht unterworfen sind, sondern wo mehrere – voneinander unabhängige – Wirklichkeitsmächte existieren, die – beim Zugriff auf den Einzelnen – durch Zugriffsgedrängel einander wechselseitig beim Zugreifen behindern und beschränken. Einzig dadurch, dass jede dieser Vielzahl von Wirklichkeitspotenzen – Geschichten, politische Formationen, Wirtschaftskräfte, Sakralgewalten, Überzeugungen, Üblichkeiten und Traditionen, Kulturen – den Zugriff jeder anderen einschränkt und mildert, gewinnen die Menschen ihre Distanz und ihre individuelle Freiheit gegenüber dem Alleinzugriff einer jeden.«[135]

Aus diesem Prinzip heraus erklärt sich, warum scheinbar partikulare Einschränkungen garantierter Rechte – wie etwa beim Asylrecht – immer einen Unterschied ums Ganze bedeuten. Ein bisschen Grundrechtseinschränkung gibt es nicht.

Freiheitliche Ordnungen sind fragile Ordnungen; sie sind nur stabil, solange es genug Menschen gibt, die sie verteidigen. Und zwar in der Praxis, nicht in rituellen Beschwörungen. Gerade deshalb ist das Leitbild, das das Grundgesetz verkörpert und das sich um die Freiheit und die Demokratie zentriert, für die Geschichte der Bundesrepublik von so entscheidender Wichtigkeit gewesen. Niemand hätte 1949 geglaubt, dass sich Deutschland innerhalb von zwei, drei Generationen vom Empire of Evil in eine der modernsten und stabilsten Demokratien der Welt verwandeln würde. Und wenn die Verfassungswirklichkeit, wie Sebastian Haffner sagt, den Verfassungsanspruch übertrifft, zeigt das auch ein zivilisatorisches Niveau an, das kostbar ist und erhalten werden muss.

Genau darum kann eine *Politik ohne Leitbild* die Herausforderungen des 21. Jahrhunderts nicht bewältigen. Denn die Herausforderungen der zweiten Hälfte des 20. Jahrhunderts waren besonders in einer Hinsicht anders als heute: Die ökologische Herausforderung gab es nicht bzw. war nicht sichtbar. Deshalb musste sich die Sicherung einer freiheitlichen Ordnung auf die innergesellschaftlichen und innerstaatlichen Verfahren richten, und das hat in vielerlei Hinsicht hervorragend geklappt. Heute aber ist die freiheitliche Ordnung von zunehmenden äußeren Stressfaktoren herausgefordert, die zugleich die Handlungs- und Reaktionsmöglichkeiten von Staat und Politik immer mehr beschränken – allen voran die Folgen des Klimawandels und die komplett veränderte geopolitische Machtbalance. Am Beispiel des kumulierten Krisengeflechts habe ich ja schon zu zeigen versucht, dass die klassischen Bewältigungsmuster und -kapazitäten des Staates immer mehr an Grenzen kommen. Und am Abstieg des Westens kann man genau die Wirkung der Blindheit gegenüber den Grenzen der eigenen Möglichkeiten sehen.

Dies müsste in einem politischen Leitbild für die freiheitliche Politik des 21. Jahrhunderts formuliert sein: *dass die Bedingungen für die Aufrechterhaltung und Fortsetzung der Freiheit von einer intakten Biosphäre und einem lebensermöglichenden Klimasystem abhängen*. Mit anderen Worten: Freiheit, Demokratie, Rechtsstaatlichkeit und die daran hängenden zivilisatorischen Güter gibt es nur, wenn die naturalen Überlebensbedingungen sie weiterhin gewährleisten.

Mit zunehmenden und überfordernden Krisenereignissen gehen die Stabilisierungsbedingungen für unsere freiheitliche Ordnung verloren, und genau deshalb stellen die ökologischen und klimatologischen Probleme keine Aufgaben dar wie andere auch, und deshalb kann man sie nicht beliebig um- und nachordnen, wenn sich scheinbar Wichtigeres wie ein Krieg oder eine Energiepreiskrise aufdrängt. Sie sind primär nicht nur wenn es um das Überleben geht, sondern wenn es um das Überleben unter zivilisierten Bedingungen geht. Und die Paradoxie lautet: Je krisenhafter die Geschehnisse werden und je schnelleres Reagieren sie zu fordern scheinen, desto notwendiger ist die Orientierung des Handelns an einem Leitbild, das einen Horizont jenseits der Tagespolitik und des Krisenmanagements bildet. Sonst geht die Politik lost in action.

Ein politisches Leitbild für das 21. Jahrhundert, das schon zu einem Viertel vorüber und daher deutlich verspätet ist, hält an den zivilisatorischen Gütern Freiheit, Demokratie, Rechtsstaatlichkeit und Daseinsvorsorge fest und stellt gleichzeitig in Rechnung, dass sich sehr vieles in der Organisation des gesellschaftlichen Stoffwechsels verändern muss, damit diese zivilisatorischen Güter überhaupt erhalten werden können. Von Wohlstands- und anderen Steigerungen ist da gar keine Rede, auch nicht von »globaler Verantwortung«, schon gar nicht von einer Überdehnung des eigenen Leitbilds in eine Mission für die ganze Menschheit.

Denn anscheinend reicht die Mission noch nicht mal mehr für Deutschland.

Mission impossible

Im April 2023 bewerteten 48 Prozent der Bundesbürgerinnen und Bundesbürger die Arbeit der Regierung als »schlecht«. So das ZDF-Politbarometer, im Vergleich zum Vorjahreswert ein Rückgang um 25 Prozent.[136] Der ARD-Deutschlandtrend fragt danach, wie zufrieden die Befragten mit der Bundesregierung sind. Das Ergebnis, ebenfalls im April 2023: 71 Prozent sagen »weniger« bzw. »gar nicht zufrieden«.[137] Zwei Monate später zeigte sich laut ARD-Deutschland vom 1. Juni 2023 nur noch ein Fünftel mit der Regierungsarbeit zufrieden.

Friedrich Merz, laut Politbarometer ein Politiker mit konstant negativen Sympathiewerten und Oppositionsführer im Deutschen Bundestag, gratulierte ausdrücklich nicht, als seine Vorgängerin im Parteivorsitz der CDU am 17. April 2023 die höchste Auszeichnung bekam, die der Bundespräsident zu vergeben hat; vor ihr hatten sie nur Konrad Adenauer und Helmut Kohl verliehen bekommen. Der stellvertretende CDU-Vorsitzende Carsten Linnemann sekundierte, Angela Merkel habe »auch Fehler gemacht, sogar eklatante«. »Am Ende ihrer Amtszeit war unser Land in keinem guten Zustand«, hatte der FDP-Generalsekretär Bijan Djir-Sarai mitzuteilen; Andreas Rödder, Historiker und Vorsitzender der CDU-Grundwertekommission, nannte Merkels Russlandpolitik zu diesem feierlichen Anlass den »größten außenpolitischen Fehler seit 1945«.

Man liegt vermutlich falsch damit, wenn man glaubt, dass Menschen die aktuelle Politik und auch ihre Politikerinnen und Politiker allein nach »Sachthemen« bewerten. Bei der Beurteilung von Politik spielen auch Intuitionen und Gefühle eine Rolle, Stil und viele »weiche« Faktoren – sie schwingen immer mit, wenn man sich im Alltag über Politik und Politiker unterhält. So trägt es gewiss zur Irritation bei, wenn der Parteivorsitzende der CDU nicht mal genug Format hat, um einer international angesehenen Kanzlerin zu gratulieren, ohne deren 16-jährige Amtszeit seine Partei vermutlich genauso in der Bedeutungslosigkeit verschwunden wäre wie das mit konservativen Parteien in anderen europäischen Ländern der Fall war. Dass auch andere Kollegen aus derselben Partei sie retroaktiv kritisieren für eine Politik, die sie selbst lange Jahre mitgetragen haben, verrät ebenfalls keinen Stil.

In den letzten Jahren lassen sich viele solcher Episoden verzeichnen, die sich durch einen erstaunlichen Mangel an Stil oder auch nur Höflichkeit auszeichnen. Als der Bundespräsident im April 2022 mit seinen Amtskollegen aus Polen und aus den baltischen Staaten nach Kiew reisen wollte, wurde er von der ukrainischen Führung ausgeladen. Als wäre dieser Affront in diplomatischer Sicht gar nichts, reisten die höchsten Repräsentanten der vier anderen europäischen Staaten halt einfach ohne Steinmeier. Man könnte diese Episode Viertklässlern vorlegen, und sie würden mit Sicherheit so viel Ansprüche an Solidarität und Stil haben, um sofort zu sagen: »Das geht aber nicht. Würden wir nicht machen.«

Genauso wenig wie es geht, dass etwa ein Jahr zuvor die EU-Kommissionspräsidentin Ursula von der Leyen beim Staatsbesuch in der Türkei von Präsident Erdoğan keinen Stuhl angeboten bekam. Sie musste auf einem Sofa abseits hocken, während der EU-Ratspräsident Michel sich neben Erdoğan auf einen Stuhl pflanzte. Was ist denn das, fragen sich da die Bürgerinnen und Bürger, dass von den höchsten staatlichen Repräsentanten alle Konventionen verletzt werden – nehmen die sich selbst nicht ernst?

Eine rechtsstaatliche Demokratie lebt, davon war in diesem Buch schon mehrfach die Rede, nicht von Sachfragen, Gesetzen und Verordnungen allein. Die Substanz ihrer vitalen Existenz bezieht sie auch aus der Selbstverständlichkeit von Verkehrsformen, die in einer Gesellschaft herrschen, ohne dass man sie thematisiert. Man lädt keine Staatsoberhäupter aus, schon gar nicht, wenn man von genau demselben Staat täglich Unterstützung fordert. Man fährt, wenn man den Besuch als Gruppe geplant hat, auch nicht einfach ohne den Ausgeladenen. Man setzt sich als EU-Ratspräsident nicht, wenn für die EU-Kommissionspräsidentin kein Stuhl da ist. Das alles ist so simpel und glasklar, dass man nur erstaunt sein kann, in welchem Maß Konventionen und Höflichkeiten in der politischen Klasse nicht mehr vorausgesetzt werden können. Vom ewigen Selbstlob in der Politik noch ganz abgesehen.

Bei allen diesen Beispielen handeln ja Repräsentanten, also sollte man erwarten dürfen, dass sie auch die Normen jener teilen und beherrschen, die sie repräsentieren. Das geht weit über eine Geschmacksfrage hinaus. In ihrem Buch »Wie Demokratien sterben« haben Steven Levitsky und Daniel Ziblatt am Beispiel des Verfalls der politischen Kultur in den USA herausgearbeitet, wie Demokratien zugrunde gehen können, obwohl sie gar nicht von außen attackiert werden. Sie erodieren von innen, indem die politischen Akteure auf ungeschriebene Regeln keine Rücksicht mehr nehmen. Dabei geht es am Ende natürlich nicht um Beispiele auf dem gerade beschriebenen, eher harmlosen Niveau, sondern etwa um umgeschriebene Regeln bei Vorschlagsrechten für höchste Richterämter oder den Verzicht auf weitere Stimmenauszählungen bei Wahlen. Wenn eine Verfassung wie in den USA in vielen Hinsichten wenig ausgearbeitet ist, muss auf die Einhaltung ungeschriebener Regeln desto mehr Wert gelegt werden. Levitsky und Ziblatt beschreiben, wie insbesondere die Republikaner sukzessive weniger Rücksicht auf die ungeschriebenen Regeln genommen und Praktiken durchgesetzt haben, die ihnen zugutekamen; zuletzt war das an Zuschnitten von Wahlkreisen zu sehen, die bestimmte Wählergruppen benachteiligen. Das heißt: Es findet eine allmähliche Transformation eines Regelwerks statt, von dessen selbstverständlicher Gültigkeit eigentlich alle ausgegangen waren.

Nun haben diejenigen, die die Regeln ignorieren, eben weil sie nicht explizit kodifiziert sind, einen taktischen Vorteil. Diejenigen, die die Regeln verletzen, strukturieren den sozialen Handlungsraum zu ihren Gunsten neu. Dabei stehen diejenigen, die sich an die Regeln halten wollen, vor einem Dilemma: Bleiben sie dabei, verlieren sie Macht; verhalten sie sich genauso wie die Regelverletzer, zerstören sie das Regelwerk selbst. Dieser Prozess ist mithin selbstverstärkend; einmal in Gang gesetzt, wird man ihn schwer wieder einfangen können.[138] Der Niedergang der politischen Kultur in den USA, in der Sachfragen kaum noch parlamentarisch ausgetragen werden können, sondern nur den Anlass für tribalistische Kämpfe und Blockaden bieten, ist in dieser Hinsicht instruktiv; das nächste Kapitel steht mit dem Wahlkampf im Jahr 2024 bevor.

Die Bundesrepublik ist von solchen Verhältnissen noch weit entfernt, aber gerade darum gilt es, aufmerksam auf Anzeichen für die Erosion der politischen Kultur zu achten – wie eben beschrieben. Solche Anzeichen gibt es ausgerechnet auch in der Regierungskoalition der sogenannten Ampel zu beobachten, wo die FDP gemeinsame Beschlussfassungen im Nachhinein torpediert. In besonders perfider Weise etwa, nachdem man mit dem Wirtschafts- und Klimaminister den Deal ausgehandelt hatte, dass jener sein Gebäudeenergiegesetz »bekäme«, die FDP dafür von den Pflichten der Sektorziele befreit würde, also u. a. das Verkehrsministerium künftig nicht mehr die vereinbarten Emissionsreduktionen nachweisen muss.

Dieser Deal diente offenbar vor allem dazu, dass der Wirtschafts- und Klimaminister nach einigen Schlappen nun wenigstens sein Gesetz durchbekommen sollte. Aber selbst daran hielt die FDP sich nicht, sondern machte mit Hilfe eines listig angefügten Protollvermerks das Fass gleich wieder auf und beschloss auf ihrem Parteitag, das »Verbotsgesetz« im

Abb. 11: Trittsicher: Fortschrittskoalition 2023.

Parlament nicht mitzutragen, ja nicht einmal zu beraten. Zugleich wurde mit Hilfe der *Bild*-Zeitung und der Opposition öffentlich gegen das geplante Gesetz polemisiert, so dass man hier schon einen deutlicheren Anwendungsfall dessen sehen kann, was Levitsky und Ziblatt beschreiben. Man könnte auch sagen: Das ist *toxische Politik*, die dem Gemeinwohl schadet. Und sie kommt nicht einmal von der parlamentarischen Opposition, sondern aus der Regierung selbst, ein eigentlich unerhörter Vorgang.

In diesem Kontext ist auch die Veränderung der politischen Kommunikation von Bedeutung. Die Strategie, im »Morgenmagazin« eine steile These zu formulieren, auf dass sie ihren Weg durch die Direktmedien und die Online-Nachrichten macht, ist bekannt und wird inzwischen auch von harmlosen Trotteln, die es in der Politik wie auch im richtigen Leben gibt, beherrscht. Sie deutet aber an, dass sich in der politischen Ökonomie der Aufmerksamkeit die Wertigkeiten zugunsten der Aufmerksamkeit an sich verschoben haben – unabhängig von den inhaltlichen Fragen, um die es in der Demokratie ja eigentlich gehen müsste.

Dazu gehört dann das rituelle »Entsetzt«-Sein, wenn irgendetwas Wallungstaugliches geschehen ist; es geht auch um das Hochjazzen von kontrainduzierten Themen mit kalkuliertem Überraschungseffekt – worin etwa der Tübinger Oberbürgermeister Boris Palmer eine Meisterschaft entwickelt hatte: Seine Methode war, Dinge zu thematisieren, die – wie das Warnen vor einer die Kommunen überfordernden »Flüchtlingskrise« – ausdrücklich nicht zum ideologischen Inventar seiner Partei gehören.

In den Formenkreis des kalkulierten Einsatzes öffentlichkeitswirksamer Codes gehört auch das Bildinferno, das der neu berufene Verteidigungsminister Pistorius sofort nach Amtsantritt zündete: Fortan war er in jedem Panzer, auf jeder Fregatte in passenden Parkas und mit zu allem entschlossenem Gesichtsausdruck zu sehen. Er spricht seither auch sehr entschieden. Diese Inszenierung hat ihn in der Beliebtheitsskala der Politikerinnen und Politiker gleich ganz nach oben geschossen – er führt die Liga mit 1,9 Punkten an, als Zweiter folgt Olaf Scholz und dann erst mit weitem Abstand Annalena Baerbock mit 0,2.[139]

Man könnte das als »Eventisierung« von Politik bezeichnen. Sie ist nicht neu und war schon zu beobachten, als Gerhard Schröder, der erste »Medienkanzler«, beim »Jahrhunderthochwasser« der Elbe im August 2002 mit Gummistiefeln entschlossen vor Ort im Wasser stand, während sein Wahlkampfkonkurrent Edmund Stoiber darauf nicht gekommen war. Wie dünn das Seil ist, auf dem Politiker bei solcher Eventisierung balancieren, erfuhr Armin Laschet, als er im Ahrtal lachte … Wie so etwas den Stil von Politik verändert und zu unguten Ergebnissen führen kann, lässt sich am Aufstieg und Fall des hochstaplerischen Karl-Theodor zu Guttenberg illustrieren, der sich – ähnlich wie Pistorius – als zupackender und entschlussfreudiger Verteidigungsminister inszenierte, dann aber über seine gefälschte Doktorarbeit stolperte. Und umgekehrt an den medialen Kampagnen gegen den Bundespräsidenten Christian Wulff und den Kanzlerkandidaten Peer Steinbrück, die dann auch prompt scheiterten.

Eine andere Facette dieser Tendenz zur inszenierten Politik ist die Infantilisierung der politischen Kommunikation. Wenn etwa ein Gesetz »Gute-KiTa-Gesetz« genannt wird oder die Mobilisierung gigantischer Finanzmittel »Doppel-Wumms«, dann darf man fragen, für wen die politische Klasse ihre Wählerinnen und Wähler eigentlich hält. Wenn, wie im Berliner Wahlkampf, »Modell Bullerbü« eine Stadtutopie sein darf und in einem Grünen-Wahlspot zur Bundestagswahl 2021 lustig »Ein schöner Land« gesungen wird, hat man es genauso mit Infantilisierung von Politik zu tun, wie wenn von »die Menschen abholen«, »die Menschen mitnehmen«, »sich kümmern« und von »Augenhöhe« die Rede ist[140] – Formulierungen, die ihrerseits verdeutlichen, wer die Definitionsmacht hat und die Position, sie vorzugeben.

Wer solche Formulierungen verwendet, merkt gar nicht, wie von oben herab er oder sie die Leute betrachtet, und man sieht die Verwender solcher Sprechformeln direkt etwas in die Knie gehen, um sich auf die wahrgenommene Augenhöhe zu begeben. Dieter Salomon, Ex-Oberbürgermeister von Freiburg, hat zu dem »Menschen mitnehmen« mal formuliert: Sie sehen hinterher auch immer so mitgenommen aus …

Ein letztes Beispiel zu dieser sich einschleimend gebenden politischen Arroganz. Katrin Göring-Eckardt wird in einem

Interview in der *Frankfurter Allgemeinen Zeitung* gefragt: »Den einen geht die Klimaschutzpolitik zu weit, den anderen nicht weit genug. Die Gefahr ist, dass sich viele Menschen abwenden, in vielen Fällen ist das schon passiert. Was wollen Sie dagegen tun? – Das Wichtigste ist, dass wir mit den Leuten reden wie mit Erwachsenen. Wir müssen erklären, was das Problem ist und dass wir es nur gemeinsam lösen können.«[141]

Solche Entfernung der Politik von den Menschen ist eine Gefahr für die Gesellschaft. Wer so etwas formuliert, weiß nicht, über wen er redet und wie die, über die so geredet wird, das empfinden müssen. Hier schlägt sich die Repräsentationslücke, die Hermetik der politischen, wirtschaftlichen und medialen Klasse als Wirklichkeitsdefizit nieder. Das ist für die Gesellschaft höchst gefährlich, weil sukzessive ganze Gruppen ihre Identifikation mit der Politik und dem Staat verlieren, sich von notwendigen Engagements abwenden oder, wie seit dem Fortgang des Ukrainekriegs oft zu hören, »gar keine Nachrichten mehr« hören oder sehen wollen. Was auch ein Indikator dafür ist, dass man keine Lösungskompetenz mehr dort zu sehen vermag, wo sie eigentlich sein sollte: bei den Regierenden.

Dabei sollte man doch an der Entstehungsgeschichte des Grundgesetzes, aber auch an Institutionen wie der UN oder dem Internationalen Strafgerichtshofs in Den Haag, an der allgemeinen Erklärung der Menschenrechte und an der Genocide Convention sehen, dass es ein Fehler ist, normative Regulierungen immer erst nach der Katastrophe einzuführen. Immer handelt es sich um Leitbilder und institutionelle Arrangements, die *nach* dem Zusammenbruch der Zivilisation gefunden und eingeführt werden. Im Augenblick befinden wir uns vor der nächsten großen Katastrophe – für nicht wenige, in der Ukraine, im Sudan, im Jemen, hat sie längst schon begonnen.

Mein bescheidener Vorschlag an die Politik wäre: Entwickelt ein Leitbild, das die Katastrophe vermeidet. Vorher rettet man einfacher als hinterher.

Von der Politikerpolitik zur Politik der Teilhabe

Politikerin oder Politiker zu sein, ist kein Beruf. Man kann dafür keine Ausbildung machen, es gibt keinen Studiengang, kein Curriculum, kein Diplom. Das liegt daran, dass Politik im emphatischen Sinn in einer Demokratie die Sache aller ist, und in einer parlamentarischen Demokratie wählen der Idee nach Bürgerinnen und Bürger andere Bürgerinnen und Bürger, die ihre Auffassungen für eine Zeit repräsentieren und ihre Interessen vertreten. In diesem Sinn wählt man eigentlich keine »Politiker«, aber in der Parteiendemokratie hat sich gleichwohl eine Berufsständigkeit im Politischen herausgebildet, was sich etwa daran ablesen lässt, dass Menschen, die ohne Parteizugehörigkeit in ein Ministeramt berufen werden, als »Seiteneinsteiger« gelten. Und übrigens in der Regel schnell scheitern, weil sie die internen Spielregeln des Politikbetriebs nicht kennen. Die kennt man nur, wenn man in einer Partei Karriere gemacht hat, was in der Regel in den Jugendorganisationen beginnt.

Politikerin oder Politiker ist man also nach einem spezifischen Sozialisationsprozess, und das wirft die Frage auf, ob die Auslese, die in einer Parteisozialisation stattfindet, auch für die Demokratie eine Bestenauslese ist. Man wird sagen können, dass Phänomene wie die Repräsentationslücke, die Konditionierung auf Strategien, wie dem politischen Gegner zu schaden ist oder wie innerparteiliche Konkurrenz ausmanövriert wird, und wie man Netzwerke, Abhängigkeiten und Seilschaften bildet, eng mit der Entwicklung der Parteiendemokratie in Deutschland verbunden sind. Deshalb müssen die Parteien für die Wiedergewinnung jener moralischen Substanz für Politik und Gesellschaft, von der Ernst-Wolfgang Böckenförde sprach, ihre Rekrutierungsverfahren dringend prüfen und modernisieren. Hier bedarf es, strukturell ähnlich wie im Medienbetrieb, einer selbstreflexiven Anstrengung, wenn man nicht möchte, dass die Distanz zwischen Politik und Bürgergesellschaft weiter anwächst.

Wenn man das Potenzial für ein solches internes Update der Rekrutierungsweisen gering einschätzt, sollte man darauf setzen, dass es modernisierende Einflüsse von außerhalb des Betriebes gibt, die neue Themen aufbringen und auch zunehmend Druck auf interne Prozesse machen. Beispiele dafür sind etwa Forderungen nach Diversität oder Quoten, die Entstehung neuer Parteien aus Protestbewegungen heraus, die – wie die Grünen in ihren Anfangszeiten gezeigt haben – nicht nur inhaltlich neue Themen definieren, sondern auch andere moralische Kriterien für Zugehörigkeiten und Verfahren entwickeln (wie seinerzeit etwa das Rotationsprinzip u. Ä.). Und schließlich sind es die Protestbewegungen selbst, die Themen auf die politische Agenda setzen können, die der Politikbetrieb lieber vermieden hätte. In diesem Sinn sind soziale Bewegungen immer Modernisierungsbewegungen für eine ansonsten in Beharrung und Trägheit steckende Gesellschaft, und selbstverständlich wäre die Bundesrepublik ohne die Frauenbewegung, die Ökobewegung oder die Fridays for Future noch rückständiger, als sie es heute ist.

Neben solchen in der Zivilgesellschaft selbst hervorgebrachten Modernisierungsimpulsen, die natürlich auch aus

Bürgerinitiativen, Bündnissen unterschiedlicher Art, aus Stiftungen, aus der Publizistik und aus dem Kulturbetrieb kommen, ließen sich aber auch einfache Regelungen schaffen, die den Betrieb verflüssigen – etwa ein Wiederwahlverbot für Abgeordnete. »Abgeordneter zu sein, wäre dann kein Beruf mehr, sondern eine einmalige bürgerliche Ehre. Das hätte zwei schlagende Konsequenzen: Einerseits könnten sich keine dauerhaften Seilschaften mehr entwickeln, wie sie heute in Parteien beim Gerangel um die Posten üblich sind. [...] Und vielleicht noch wichtiger: Durch die Beschränkung auf eine einzige Wahlperiode wären die Abgeordneten ab dem Tage ihrer Wahl völlig unerpressbar und tatsächlich unabhängig. Es gäbe für sie durch politisches Wohlverhalten gegenüber Parteiführung und Regierung nichts mehr zu gewinnen.«[142]

Es gibt aber auch institutionelle Formen, den Politikbetrieb zu ergänzen und womöglich aus dem Status der bürgerfernen Starrheit zu befreien. Hier kommt sofort in Betracht, dass es neben der sogenannten Spitzenpolitik ja die Landespolitik und vor allem auch die kommunale Politik gibt, und je weiter man in den Gliederungen »vor Ort« geht, desto weniger starr und weniger distanziert werden die politischen Verhältnisse. Auch in dieser Hinsicht erweist sich die durch das Grundgesetz vorgegebene föderale Ordnung als Mittel der Erstarrungsverhinderung, und man kann sie durchaus ergänzen um Institutionen, wie sie zunehmend nicht nur diskutiert, sondern auch ausprobiert werden.

Besonders prominent erscheinen hier die »Bürgerräte«, in denen per Los ausgewählte Bürgerinnen und Bürger unter Beratung von Expertinnen und Experten zu bestimmten Themen Meinungen bilden und Vorschläge entwickeln, die dann an die parlamentarischen Gremien als Empfehlung gegeben werden. Berühmt und gern zitiert ist etwa die Bürgerversammlung, die 2016 in Irland eingesetzt wurde und an zwölf Wochenenden innerhalb von anderthalb Jahren Empfehlungen zu Fragen des Schwangerschaftsabbruchs, zum Klimawandel und auch zu Volksabstimmungen entwickelte. »Die Empfehlungen wurden anschließend von einem Ausschuss aus Politikern beider Kammern des Parlaments beraten. Der Ausschuss sprach sich für ein Referendum aus, bei dem die Bürger über die von der Bürgerversammlung vorgeschlagene Liberalisierung des Schwangerschaftsabbruchs abstimmen konnten. Dieses Referendum fand im Mai 2018 statt, und eine Mehrheit von 66,4 Prozent votierte für die Liberalisierung. Das Beispiel zeigt, dass Bürgerräte die Chance eröffnen, die Debatte über ein bestimmtes Thema zu versachlichen und praktische Lösungsmöglichkeiten zu entwickeln.«[143]

Vorgänger solcher Bürgerräte waren seit den 1970er Jahren lokale Bürgerforen und Bürgerdialoge, oder etwa die Bewegung des »advocacy planning« in der Stadtplanung.[144]

In Deutschland hat es 2021 einen ersten Versuch der Installierung eines Bürgerrates zu Fragen des Klimaschutzes gegeben, und am 10. Mai 2023 hat der Bundestag die Einsetzung eines Rates von 160 per Zufallsprinzip ausgewählten Mitgliedern ab 16 Jahren beschlossen, der sich Fragen der Ernährung widmen soll. In beiden Fällen ist die Frage, ob und wie die Empfehlungen tatsächlich in politische Entscheidungsfindungsprozesse eingehen, aber man sieht, es kommt Bewegung in die Sache. Ob weitergehende Überlegungen zu einer »Kammer« neben dem gewählten Parlament, in der per Los ausgewählte Personen über politische Fragen beraten oder sogar mitentscheiden, irgendwann realisiert werden, steht dahin – auf jeden Fall zeigt die Entwicklung, dass Formate einer verbesserten Teilhabe der Bürgerschaft an Politik in einer gewissen Breite erwünscht sind und ausprobiert werden.

Das kann durchaus zur notwendigen Verflüssigung des politischen Betriebs beitragen und auch aufseiten der Zivilgesellschaft das Interesse an Teilhabe stärken – aus der Forschung weiß man, dass Menschen in vielen Fragen einen »Prozessnutzen« dem schieren »Ergebnisnutzen« vorziehen. Das heißt, sie halten Ergebnisse, an denen sie in irgendeiner Weise mitgewirkt haben, für wichtiger als die, die nur »geliefert« wurden.[145] Deshalb gelten die direktdemokratischen Elemente im parlamentarischen System der Schweiz immer auch als Übungen in Demokratie und Beteiligung, während die Partizipation andernorts sich auf Kreuzchen bei Landtags-, Bundestags- und Europawahlen beschränkt.

Gerade die Nachkriegsgeschichte der Bundesrepublik macht aber klar, dass eine solche institutionalisierte Teilhabe als Aspekt politischer Kultur wichtig sein mag, den Parlamentarismus aber auf keinen Fall ersetzen kann. Forderungen nach einem »Gesellschaftsrat« mit politischen Entscheidungsbefugnissen, wie sie die Bewegung Letzte Generation aufstellt, sind sehr problematisch, weil sie erstens der Idee folgen, dass Wissenschaft Politik nicht informieren, sondern leiten sollte und zweitens von der irrigen Annahme ausgehen, dass ein solcher Rat schon das Richtige beschließen würde – also in diesem Fall eine angemessene Klimaschutzpolitik. Wer aber sagt, dass der Rat nicht mehr Parkraum für Stadtgeländewagen oder Kreuzfahrten für alle empfehlen würde, zum Beispiel, weil er zu dem Schluss gekommen ist, dass das Zeitfenster für eine erfolgreiche Klimaschutzpolitik geschlossen ist, weshalb man jetzt noch ordentlich Spaß haben sollte?

Tatsächlich sind, wie der Protestforscher Dieter Rucht ausführt,[146] die Gesellschafts- und Bürgerräte mit einer Reihe systematischer Probleme belastet: Sie können erstens nicht repräsentativ sein, weil bei 160 Beteiligten die vielfältigen Merkmale unterschiedlicher Personengruppen – Alter, Geschlecht, Bildungsabschluss, Beruf, Region, Religion etc. – nicht abzubilden sind. Zweitens, so Rucht, »ist fraglich, wen man wirklich zur Mitarbeit im Gesellschaftsrat gewinnen würde. Erfahrungsgemäß liegt die Quote der Ablehnungen bei derartigen Anfragen bei über 90 Prozent. Zusagen kommen eher von jenen, die politisch stark interessiert sind, die gern viel reden, genug freie Zeit und bereits eine klare Meinung zum angefragten Thema haben. Solche Personen dominieren trotz aller Bemühungen um Repräsentativität die Zusammensetzung und die Diskussionen von Bürgerräten, was in der meist sympathisierenden Begleitforschung zu solchen Gremien allenfalls angedeutet wird.«

Drittens hängt viel von der begleitenden Expertise und deren Breite ab, viertens wird die wiederum von anderen Leuten als jenen im Bürgerrat ausgewählt, und schließlich, so Rucht, »ist anzuerkennen, dass Regierung und Parlament souverän sind und bleiben. Sie können Vorschläge und Forderungen zurückweisen oder abschwächen (nicht machbar, zu teuer, nicht mehrheitsfähig).«[147]

Das alles spricht keineswegs gegen die vermehrte Nutzung dieses Instrumentes zur Verflüssigung erstarrter Wege zu Entscheidungen und Nichtentscheidungen. Insgesamt scheint mir der Schlüssel zu einer modernisierten Politik in der Bundesrepublik in der Anerkennung der demokratischen Mehrheit als Ressource für die Modernisierungsfähigkeit des Landes zu liegen, also in einer Verabschiedung des politischen Paternalismus. Des Weiteren, und damit durchaus zusammenhängend, in einer Reform der Rekrutierung von Parteinachwuchs, damit nicht immer dieselbe Typologie an den Spitzen der Parteien anzutreffen ist. Zum Beispiel ist es ja geradezu irre, dass zwischen den Reaktionen auf die Letzte Generation (»Chaoten«, »Terroristen«, »Taliban« usw.) und jenen auf Anti-AKW-Aktivisten 40 Jahr davor und wiederum vorher auf jene der 68er überhaupt kein Unterschied besteht, obwohl die Urheber der Schimpfroutinen der dritten Generation noch gar nicht auf der Welt waren, als ihre Vorgänger Rudi Dutschke und Co. beschimpften. Dieses Wiedergänger-Phänomen, man könnte es Tilmankubanismus nennen, hat auch etwas sehr Trauriges.

9. »Die« Leute

Nachdem kurz nach dem Jahresbeginn 2022 der Krieg begann und die Zeitenwende ausgerufen wurde, lösten sich bei mir so ziemlich alle Perspektiven auf, die mein politisches Denken und mein Handeln als Bürger bis dahin mit Optimismus ausgestattet hatten. Sicher, viele Bemühungen um das, was ich das »Weiterbauen am zivilisatorischen Projekt« nenne, waren zäh, der Kampf gegen den Klimawandel kam nicht voran, die soziale Ungerechtigkeit vergrößerte sich, vieles erwies sich als veränderungsresistenter, als ich hoffen wollte. Aber man kann zur Ermunterung Hans Rosling lesen, um sich zu vergewissern, was sich in den letzten Jahrzehnten auf der Welt alles verbessert hat, *Futurzwei*-Geschichten schreiben, in ein Konzert gehen oder schwimmen, sich mit Freundinnen und Freunden treffen, Pläne schmieden, sich aktiv in oder für etwas einbringen, dann geht es schon wieder. Frustbekämpfung ist auch eine Kulturtechnik, in einem kleinen Buch haben wir eine Menge sehr aktiver Leute dazu etwas schreiben lassen.[148] Wenn man in einem Land wie Deutschland aufwachsen, lernen und leben durfte, ist es überheblich, frustriert zu sein und über das Leben zu klagen.

Aber einige der Menschen, die schon Texte zu ihren Strategien der Frustbewältigung geschickt hatten, baten noch um eine Überarbeitungsmöglichkeit, nachdem Putin die Ukraine überfallen hatte. Ihnen ging es offenbar so wie mir: Viele Hoffnungen auf positive Veränderungen vaporisierten sich; man wusste, jetzt würde sich vieles gegen jene sozialökologische Transformation richten, für die wir alle arbeiteten und auf die wir alle hofften. Binnen Wochen wurde klar: Energiesicherheit, nicht Klimaschutz ist das Thema der kommenden Jahre. Verteidigung und Rüstung, nicht Frieden und schon gar nicht künftige Friedensordnungen ruft der Zeitgeist aus.

Mit Überraschung musste ich drei Phänomene zur Kenntnis nehmen. Zu allen hatte ich wissenschaftlich lange gearbeitet und wusste daher, dass sie historisch immer mal wieder vorgekommen sind, aber ich hätte nicht geglaubt, sie in meiner Realität, in meiner Lebenszeit, meiner Welt einmal live und in Farbe antreffen zu müssen – als hätte ich mich gegen mein eigenes Wissen immunisiert. Phänomen Nummer eins ist, dass zivilisatorische Fortschritte nie gesichert sind. Phänomen zwei ist, dass Menschen ihre Überzeugungen im Zeitraffer ändern können. Und drei, dass die Regression viel schneller geht als die Progression.

Der Fortschritt ist, was die wesentlichen Dinge angeht, eine Schnecke. Aber wie schnell Überzeugungen, Meinungen, Haltungen zurückfallen auf eine Stufe, die man zivilisatorisch längst schon überwunden glaubte, das erschließt sich, wenn man »Die Welt von gestern« von Stefan Zweig, »Die Geschichte eines Deutschen« von Sebastian Haffner oder die Tagebücher von Victor Klemperer liest. Alle sind sie zutiefst irritiert über die geradezu zeitrafferartig sich vollziehenden Transformationen der Wahrnehmungen, Deutungen und Einstellungen ihrer Zeitgenossen, besonders der Kolleginnen und Kollegen. Niemand hätte bis dato für möglich gehalten, dass man als Universitätsprofessor, als weltbekannter Autor oder auch als Richter innerhalb von wenigen Wochen zu einer anderen

Sorte von Menschen gerechnet werden könnte. Und dass sich zu dem frappierend schnellen und radikalen Vorgang der Ausschließung, wie ihn etwa jüdische Deutsche gleich zu Beginn des Jahres 1933 erlebten, gar kein Protest regt, keine Hand hebt. Sondern alle, auf die man sich zivilisatorisch verlassen hatte, ihren Modus finden, die »neue Zeit« mit ihrem persönlichen Verhalten in Gleichklang zu bringen – am Schlimmsten noch, indem sie denjenigen, die sie aus dem Universum ihrer Verbindlichkeit kicken, ihr Bedauern und Verständnis ausdrücken.

Ich nenne dieses Phänomen »shifting baselines«,[149] die rasend schnelle normative Anpassung an veränderte oder als verändert nur wahrgenommene Verhältnisse. Die menschliche Lebensform bezieht ihre Überlebenstauglichkeit aus einer unglaublichen Anpassungsfähigkeit an die unterschiedlichsten Umweltbedingungen, und das geht damit einher, dass es insbesondere im Prozess der sich vollziehenden sozialen Veränderungen für die Wahrnehmung keine Referenzpunkte zu geben scheint, die markieren: »Gerade war das, was du jetzt denkst, fühlst, erwartest, für dich noch tabu, undenkbar, ja unfühlbar. Das ist eine Wendung um 180 Grad!« Im Gegenteil: So, wie man jetzt die Sache sieht, erscheint es als das Natürlichste, und im Grunde ist man schon immer so gewesen. Das gilt naturgemäß für die Zugehörigen, die meist auch Profiteure der »neuen Zeit« sind. Wer als Ausgegrenzte die Vorgänge von der anderen Seite her erlebt, an den Rand gedrängt, verächtlich gemacht und beraubt wird, hat natürlich den Referenzpunkt klar vor Augen: als man seinen Schreibtisch räumen musste, als man zum ersten Mal geschlagen wurde, als sie einen von der Schule warfen.

Historische Beispiele für shifting baselines gibt es zuhauf.

Wenn man sich das Jahr 1914, als der Erste Weltkrieg begann, ansieht, stellt man fest, wie schnell sich die Auffassungen, Einstellungen und Überzeugungen wandelten, auch oder gerade aufseiten der Intellektuellen. So ging es im Sommer 1914 aus deutscher Sicht zunächst nicht um territoriale Eroberungen, sondern eher um antizipierte Ängste vor den jeweils anderen: »Jede der Mächte wollte die Gelegenheit ergreifen, bevor der Feind es tat« (Ian Kershaw). Paradoxerweise trat man also einen Krieg nicht deshalb los, weil man ihn wollte, sondern weil man nicht bereit war, den Frieden zu sichern. In der Dynamik der ersten Augusttage vollzog sich dann rasend schnell die Ausweitung eines eigentlich regionalen Konfliktes zum Weltkrieg, dessen Dimension zu diesem Zeitpunkt niemand der verantwortlichen Akteure vorhersah.

Was dann im Verlauf des Kriegs geschieht, ist nicht einfach Ergebnis von vorab feststehenden Absichten oder gar Strategien, sondern verdankt sich jener durch Kriegsgewalt immer entstehenden Gemengelage von Aktion und Reaktion, sich radikalisierenden Feindbildern und eskalierendem Mitteleinsatz, von Kriegswirtschaft und tausendfachem Sterben. Und eben einer sukzessiven Veränderung von Wahrnehmungen, Absichten und Strategien, wenn er denn seine Dynamik entfaltet, der Krieg. So ging es im Sommer 1914 aus deutscher Sicht zunächst nicht um territoriale Eroberungen, aber schon im Frühjahr 1915 kursierten eine Menge »Denkschriften«, welche Annexionen, besonders im Osten Europas, vorzunehmen seien, inklusive der Vertreibung lokaler Bevölkerungen. Und derlei war keineswegs beschränkt auf radikale Kreise; eine dieser Denkschriften listet etwa Albert Einstein, Max Planck sowie Max und Alfred Weber als Unterzeichner. Nicht nur Zielsetzungen sind im Krieg moving targets, die im

Prozess entstehen. Ebenso verändern sich die Einstellungen, Stimmungen und Forderungen der Akteure und treiben in Richtungen, die ursprünglich gar nicht zur Debatte standen.

Und wenn wir von hier aus in die Gegenwart des Ukrainekrieges blenden, ist es schon bemerkenswert, dass man zu Beginn des Krieges seine möglichst schnelle Beendigung als vordringlichstes Ziel formulierte, aber schon etwa zwei Monate später als Common Sense ausgab, dass die Ukraine »gewinnen« müsse. Zugleich wurde die politische Rede beständig aufgerüstet (»Völkermord«, »Vernichtungskrieg«, »Soldateska« usw.), und die Dringlichkeit von Waffenlieferungen in stetiger Steigerung gegenüber Abwägung radikal aufgewertet. Begriffe wie »Tapferkeit«, »Vaterland«, »Held« usw. usf. kamen plötzlich wieder in Mode.

Zur Erinnerung: In vielen westlichen Ländern herrschte bis zum 24. Februar 2022 ein zum Teil ins Bizarre ausfransender Krieg um korrekte Sprache, in der um Gottes willen auch nicht die allergeringste Spur von real existierender Gewalt mehr aufscheinen durfte. Student*innen forderten Triggerwarnungen und begannen, Referate zu halten, in denen unbesorgt um jede historische Tatsache etwa von »Sklavenhalter*innen« die Rede war, und bildeten jederzeit sprachkampfbereite Einsatzgruppen, wenn jemand etwas aus ihrer Sicht Falsches sagte, schleiften Heldendenkmäler und attackierten toxische Männlichkeit – und nun, von einem Tag auf den anderen, gab es plötzlich männliche Kriegshelden, die Titel wie »Widerstandsikone« oder »Freiheitsheld« verliehen bekamen. Und nicht nur das: Die Medien brachten anfangs ohne Unterlass Berichte von wehrlosen Frauen und Kindern, die weinend in Sicherheit gebracht wurden, während die Männer sich mannhaft die Tränen aus den Augen wischten und an die

Front gingen. Nirgends von der Genderfront hörte man auch nur die Frage: »Moment mal, was sind denn das für Rollenbilder, die hier gefeiert werden? Ist gerade 1914?«

Als die größten Anpasser an »neue Zeiten« erweisen sich übrigens regelmäßig – 1914, 1933 und später in allen Revolutionen – die Intellektuellen. Sie haben ja, da sie keine Tische oder Stühle herstellen, Häuser errichten oder sonst etwas Reales schaffen, keinen Anker in einer materiellen Welt und wissen instinktiv, dass ihr Wohl und Wehe abhängig ist von der Gunst der Mächtigen. Deshalb sind sie die Ersten auf der anderen Seite, und noch kein Reichssicherheitshauptamt, keine Reichsschrifttumskammer, keine Stasi und keine Zensurbehörde hat je unter Fachkräftemangel gelitten. Selbst die Nazis rümpften die Nase über all die »Märzgefallenen«, die sich nur ein paar Wochen nach der »Machtergreifung« vor lauter nationalsozialistischer Überzeugung kaum einkriegen konnten und scharenweise in die Partei eintraten. Selbst unter viel harmloseren, demokratischen Verhältnissen sieht man in Tagen von sogenannten Zeitenwenden Fälle von Opportunismus, die bemerkenswert sind.

Ein anschauliches Beispiel aus der Jetztzeit liefern die Altlinken Daniel Cohn-Bendit und Claus Leggewie, die den jungen Aktivistinnen und Aktivisten von Fridays for Future am 21. Februar 2023 mitteilen zu müssen meinten, dass sie alle Klimaziele vergessen könnten, wenn Putin nicht wirksam bekämpft werde. Ergo: »Die alte Friedensbewegung ist tot, es lebe die neue.«[150] Frieden schaffen mit Waffen, dekretierten die beiden ehemaligen Ökopaxe in geradezu obszöner Geschmeidigkeit an den regressiven Zeitgeist.

Ein anderes Exempel bietet, nicht als Intellektueller, sondern als Politiker, der CDU-Abgeordnete Wadephul, den die

Ökonomie der Aufmerksamkeit seit dem Beginn des Ukrainekriegs bis in die Talkshows gespült hat, wo man ihn zuvor nie gesehen hatte. Wadephul hat sich gleich zum Hardliner gegen Putin erfunden und fiel schnell durch markige Stellungnahmen auf. Lustigerweise hatte wohl der Praktikant in seinem Abgeordnetenbüro aber übersehen, dass jetzt die Zeitenwende ausgebrochen war, weshalb man noch im April 2022 auf Wadephuls Homepage als Ziele seines politischen Wirkens unter anderem lesen konnte: »die Verbesserung der Beziehungen zu Russland und Weißrussland«.

Der längst seines Lehrstuhls beraubte und durch die Nazis in vielerlei Bedrängnisse getriebene Victor Klemperer, der ausführlich die neuen Verhältnisse und Verhaltensweisen ab 1933 protokolliert, notiert am 16. August 1936: »Wenn es einmal anders käme und das Schicksal der Besiegten läge in meiner Hand, so ließe ich alles Volk laufen und sogar etliche von den Führern, die es vielleicht doch ehrlich gemeint haben könnten und nicht wußten, was sie taten. Aber die Intellektuellen ließe ich alle aufhängen, und die Professoren einen Meter höher als die andern; sie müßten an den Laternen hängen bleiben, solange es sich irgend mit der Hygiene vertrüge.«[151]

Es dauerte damals dann noch fast neun Jahre, bis es endlich anders kam, und wohin sich dann die Intellektuellen und Professoren sortierten, ist eine Frage, die hier nicht weiter verfolgt werden kann. Interessant ist aber Klemperers Unterscheidung zwischen »alles Volk«, das er aufgrund fehlender Urteilsfähigkeit (»nicht wußten, was sie taten«) nicht zur Rechenschaft ziehen würde, und den Eliten, die er deutlich für schuldig an dem gegenmenschlichen Projekt sieht, das er erleidet.

Tatsächlich weiß man ja in der Regel wenig Gesicher-

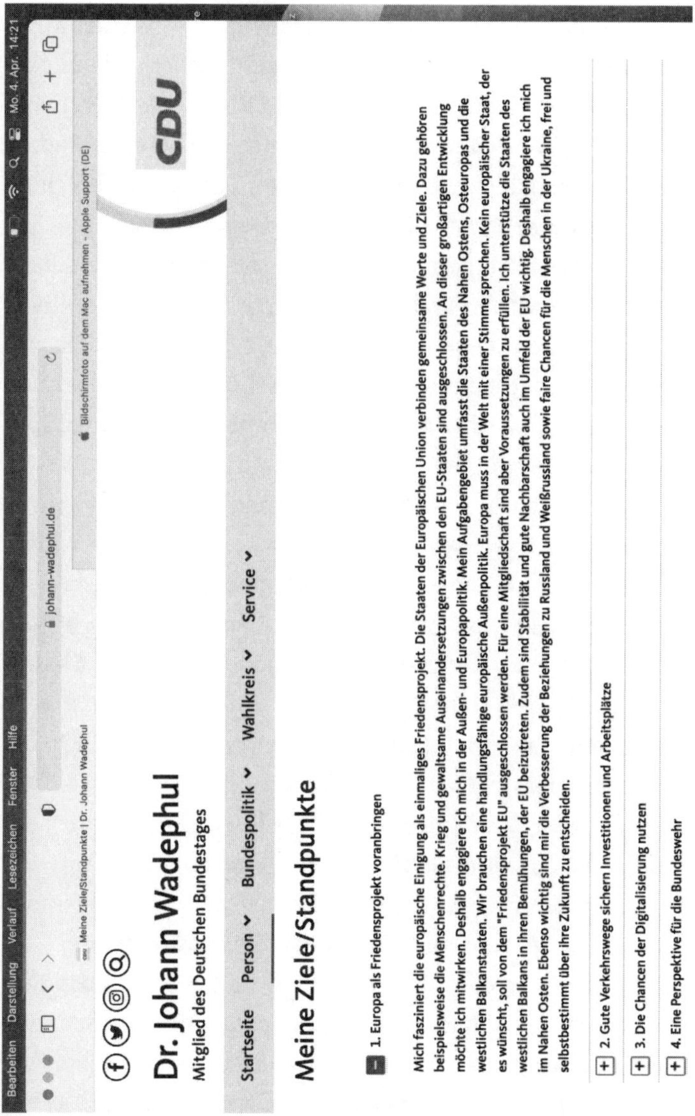

Abb. 12: Das Versagen des Praktikanten im Büro Wadephul. Screenshot vom 4. April 2023.

tes darüber, was »das Volk«, was »die Leute« so denken und welchen Reim sie sich auf das machen, was geschieht. Für eine Mentalitätsgeschichte des »Dritten Reiches« gibt es eine Menge Material – Tagebücher wie von Klemperer, das »Echolot« von Walter Kempowski, eine Menge historischer Studien zur Alltagsgeschichte, zur Kultur, zum Rettungswiderstand, Autobiographien und nicht zuletzt Gerichtsakten und Dokumente aller Art. Regelmäßig zeigt sich, dass das wirkliche Leben bunter und vielfältiger ist, als die Schemata des Rückblicks vermuten lassen – da gab es KZ-Kommandanten wie Erwin Dold, der »seine« Häftlinge geschützt und gerettet hat, diverse gläubige Christen, die das Tötungsverbot wegdisputierten, und Ärztinnen und Ärzte, denen die Gelegenheit zu Menschenversuchen in den Lagern und in den Euthanasieanstalten hochwillkommen war – um der Forschung willen. Es gab die Gemüsehändlerin, die Klemperer etwas zusteckte, und die polnische Bauernfamilie, die über Jahre jüdische Verfolgte versteckte. Genauso gab es diejenigen, die die »Chance der unbestraften Unmenschlichkeit« (Günther Anders) gern ergriffen und mit Freude den Hausrat der deportierten Juden erwarben, der am Hamburger Kamerunkai ganz legal angeboten wurde. Oder solche wie Josef Neckermann, einer der Helden der bundesrepublikanischen Konsumgesellschaft, der sein Unternehmen der jüdischen Familie Joel für einen Spottpreis abkaufte, den er aber nie vollständig entrichtete.

Wir haben in einer Untersuchung zu den politischen Einstellungen der deutschen Wehrmachtssoldaten darstellen können, dass es unter ihnen rund zehn Prozent dezidiert politisch überzeugte Nationalsozialisten gab, aber auch einen nicht unerheblichen Teil Gegner des Regimes.[152] Die große Masse dazwischen war unpolitisch, glaubte vielleicht parareligiös an den »Führer«, hatte aber wenig Ahnung davon, was Politik ist, wie ein Staat gegliedert ist, was Institutionen sind usw. – nicht viel anders als heute. Viele Menschen wissen zum Beispiel nicht, wer die Bildungsministerin ihres Bundeslandes oder der Staatssekretär im Umweltministerium ist. Der ehemalige *Spiegel*-Redakteur Jan Fleischhauer hat auf diesen Sachverhalt einmal hingewiesen, als alle Welt sich wunderte, dass die SPD sich mit Martin Schulz zu 100 Prozent Zustimmung einen Parteivorsitzenden gewählt hatte und die Partei daraufhin in der Sonntagsfrage (»Welche Partei würden Sie wählen, wenn nächsten Sonntag …«) auf 33 Prozent schoss. Bekanntlich verlor die SPD die Wahl elf Monate später krachend, was Fleischhauer zutreffend darauf zurückführte, dass die Leute zur Kenntnis genommen hatten, dass da jemand Neues an der Spitze der Partei war, und das gut fanden. Mehr aber nicht. Martin who? Schwupps schlägt sich das in einer Umfrage nieder, was aber für die Wahlergebnisse später wenig heißt.

Schwer zu sagen also, wer eigentlich »die Leute« sind und was sie denken. Genauer gesagt: was sie wann unter welchen Umständen wozu denken. Denn Einstellungen und auch Überzeugungen werden unterschiedlich artikuliert, je nachdem, mit wem und zu welcher Gelegenheit man gerade mit jemandem darüber spricht. Einstellungen liegen nämlich nicht wie in einem Archiv vor, sondern werden in sozialen Situationen ausprobiert, akzentuiert, überdacht, modifiziert. Sie sind, deshalb gibt es überhaupt Wendehälse, meist nichts Statisches, sondern flexibel zusammensetzbare Mosaike, die man – wenn man die Mentalität einer Bevölkerung erfassen will – allenfalls zu Mustern und Milieus aggregieren kann.

Das bekannteste und für viele sozialwissenschaftliche oder

marktforscherische Zwecke verwendete Muster bilden die sogenannten Sinus-Milieus, die die Bevölkerung nicht nach Einkommen, Alter oder Geschlecht unterteilen, sondern nach soziokulturellen Zugehörigkeiten. Dabei unterscheidet man vier Milieugruppen – Leitmilieus mit 33 Prozent, Zukunftmilieus mit 18 Prozent, Moderner Mainstream mit 29 Prozent, Traditioneller Mainstream mit 21 Prozent. Diese Leitmilieus werden wiederum differenziert nach Einzelmilieus wie »neoökologisch« (8 Prozent) oder »nostalgisch-bürgerlich« (11 Prozent). Diese Sortierung der Gesellschaft nach Milieus gibt Aufschluss darüber, dass klassische Schichtenmodelle (»Ober-, Mittel-, Unterschicht«) nicht mehr gut funktionieren – denn viele Elemente der Einstellungssyndrome in diesen Milieus liegen quer zu den Schichten. Und auch zu den Altersgruppen. Die Sinus-Milieus zeigen mithin an, was Diversität in modernen Gesellschaften meint und wie schwierig es auch für politische Parteien ist, Wählerinnen und Wähler neu zu gewinnen, zumal die Stammwählergruppen im »traditionellen Mainstream« immer kleiner werden.

Im umfassenden Sinn sind alle soziologischen Kategorisierungen nach Schichten, Milieus, Altersgruppen, Geschlecht, Abstraktionen – und es ist überhaupt nicht ausgeschlossen, dass jemand sich ihrer Herkunft nach dem Traditionellen Milieu zugehörig fühlt, zugleich aber einem postmateriellen Lebensstil frönt, trotzdem Auto fährt, das Gendern doof findet und lesbisch ist. Menschen zeichnen sich dadurch aus, widersprüchlich zu sein. Es gibt in diesem Land 84,3 Millionen widersprüchliche Menschen, davon 42,8 Millionen Frauen und 41,5 Millionen Männer. Unter diesen sind 12 Millionen »Nichtdeutsche«, 36,5 Millionen ledig, 35 Millionen verheiratet, 6,3 Millionen geschieden, 5,6 Millionen verwitwet, 15,4 Millionen jünger als zwanzig Jahre, 43,3 Millionen zwischen 20 und 60 Jahre alt, und genau 23 513 Menschen sind 100 Jahre alt und älter.[153] Eine ganze Kleinstadt voller Hundertjähriger, und selbst die differenzieren sich in Männer und Frauen, Akademikerinnen und Arbeiter, Katholiken, Atheisten usw. usf. Die Statistik der Bildungsabschlüsse hatte ich zu Anfang schon erwähnt, man könnte jetzt noch die Berufe, die Einkommen, die Wohnformen, die Kinderzahlen, die Religionsgemeinschaften, die politischen Präferenzen und vieles mehr differenzieren, und man hätte immer noch kein Bild von »den« Leuten.

Norbert Elias hat das Verhältnis der verschiedenen Einzelnen, die dieses merkwürdige Aggregat »Gesellschaft« bilden, in seiner »Menschenwissenschaft« aufzulösen versucht. »Wie ist es möglich«, fragte er 1939, »dass sich durch das gleichzeitige Dasein vieler Menschen, durch ihr Zusammenleben, ihr Ineinander-Handeln, durch ihre gesamten Beziehungen zueinander etwas herstellt, das keiner der Einzelnen, für sich betrachtet, bezweckt, beabsichtigt oder geschaffen hat, etwas, dessen Teil er ist, ob er will oder nicht, ein Gefüge interdependenter Individuen, eine Gesellschaft?«[154]

Seine lebenslang ausgearbeitete Antwort auf diese Frage war, dass die Menschen sich selbst in ihren historischen und kulturellen Umformungen der Welt jeweils spezifische Entwicklungsumgebungen schaffen, in die die nächsten Generationen hineingeboren werden und die dann für sie die jeweiligen Ausgangsbedingungen für ihr eigenes Handeln und Denken bilden. In diesem Sinn ist jedes einzelne Leben und jede Gesellschaft »anfangslos«; man setzt die eigene Geschichte immer in dem Geflecht und der Lage an, die andere zuvor gebildet und geschaffen haben.

Deshalb ist die Gesellschaft mehr als die Summe der Menschen, die sie bilden, wie überhaupt jede soziale Gruppe mehr ist als die Zahl ihrer Mitglieder. Als in jeder Hinsicht soziale Lebewesen verfertigen Menschen ihre Deutungen und Schlussfolgerungen mit Blick auf oder gemeinsam mit anderen, fungieren füreinander als Informationsträger, stellen Übereinstimmungen her oder geraten in Konflikte. Alles das bildet die Grundlage für Entscheidungen und Handlungen, und die wiederum bilden das Bedingungsgefüge für weitere Wahrnehmungen, Deutungen und Schlussfolgerungen. Die Handlungsfolgen von heute sind die Handlungsbedingungen für morgen. Aber natürlich gibt es auch unterschiedliche Logiken des Handelns – in einer Verwaltung gelten andere Rationalitäten und Routinen als in einer Familie, einer Klinik oder einer Parteizentrale.

Deshalb ist die Unterschiedlichkeit von »System und Lebenswelt«[155] (Jürgen Habermas) genauso eine soziale Tatsache wie die, dass in Demokratien regelmäßig eine mehr oder minder große Distanz zwischen Politik auf der einen und Bürgerinnen und Bürgern auf der anderen Seite beobachtet wird – sie darf aber offenbar ein bestimmtes Maß nicht überschreiten, sonst wird »Am Volk vorbei regiert«, wie etwa die Titelstory des *Cicero* vom April 2023 heißt. Funktional lässt sich eine gewisse Distanz gar nicht vermeiden – schließlich sind die politischen Repräsentanten in Regeln, Verfahren und Interessengeflechte eingebunden, die andere sind als die in einer Bäckerei, einer Schule oder einem Krankenhaus.

Allerdings lebt die Demokratie von der Fiktion, dass die gewählten Volksvertreterinnen und -vertreter den Willen ihrer Wählerinnen und Wähler in Handeln übersetzen, mithin eine gewisse Nähe und Übereinstimmung besteht zwischen den politischen Akteuren und denen, die sie vertreten. Wenn diese zu schwach erscheint, fühlen sich die Menschen nicht vertreten. Das bildet sich in Umfragen ab (vgl. S. 20) oder in Indikatoren wie etwa der Wahlbeteiligung oder auch der Zahl der Parteimitglieder – wenn diese kontinuierlich absinken, besteht Grund zur Vermutung, dass sich viele für das Politikangebot oder für Politik generell nicht interessieren oder dafür nur Geringschätzung haben. Oder umgekehrt die Politik für die Auffassungen und Präferenzen der Leute nur wenig Interesse aufbringt – und so eine Phase scheint es in Deutschland ja gerade zu geben.

Wenn man etwa die Umfragen zu klimapolitischen Maßnahmen wie einem Tempolimit oder dem Weiterbetrieb von Atomkraftwerken in Deutschland nimmt, sieht man politische Entscheidungen, die den Präferenzen der Bürgerinnen und Bürger deutlich zuwiderlaufen.[156] Dass eine große Diskrepanz zwischen der etwa hälftigen Zustimmung und Ablehnung in Bezug auf verstärkte Waffenlieferungen in die Ukraine zu verzeichnen ist, die sich weder in den Medien noch in der Politik widerspiegelt, habe ich schon gesagt (vgl. S. 176). Vergleichbare Diskrepanzen gab es während der nochmals diffuseren Entwicklung der Corona-Pandemie, wo die Mehrheitsbevölkerung jeweils aufseiten restriktiver Pandemiepolitik war – follow the science galt ihnen, den Leuten, offenbar als die gesündere Perspektive als merkwürdige Beschlüsse, wie sie auf Ministerpräsidentenkonferenzen verabredet und gleich am nächsten Tag von dem einen oder anderen wieder gebrochen wurden.

Es gibt viele Hinweise darauf, dass ein großer Anteil in der Bevölkerung gut informiert und rational orientiert ist. Das ist eine Ressource nicht nur für die Demokratie, sondern auch dafür, die Zukunft proaktiv und nicht nur reaktiv zu gestalten. Die meisten sind auch nicht so naiv zu glauben, dass sich die tiefgreifenden Veränderungen, die in diesem Jahrhundert bevorstehen, als win-win gestalten lassen – man weiß schon, dass die erforderliche Transformation auch Verlierer sehen wird. Die Vereinfachung der Antriebstechnik von Verbrennungs- zu Elektromotoren macht viel Ingenieurswissen überflüssig, die einfachere Technik macht die Produktion noch weiter automatisierbar, Arbeitsplätze werden verloren gehen, und zwar in großer Zahl.

Niemand ist in dieser Hinsicht naiv, weshalb übrigens alle Annahmen, die Menschen würden sich angesichts der Inflation und der Energiepreiskrise massenweise von der AfD vereinnahmen lassen, die schon Blütenträume von einem heißen Herbst hatte, gegenstandslos waren. Und es gibt inzwischen eine sehr kritische Position den etablierten Medien gegenüber – nicht in einem Querdenker-Sinn, sondern im Sinn des wahrgenommenen Ausschlusses differenzierter Perspektiven. Man möchte einfach nicht, und diese Haltung ist für eine Demokratie von unschätzbarem Wert, mit einer dominanten Meinung abgespeist werden, sondern hat den Anspruch auf eine vielfältige Berichterstattung, aus der man sich dann selbst eine Meinung bilden kann.

Indikatoren dafür: Trotz einförmiger – man muss schon sagen – Gülle, die über Sahra Wagenknecht und Alice Schwarzer medial nach der Veröffentlichung ihres »Manifestes für den Frieden« ausgegossen wurde, haben über 800 000 Menschen ihren Text unterschrieben. Das ist nicht trivial, denn um das zu tun, muss man sich mit dem Thema auseinandergesetzt und sich dazu eine Meinung gebildet haben und dann noch sich aktiv einbringen wollen, obwohl man weiß, dass man dafür stark kritisiert werden kann. Ähnliches gilt übrigens für die Volksabstimmung für einen konsequenteren Klimaschutz in Berlin, die zwar für die Initiatoren mit einer Niederlage ausging, an der aber mehr als 850 000 Menschen teilgenommen haben, knapp 36 Prozent aller Wahlberechtigten, was keineswegs selbstverständlich ist. Solche Zahlen weisen auf eine wache Zivilgesellschaft, die aktiv an den öffentlichen Angelegenheiten teilhat.

Interessant sind auch die Haltungen gegenüber öffentlichen Personen im Kontext des Ukrainekriegs: Ich kenne persönlich mit Ausnahme von Ulf Poschardt, dem Chefredakteur der *Welt*, keinen einzigen real existierenden Menschen in Deutschland, der das flegelhafte Verhalten des ehemaligen ukrainischen Botschafters akzeptabel fand. Vielleicht noch zu Beginn des Krieges, weil es sehr verstehbar war, dass ein Vertreter der angegriffenen Nation alles Recht der Welt hat, Forderungen zu stellen und sich darüber zu beklagen, dass diesen zu wenig nachgekommen wird. Aber den Bundespräsidenten ebenso wie den Bundeskanzler und viele andere politische Akteure zu beleidigen, das war neu und unangenehm. Niemand intervenierte; weder das Bundespräsidialamt noch die Leitmedien. In der wirklichen Welt nahm man das allgemein mit Verwunderung zur Kenntnis, in wahrscheinlich jedem anderen europäischen Land hätte man die Abberufung dieses seltsamen Botschafters verlangt.

Dass er dann mit seinen unverschämten Twitter-Anwürfen gegenüber allen, die sich erlaubten, gelegentlich nicht seiner Auffassung zu sein, auch noch die gutwilligsten Sympathisanten verprellte, konnte man zwar nirgendwo in den Leitmedien lesen, war aber in jedem Gespräch zum Thema zu hören. Dass es schließlich mit Tilo Jung jemand aus einem alternativen

Medium war, der den Botschafter seiner rechten Gesinnung überführte, und nicht die deutsche, sondern die israelische Regierung auf seine Abberufung drängte, ist ein Armutszeugnis für die Kontrollfunktion, die die Leitmedien in einer Demokratie wahrnehmen sollten. Und eine sichtbare Diskrepanz zwischen den Bewertungen eines Funktionsträgers durch Politik und Medien einerseits und die Bürgerinnen und Bürger andererseits.

Erstaunlich fiel auch das Ergebnis einer Umfrage des Allensbach-Instituts aus, in der nach der Bewertung des ukrainischen Präsidenten Selenskyj gefragt wurde: Nur 28 Prozent der repräsentativ Befragten hatten von ihm »eine gute Meinung«, 30 Prozent äußerten sich negativ. 42 Prozent zeigten sich unentschieden, was von Thomas Petersen, dem Verfasser der Studie, so interpretiert wurde: »Die Deutschen haben offensichtlich noch kein endgültiges Urteil über Selenskyj gefällt.«[157] Als empirischer Sozialforscher, der ich mal war, würde ich es auch für möglich halten, es hier mit einem Effekt sozialer Erwünschtheit zu tun zu haben – viele der Befragten zogen es vor, ihre Meinung nicht zur Kenntnis zu geben; die Antwortmöglichkeit »unentschieden« ist in einem solchen Fall eine gern gewählte Option.

Ein letztes Beispiel zur Diskrepanz von öffentlicher und veröffentlichter Meinung: die Wahlergebnisse für die FDP in den vergangenen Landtagswahlen. Seit die Liberalen Teil der Regierungskoalition sind, verfehlen sie entweder die Fünfprozenthürde und müssen in die außerparlamentarische Opposition oder sind nicht mehr Regierungspartei: Im Saarland kamen sie im März 2022 auf 4,8 Prozent, in Nordrhein-Westfalen im Mai ging es um 6,7 Punkte nach unten, auf 5,9 Prozent. In Schleswig-Holstein verlor die Partei im Mai 5,1 Punkte, runter auf 6,4 Prozent. In Niedersachsen flogen sie dann im Oktober aus dem Landtag: 4,7 Prozent. Und in Berlin hat es die Partei gleich zweimal erwischt: Bei der regulären Wahl im September 2021, die im Februar 2023 wiederholt wurde, kam sie gerade noch auf 7,1 Prozent; im Februar war es dann vorbei: unter fünf Prozent. In Bremen waren es im Mai 2023 gerade noch 5,2 Prozent.

Angesichts einer derartigen Serie von Verlusten liegt der Schluss nahe, dass die Wählerinnen und Wähler mit der Politik der FDP nicht einverstanden sind, weshalb sie ihr Kreuzchen woanders machen. In einer Umfrage vom April 2023 finden 49 Prozent der Befragten das Gebaren dieser Partei in der Regierung »destruktiv«, nur 33 Prozent konstruktiv.[158] Für die Erkenntnis, warum diese Partei nicht mehr gewählt wird, braucht man also weder tiefschürfende Analysen noch ausgefeilte Theorien. Womit aber beschäftigt sich der politische Journalismus? Er sinnt darüber nach, welche Strategien Christian Lindner daraufhin in der Regierungskoalition verfolgen wird und wie sich SPD und Grüne dazu verhalten werden – Politikerpolitik.

Man könnte vielleicht auch analysieren, dass die Leute die – wie es in einem Positionspapier heißt – von der FDP verfolgte »klare Kante […] gegen eine wachstums- und kapitalismusfeindliche Klima-Ideologie« nicht wünschen, sondern in großer Mehrheit in Sorge sind, dass der Klimawandel ihre Zukunftsaussichten beeinträchtigt und der gesellschaftliche Zusammenhalt gefährdet ist.

Laut einer repräsentativen Umfrage im Auftrag der *Welt am Sonntag* sind 68 Prozent der Befragten bereit, für den Klimaschutz Einschränkungen in Kauf zu nehmen – 43 Prozent würden weniger fliegen, 40 Prozent weniger heizen, 13 Prozent sogar ihr Auto abschaffen. In derselben Umfrage geben 51 Prozent zu Protokoll, dass sie nicht glauben, dass man den Energiebedarf auf absehbare Zeit ausschließlich mit erneuerbaren Energien decken könne.[159] Unter den größten Ängsten rangieren Naturkatastrophen und Wetterextreme auf Platz 6, autoritäre Staaten auf 7 und der Klimawandel auf 8.[160] Genauso realistisch sieht die Mehrzahl der Menschen in Deutschland ein Klima von zunehmendem Hass und von zunehmender rechter Gewalt, und sie sehen ganz konkret, wie die Folgen des Klimawandels das Ahrtal verwüsten und die Wälder in Brandenburg brennen lassen. Die das sehen, sind denkende Menschen. Sie interessieren sich nicht für den misslingenden Opportunismus der FDP, sie haben Wichtigeres zu denken und zu tun.

Ich würde gern, 34 Jahre nach den Überlegungen Hans Magnus Enzensbergers, Analysen darüber lesen, dass viele Menschen die Zukunftsprobleme, die schon in der Gegenwart präsent sind und wirken, realistisch sehen – wie man anhand der Umfragen zeigen kann – und deshalb politischen Rezepten nicht trauen, die erkennbar die Probleme nicht adressieren. Ich würde auch gern politische Interpretationen des Auftretens radikalerer Gruppierungen wie Ende Gelände oder Letzte Generation lesen, die den Befund aufnehmen, dass die meisten Bürgerinnen und Bürger die Motive der Protestierenden verstehen, ohne ihre Methoden gut zu finden. Aber was heißt das denn, dass sie die Motive verstehen? Es heißt, dass sie die Klimaschutzpolitik für unzureichend halten – laut ARD-Deutschlandtrend vom April 2023 meinen 44 Prozent der Befragten, es ginge damit zu langsam.[161] Und es heißt, dass sie sich Sorgen über die Zukunft und die fehlenden Konzepte zur Bewältigung der Probleme machen. Angesichts der Folgen des Klimawandels und der Rückkehr des Krieges im vergangenen Jahr habe ich x-mal von Menschen in der zweiten Lebenshälfte den Satz gehört: »Zum ersten Mal in meinem Leben freue ich mich, dass ich schon so alt bin.« Und der nächste Satz richtet sich auf die Aussichten der Jüngeren, die man bedauert.

Und es ist ja nicht so, dass die ungelösten und auf mittlere Sicht nicht lösbaren Probleme in Deutschland nicht von sehr vielen Menschen erlebt und erfahren würden: Das fängt bei den Wartezeiten beim Arzt oder in der Notaufnahme im Krankenhaus an, geht beim unzureichenden öffentlichen Nahverkehr und den desaströsen Erlebnissen mit der Deutschen Bahn weiter und hört bei den steigenden Preisen nicht auf. Welche Eltern können *nicht* erzählen, dass ein Kind den Schulplatz nicht in der nächstgelegenen Schule, sondern drei Stadtteile weiter bekommen hat? Welche Schule hätte *nicht* zu wenig Personal und dazu eine Menge Lehrerinnen und Lehrer *ohne* pädagogische Ausbildung? Welche Eltern kennen *nicht* Aktionen wie das gemeinsame Putzen der Schule oder gar gemeinsames Streichen von Klassenräumen?

Man kann doch aus Sicht der verantwortlichen wirtschaftlichen, politischen und medialen Eliten nicht im Ernst darauf vertrauen, dass die Leute trotz aller kontinuierlich gewachsener Dysfunktionalitäten in so basalen Bereichen der Daseinsvorsorge wie der Schule oder der Bahn denken, dass im Großen und Ganzen alles gut sei und dass die Kompetenz und Kapazitäten der Administration dafür ausreichen werden, zu korrigieren, was gegenwärtig nicht funktioniert. Im Gegenteil: Fast überall, wo man hinschaut, zeigt sich der Befund, dass die Probleme nicht gelöst sind, ja dass auch keine wenigstens langfristig wirksamen Lösungsstrategien in Sicht sind. Wenn man liest, dass der »Deutschlandtakt« bei der Bahn komplett im Jahr 2070 eingeführt werden wird und ein Standort für das Atommüllendlager im schlimmsten Fall für das Jahr 2068 angepeilt wird, oder dass die Bundeswehr zwar 12 000 Beschäftigte im Beschaffungsamt in Koblenz, aber im Verteidigungsfall Munition nur für zwei Tage hat, dann darf man von einer gewissen Entrückung der Verantwortlichen in Bezug auf schlichte Notwendigkeiten sprechen.

»Das Gefühl«, schreibt die Philosophin Eva von Redecker, »einer einstürzenden Welt ist omnipräsent. In dieser phänomenal reichen Gesellschaft, inmitten all dieser Technik und Kompetenz, gibt es nirgends mehr Reserven. Ein paar Jahrzehnte Privatisierung, Effizienzsteigerung und Finanzialisierung, und plötzlich ist alles marode.«[162]

Was ist es eigentlich für ein Befund, wenn zwei Drittel der Menschen glauben, dass es »künftigen Generationen in Deutschland schlechter gehen« wird?[163] Das heißt, dass man den Bewältigungskompetenzen der politischen Klasse angesichts der sich zeigenden Probleme nicht vertraut – und Vertrauen ist die Währung der Demokratie. Man nimmt mit Bedrückung oder mit Achselzucken zur Kenntnis, dass die Tafeln relativ immer weniger Bedürftige versorgen können. Man sieht irritiert oder gleichgültig, wie die Pflegekräfte aufgeben und der wissenschaftliche Nachwuchs abwandert. Und natürlich haben die Menschen den beschämenden Abzug aus Afghanistan gesehen und den tiefen Diener von Robert Habeck vor dem Emir, der das Gas hat. Sie fanden mehrheitlich die Fußball-WM in Katar gruselig, und nicht nur, weil die deutsche Mannschaft so schlecht war.

Kurz: Sie sehen allenthalben diese große Diskrepanz zwischen dem artikulierten Anspruch der politischen Eliten, die

Dinge im Griff zu haben und rational zu steuern, und einer Realität, die sich diesen Ansprüchen mehr und mehr verweigert. Und sie denken sich dazu vieles, meist aber nichts Radikales: Denn das ist ja die wirklich gute Nachricht, dass von einer kollektiven Abwendung vom Staat und von der Demokratie in Deutschland großmaßstäblich noch keine Rede sein kann. Obwohl sie mit Recht den Verdacht hegen, in der Politik nicht mehr so richtig vorzukommen, die Leute.

Das Vertrauen in die Politik sinkt so kontinuierlich ab, dass sogar die Bundestagspräsidentin sagt: »Es stimmt etwas nicht zwischen Teilen der Bürgerschaft und dem demokratischen System.« 66 Prozent, also zwei Drittel der Deutschen sind einer Umfrage zufolge damit zufrieden oder sogar sehr zufrieden, wie die Demokratie in Deutschland funktioniert, 33 Prozent nicht sehr oder überhaupt nicht.[164] Wir sehen dabei allerdings einen kontinuierlichen Anstieg der Unzufriedenen – 2018 lag er noch bei 25 Prozent.

Eine neue Studie der Friedrich-Ebert-Stiftung kommt auf dramatischere Werte: Hier sind nur 46,6 Prozent der repräsentativ Befragten der Auffassung, dass die Demokratie alles in allem sehr oder ziemlich zufriedenstellend funktioniere. Die Zufriedenheit korreliert mit dem Einkommen und der sozialen Schicht: »Unter den niedrig Gebildeten, den sich selbst der Unter- oder Arbeiterschicht Zurechnenden und den Nichterwerbstätigen erklärt sich sogar jede_r Vierte als mit dem Funktionieren der Demokratie überhaupt nicht zufrieden, unter den Befragten mit dem niedrigsten Haushaltsnettoeinkommen immerhin jede_r Fünfte. Insgesamt zu einem negativen Urteil bezüglich des Demokratiefunktionierens kommen bei den niedrigen bis mittleren Bildungsgraden rund 60 Prozent, unter den Nichterwerbstätigen 65,3 Prozent, unter den Einkommensschwachen 67,1 Prozent und in der Unter- und Arbeiterschicht sogar 70 Prozent.«[165]

Das sieht aus, als würden diejenigen, die in dieser Gesellschaft – aus welchen Gründen auch immer – am schlechtesten wegkommen, auch das geringste Vertrauen in die Demokratie haben. Wenn man diesen nicht überraschenden Befund herunterbrechen würde auf die tatsächlichen Lebenslagen und Probleme, könnte das damit zu tun haben, dass die Gesellschaft diesen Gruppen auch mit einem institutionellen Handeln gegenübertritt, das sie als wenig vertrauensbildend erleben. Erzählungen dazu gibt es eine Menge; umgekehrt natürlich auch die Erzählungen von Mitarbeiterinnen und Mitarbeitern etwa der Bundesagentur für Arbeit oder der sozialen Dienste, die von Schwierigkeiten mit einem Teil ihrer »Kunden« berichten.[166]

Mit anderen Worten: Die Integrationsfunktion des freiheitlichen Staates nimmt nach unten hin ab. Dieses Phänomen spiegelt sich auch im Institutionenvertrauen, das ohnehin nicht allzu groß scheint: Es liegt in Bezug auf die Bundesregierung bei 40,1 Prozent, auf den Bundestag bei 46 Prozent und auf die Parteien bei 22,5 Prozent. Der Justiz hingegen vertrauen 66,8 Prozent, den Universitäten und der Forschung 83,3 Prozent und den Nichtregierungsorganisationen sogar noch 55 Prozent.[167]

Auch diese Werte korrelieren stark mit der sozialen Schicht – in Bezug auf die Institutionen der parlamentarischen Demokratie – Regierung, Bundestag, Parteien – spricht die Forschungsgruppe von einer »Entfremdung«, die so in den anderen gesellschaftlichen Gruppen nicht anzutreffen ist. Ostdeutschland weist Vertrauenswerte auf, die vier bis sechs Prozent unter dem Durchschnitt liegen – aus meiner Sicht hängt dieser Befund mit der viel längeren Diktaturerfahrung zusammen, die im Osten von 1933 bis 1989 reichte und für andere Generationenprägungen sorgte als im Westen. Aber das ist umstritten; alle paar Jahre wird wieder ein Bestseller über die Deklassierungserfahrungen der »Ossies« nach der Wende geschrieben (warum einer darum die AfD wählen muss, hat mir aber noch keiner erklärt).

Für meine Frage nach der Distanz zwischen Regierenden und Regierten ist aber weit bedeutsamer, dass die Politikerinnen und Politiker aus der Sicht der Befragten der Leipziger Studie kein gutes Bild abgeben. »Sie sollten angeben, ob sie diesen voll und ganz, eher, eher nicht oder überhaupt nicht zustimmen. 88,6 Prozent der Befragten sind der Meinung, dass Politiker_innen mehr versprechen, als sie halten können; 55,8 Prozent der Befragten stimmen dieser Aussage sogar voll und ganz zu. Lediglich eine kleine Minderheit (11,4 Prozent) widerspricht der Aussage, wobei allerdings nur 2,8 Prozent bekunden, dass sie überhaupt nicht zustimmen.«[168]

Dass Politiker »immer nur bis zur nächsten Wahl« denken, sehen 84,3 Prozent der Befragten so – ein Wert, der spiegelt, dass der politischen Klasse übergeordnete gesellschaftspolitische Leitbilder kaum noch unterstellt werden. Man könnte das auch so formulieren, dass mehr als vier Fünftel der Deutschen ihren Politikerinnen und Politikern kaum Motive unterstellen, die langfristig über deren eigene, wegen der Wahlzyklen kurzfristige Interessen hinausgehen. Das spiegelt sich wiederum darin, was in der Studie »Responsivität« genannt wird, also dem Gefühl, ob man sich um die Sorgen der Menschen kümmert oder nicht: Drei Viertel der Befragten sehen das nicht. 57 Prozent glauben nicht, dass die Politikerinnen und Politiker das Beste für ihr Land im Sinn haben.[169]

Umgekehrt glauben das immerhin 43 Prozent doch, so dass das Vertrauen darin, dass auch überpersönliche Ziele verfolgt werden, nicht fundamental verschwunden ist. Aber dies alles liefert doch deutliche Hinweise darauf, dass die gegenwärtige Regierung ein hohes Risiko eingeht, wenn sie vorführt, dass das Agieren nach den Klientelinteressen der jeweiligen Regierungsparteien die Entscheidungen dominiert – und dies sogar in Krisenzeiten. Man konnte das ja an dem unglaublichen Quatsch zu Beginn der Energiepreiskrise 2022 sehen, als die SPD das Energiegeld »bekam«, die Grünen das 9-Euro-Ticket und die FDP den Tankrabatt. Das ist genauso wenig eine auf das Gemeinwohl gerichtete Regierungspolitik wie das wahrlich absurde Theater um das Gebäudeenergiegesetz.

Am klarsten hat das eher geringe Interesse am Wohl der Allgemeinheit die Außenministerin Annalena Baerbock formuliert, als sie ihr Eintreten für die Ukraine auf einem Panel anlässlich eines Außenministertreffens am 31. August 2022 in Prag als bedingungslos erklärte – »egal, was meine deutschen Wähler denken«. Bemerkenswerterweise wurde dieser wahrlich skandalöse Satz in den Leitmedien völlig heruntergespielt, wobei ihnen paradoxerweise zu Hilfe kam, dass die russische Propaganda ihn gleich begeistert aufnahm und in ihre Kontexte stellte. Gesagt hat die Außenministerin ihn aber trotzdem und – wie der Zusammenhang zeigt, in dem er steht – auch so gemeint.[170] Man beeilte sich, die Kritik daran als »Schmutzkampagne« (so die *taz*) darzustellen und politische Akteure zu zitieren, die Baerbock auf höchstem politethischem Niveau beizuspringen versuchten: »›WENN, dann war der einzige Fehler, es so offen zu kommunizieren‹, schrieb etwa die CDU-Bundestagsabgeordnete Serap Güler auf Twitter. ›Aber dass wir als Abgeordnete & als Politiker uns allen voran von unserem Gewissen & unseren Überzeugungen leiten lassen, die vielleicht auch mal gegen die Meinung der Mehrheit sind, darf kein Fehler sein.‹ Zu Baerbocks Einlassung gehöre Mut, so Güler. ›Mehr davon. Alles andere nennt man auch ›Opportunismus‹.«[171]

Wenn ich mal etwas Persönliches sagen darf: Ich zählte zu Baerbocks Wählern und finde ihre öffentliche Aussage empörend. Man fragt sich ja gelegentlich, ob der Amtseid, den die Trägerinnen und Träger bei ihrer Vereidigung schwören, für sie eine Bedeutung hat, aber hier wurde diese Bedeutung sogar ausdrücklich öffentlich dementiert, und das ist eine Novität. Allerdings eine inakzeptable.

Aus der analytischen Perspektive lässt sich anhand dieses Beispiels allerdings sagen, dass die in Umfragen sichtbare Diskrepanz zwischen den Wahrnehmungen und Entscheidungen der politischen Klasse und den Bürgerinnen und Bürgern wechselseitig bestätigt wird – Responsivität kann man das nicht nennen.

Die verletzlichste Gruppe ist die wichtigste Gruppe

Wenn eine Spitzenpolitikerin wie Katrin Göring-Eckardt sich schon vornehmen muss, »mit den Leuten wie mit Erwachsenen« zu reden, in welchem hierarchischen Verhältnis mag sie sich dann wohl zu Jugendlichen und jungen Erwachsenen sehen? Oder anderen benachteiligten Gruppen der Gesellschaft? Die Repräsentationslücke genauso wie die Hermetik der politischen Klasse lässt ja unmittelbare Überschreitungen der Gruppengrenzen jenseits ritueller Schul- oder Flüchtlingsheimbesuche kaum zu, weshalb viele gesellschaftliche

Teilgruppen – von armen Kindern (mehr als 20 Prozent der Kinder) bis hin zu armen alten Menschen (mehr als 17 Prozent der über 65-Jährigen) und allen partikularen Gruppen daneben und dazwischen die Bevölkerung in Deutschland ausmachen.

Die für die Zukunft der Demokratie wichtigste Gruppe, die der jungen Menschen, möchte ich noch einmal besonders herausgreifen, weil sie von der Politik besonders ignorant behandelt wird. Kinder wählen nicht, Jugendliche auch nicht. Deshalb kommen sie in Reden vor, in denen es um Werte geht, ansonsten stehen sie aber nur dann im Fokus der Politik, wenn sie, wie in der Berliner Silvesternacht oder als »Partyvolk« in der Pandemie, negativ auffallen.

Deshalb hier noch ein paar Bemerkungen zur nachrückenden Generation: Inzwischen hat sich ja herumgesprochen, dass es die Kinder, Jugendlichen und jungen Erwachsenen waren, die durch das Pandemiemanagement am deutlichsten benachteiligt wurden, was zu erheblichen Gesundheitsfolgen und psychischen Problemen geführt hat und weiter führen wird.

Eine interministerielle Arbeitsgruppe hat im Februar 2023 auf der Basis der vorliegenden Studien eine erhöhte psychische Belastung bei Kindern und Jugendlichen festgestellt:[172] Danach fühlen sich 81 Prozent der Kinder und Jugendlichen im Alter zwischen 7 und 17 Jahren »ziemlich« bzw. »äußerst« psychisch belastet, 8 Prozent der Eltern geben eine mittlere oder (sehr) schlechte allgemeine Gesundheit ihrer 3 bis 15-jährigen Kinder an. Hinzu kommt ein Anstieg von psychischen Auffälligkeiten: Der Anteil von diagnostizierten Essstörungen bei Mädchen zwischen 15 und 17 Jahren hat sich 2021 im Vergleich zu 2019 um 54 Prozent erhöht, Depressionen sind um 18 Prozent (bei 10 bis 14-jährigen Mädchen um 23 Prozent) und Angststörungen um 24 Prozent gestiegen. Diese Befunde gründen auf Versorgungsdaten der DAK und können keine wissenschaftliche Evidenz beanspruchen, aber sie geben Tendenzen an.

Bewegungsmangel, psychische Belastung und anhaltend fehlende Angebote führten zu Problemen mit Übergewicht und Adipositas, vor allem während der Pandemie.

Zudem scheint die empfundene Lebensqualität gesunken: So geben laut der Studie »Corona und Psyche« der Universitätsklinik Hamburg-Eppendorf 31 Prozent an, »dass sich ihr Verhältnis zu Freundinnen und Freunden verschlechtert hat, 59 Prozent empfinden die Schule bzw. das Lernen als anstrengender und 23 Prozent räumen ein, dass sie sich häufiger streiten. Knapp ein Drittel (30 Prozent) der Eltern gaben zudem an, dass Streitigkeiten zwischen ihnen und ihren Kindern häufiger eskalieren.«[173]

Dazu gibt es eine große Zahl von jungen Menschen, die Praktika, Auslandsaufenthalte, Freiwillige Soziale Jahre nicht beginnen konnten. Viele Studierende, gerade in den ersten Semestern, litten darunter, in eine fremde Stadt umgezogen zu sein und keinerlei Sozialkontakte zu haben; viele eigentlich Erwachsene mussten aus finanziellen Gründen wieder in die elterlichen Wohnungen zurückziehen. Usw. usf.

Bemerkenswerterweise hatte die Bildungspolitik beim absehbaren Abklingen der unmittelbaren Pandemie erhebliche Sorgen darüber, dass die Kinder heftige Bildungsrückstände erlitten hätten, und legte ein Programm auf, damit sie diese aufholen könnten. Dass man ihnen beispielsweise kostenlose Freibad- und Kinobesuche, Strandpartys oder Konzerte hätte anbieten können, um sie für entgangene Lebensfreude in für die weitere Entwicklung enorm wichtigen Lebensjahren ein wenig zu entschädigen, darauf kam in der Politik niemand.

Stichwort »Bildungsrückstände«: Deutschland weist ein Schulsystem auf, in dem die Kultusministerkonferenz bis 2025 mindestens 25 000 Lehrer zu wenig zählt, nach anderen Prognosen werden es noch erheblich mehr sein. In Nordrhein-Westfalen wird »die Versorgung mit Biologie-Lehrkräften bis 2030/31 nur zu 39 Prozent, in Mathematik zu 37 Prozent, in Chemie zu 26 Prozent, in Physik zu 18 Prozent, in Informatik zu 4,6 Prozent und in Technik nur zu 3,6 Prozent gedeckt, ergab eine Studie im Auftrag der Telekom-Stiftung«.[174]

Angesichts dieser Bildungskatastrophe werden wie üblich »Notmaßnahmen« gefordert, also keinesfalls Grundsätzliches, ein Reset des kompletten verfahrenen Bildungs- und Schulsystems. Und jede und jeder weiß doch, wenn es erst mal so weit heruntergewirtschaftet ist wie jetzt, ist die Reparatur die Dauermaßnahme. Die Opfer sind die Kinder.

Kinder, Jugendliche und junge Erwachsene sind im Deutschland der Gegenwart eine multipel benachteiligte Gruppe: Sie haben vielfach unter dem Personalmangel in Kitas und Schulen zu leiden, die Gebäude, in die man sie zu Zwecken des Lernens einlädt, sind vielfach marode und in Zuständen, die keine der Standards kennen, die gerade in Deutschland das Errichten oder Renovieren von Bauten so aufwendig und teuer machen. Von der Groteske zu reden, dass es in vielen Schulen kein funktionierendes Wlan gibt und dass seit dem Digitalpakt Zigtausende von Laptops unbenutzt vor sich hin veralten, ist müßig.

Der Erziehungswissenschaftler Klaus Zierer hat Deutschland in der *Frankfurter Allgemeinen Zeitung* vom 30. Juni 2023 als »pädagogisches Schwellenland« bezeichnet, und man hat sich ja längst daran gewöhnt, dass der Bildungssektor in die Kategorie der Daseinsvorsorge sortiert wird, die man offenbar vernachlässigen kann. Aus sozialpsychologischer Sicht möchte ich anmerken, dass auch Gebäude und Ausstattungen einen Mitteilungscharakter haben: Sie können sagen, wir freuen uns, dass du da bist, herzlich willkommen! Wir haben alles dafür getan, dass du dich wohlfühlst, die besten Architektinnen und die hochwertigsten Materialien besorgt, denn wir brauchen dich und möchten, dass es dir in unserem Land gut geht! Sie können aber auch sagen: Weißt du, wir haben für dich nicht mehr übrig als diese versifften Klos und diese undichten Fenster. Und auch diese hastig rekrutierten Lehrerinnen und Lehrer, die noch nie eine pädagogische Fakultät von innen gesehen haben. Das reicht für dich, finden wir. Wir haben auch überhaupt keine Lust, uns an best practices aus dem Ausland zu orientieren oder den Erfolg mancher Reformschulen zur Kenntnis zu nehmen. Wir haben an euch nur insoweit Interesse, wie die Wirtschaft nach qualifizierten Arbeitskräften verlangt. Deshalb, liebe Kinder, sollt ihr gut sein, besonders in den MINT-Fächern. Was ihr sonst könnt und vor allem könntet: uns egal. Und was aus euch für Demokratinnen und Demokraten werden, auch.

Man wird sich schwertun, einen Vergleich dafür zu finden, wie niederträchtig ein ähnlich reiches Land seinen Nachwuchs behandelt. Und dass man diesem selben Nachwuchs alle ökologischen und klimatologischen Probleme aufbürdet, deren Bewältigung man selbst in eine Zukunft verschoben hat, in der man mehrheitlich schon nicht mehr da ist, darf man seit dem Verfassungsgerichtsurteil vom April 2021[175] als rechtswidrig bezeichnen. Aber auch da ist die moralische Verwahrlosung aufseiten der Politik schon recht fortgeschritten.

Immerhin: Als zu Tadelnde kommen die Jugendlichen auch in der Politik noch vor. In der Coronakrise wurden sie, wie gesagt, als partybesessene Superspreader gegeißelt, bekamen Crashkurse im »Stoßlüften« und mussten bei Minusgraden bei geöffneten Fenstern »lernen«. Und wenn sie protestieren, gar zivilen Ungehorsam leisten, erklärt man sie zu »Taliban« (Michael Roth, SPD), »Klima-RAF« (Alexander Dobrindt, CSU) und vergleicht sie gar, in kompletter historischer Kenntnislosigkeit, mit politischen Schlägertrupps in der Weimarer Republik (Marco Buschmann, FDP). Man tadelt sie, weil sie »hart arbeitenden Menschen« den Weg zur Arbeit erschweren oder eine Skulptur zum Grundgesetz der Bundesrepublik mit abwaschbarer Farbe übergießen, obwohl sie doch nur darauf aufmerksam machen, dass die Bundesregierung ihren rechtlichen Verpflichtungen nicht nachkommt. Die Berliner Innensenatorin Iris Spranger weist Autofahrer und Passanten, die Klimaaktivistinnen und -aktivisten treten, schlagen und von der Straße zerren, darauf hin, dass solche Selbstjustiz »leider« geahndet werden müsse.

Nun ja, zieht man die Staustatistik zu Rate, liegt das talibaneske Vergehen der Letzten Generation primär darin, wie oben schon erwähnt, den täglichen 1400 Staus in Deutschland noch einen oder zwei hinzuzufügen. Dass sie weder einen Staatsstreich noch eine Revolution planen, keinen Systemwechsel fordern und auch nicht marodierend durchs Regierungsviertel oder auch nur durch Fußballstadien ziehen, sondern lediglich die Umsetzung geltenden Rechts fordern: egal. Fußballhooligans, die jedes Wochenende Tausende von Polizeikräften beanspruchen, rituell brutalste Schlägereien veranstalten und jedem auf die Nerven gehen, der zufällig vor oder nach dem Spiel öffentliche Verkehrsmittel benutzt, gelten anscheinend als gut integrierte Staatsbürgerinnen und -bürger.

Genauso egal ist, dass die heute junge Generation es sein wird, die »Sondervermögen« dereinst abzutragen haben wird, zusätzlich zu den Staatsschulden, die infolge auch des Pandemiemanagements und der Kriegskosten inzwischen 2,57 Billionen Euro betragen; 2022 sind sie um 71 Milliarden gestiegen.[176] In summa darf man sich auch in Bezug auf diese politisch und gesellschaftlich systematisch benachteiligte Gruppe wundern, dass sie erkennbar nicht demokratiefeindlich und auch keineswegs destruktiv ist. Eine politische Würdigung dieses für die Demokratie erfreulichen Sachverhaltes erfolgt nach meiner Kenntnis nirgends.

Die Trendstudie »Jugend in Deutschland 22/23« trägt denn auch den programmatischen Titel »Die Wohlstandsjahre sind vorbei: Psyche, Finanzen, Verzicht«. Diese im Oktober 2022 erhobene repräsentative Studie mit 14- bis 29-Jährigen zeigt, dass »Lebensqualität, wirtschaftliche Lage, gesellschaftlicher Zusammenhalt und politische Verhältnisse aktuell deutlich schlechter empfunden werden als noch vor sechs Monaten«.[177] Auch die Erwartungen an die Zukunft fallen deutlich negativer aus als noch im Mai desselben Jahres. Die jungen Menschen machen sich am meisten Sorgen wegen der Inflation (71 Prozent), gefolgt vom Krieg (64 Prozent) und vom Klimawandel (55 Prozent). Was aber neben diesem Absinken eines positiven Lebensgefühls besonders auffällt: Ein Viertel der befragten jungen Menschen gibt an, »mit ihrer psychischen Gesundheit unzufrieden zu sein. Bei 16 % macht sich Hilflosigkeit breit, 10 % berichten gar von Suizidgedanken. Diese Werte sind seit der letzten Trendstudie vom Mai 2022 angestiegen. ›Bei einer erschreckend großen Minderheit haben sich die psychischen Sorgen verfestigt und verdichtet, sodass dringende Unterstützung notwendig ist. Es ist nicht zu übersehen: Bei vielen jungen Menschen sind die Kräfte der psychischen Abwehr verbraucht, und die Risikofaktoren mehren sich. Wir werten das als ein dringendes Warnsignal‹, so die Studienautoren Simon Schnetzer und Klaus Hurrelmann.«[178]

Klaus Hurrelmann, der wichtigste Jugendforscher in Deutschland, hatte schon während der Pandemiezeit darauf hingewiesen, dass es etwa ein Drittel besonders verletzliche Personen unter den Jugendlichen gibt, die durch Armut, Bildungsnachteile, Einsamkeit und Hilflosigkeit multipel belastet sind und – wie auch andere Forschungsgruppen zeigen – für populistische Politikangebote besonders empfänglich sind.[179]

Diese Befunde werden durch eine Reihe weiterer Studien bestätigt, so dass man gerade für die nähere Zukunft befürchten kann, dass eine große Gruppe der nachrückenden Generation der Demokratie regelrecht verloren geht. Welche Folgen das konkret hat – wer sich eher in anomische Zustände zurückzieht, wer sich politisch radikalisiert, wer gar zu Amoktaten oder Selbstschädigung greifen wird –, kann man heute noch nicht sagen. Dass man es hier aber mit einer deutlichen Vernachlässigung der Vorsorgepflicht des Staates zu tun hat, ist evident.

Man kann übrigens in dem vermehrten Sichtbarwerden einer Protestgeneration, überwiegend aus dem genau gegenteilig gelagerten akademisch-bürgerlichen Milieu, eine Spiegelung derselben Vernachlässigung sehen: Beginnend mit der internationalen Bewegung Fridays for Future, ihrem radikaleren Ableger Extinction rebellion, speziell in Deutschland aber mit den Gruppen Ende Gelände und Letzte Generation zeichnet sich ein erhebliches Potenzial ab, Staat und Politik unter Druck zu setzen. Norbert Elias hat am Beispiel der Freikorps der 1920er Jahre und der Studentenbewegung der späten 1960er Jahre, die dann bei einem kleinen Teil im Terrorismus kulminiert ist, dargelegt, dass es gerade auch bei nachrückenden Generationen um »Sinn« geht. »Wenn einer beträchtlichen Anzahl jüngerer Menschen [...] die Sinnchancen abgedrosselt werden, dann gibt es in einer Gesellschaft eine Notlage, ein explosives Potential, das unter geeigneten Umständen immer von neuem in Bewegungen Ausdruck finden muß, die sich in einen betonten Gegensatz zu den etablierten politischen Institutionen stellen.«[180]

Wenn, wie es im Fall der Erderhitzung und der anderen ökologischen Probleme, evident zu sein scheint, dass sich die Lebens- und Überlebensbedingungen deutlich verändern werden, und die herrschenden Parteien und Akteure ganz offensichtlich die Probleme nicht angemessen adressieren, weil sie erstens noch in einer Weltsicht aus dem 20. Jahrhundert verfangen sind und zweitens von ihrem Lebensalter her nicht so hart von den ökologischen Krisen getroffen sein werden wie die Jüngeren: Dann hat man einen handfesten, der Sache nach radikalen Generationenkonflikt. Und zwar einen, bei dem man eher überrascht sein kann, wie zivilisiert und harmlos die Protestierenden noch agieren. Und bestürzt darüber, wie tölpelhaft und unangemessen die etablierte Politik darauf reagiert, indem sie die Protestierenden kriminalisiert und mit Schimpfbezeichnungen belegt und sie gar als »kriminelle Vereinigung« definiert sehen möchte. Was alles komplett unangemessen ist und hervorragend geeignet, den Generationenkonflikt massiv anzuheizen.

Es ist nur, wie auch das Bundesverfassungsgericht festgestellt hat, ein rechtliches Gebot, den nachrückenden Generationen die Freiheitschancen nicht zu blockieren, die die Vorgängergenerationen für sich in Anspruch genommen haben und nehmen. Beim gegenwärtigen Klimaprotest kommt als Pointe noch hinzu, dass der eigentliche Rechtsbruch, nämlich das ostentative Nichterfüllen der gesetzlichen Reduktionsziele, aufseiten der Regierung vorgenommen wird, nicht von den Protestierenden. Die praktizieren ein bisschen zivilen Ungehorsam, der kaum Schaden anrichtet. Auch in dieser Hinsicht befindet sich die leitbildlose Politik in einem schlafwandlerischen Zustand, in dem sie sich zu sehen weigert, wie tiefgreifend die »Abdrosselung der Sinnchancen« ausfällt, wenn junge Menschen glauben, dass sie gar keine Zukunft im hergebrachten Sinn mehr zur Verfügung haben werden. Man muss keine prophetische Gabe haben, um zu sehen, dass dieser Konflikt erst am Anfang steht.

Und ein letztes Thema, das insbesondere die Chancengerechtigkeit betrifft, die ein zentrales Element von System- und Demokratiezustimmung ist. Deutschland führt ja international in wenigen Feldern, aber bei der Bildungsungleichheit liegt es traditionell weit vorn. Dass in der Gegenwart dabei ein negativer Spitzenzustand erreicht wird, den sich so kein anderes reiches Land leistet, hat gerade das IFO-Institut gezeigt: Die Chancen auf einen höheren Bildungsabschluss liegen in Deutschland, der selbsternannten Wissensgesellschaft mit den selbsternannten Exzellenzuniversitäten, zwischen den gesellschaftlichen Gruppen um 60 Prozent auseinander: »Beispielsweise«, so führt die Studie aus, »liegt die Wahrscheinlichkeit, ein Gymnasium zu besuchen, bei 21,5 %, wenn ein Kind mit einem alleinerziehenden Elternteil ohne Abitur aus dem untersten Einkommensviertel und mit Migrationshintergrund aufwächst. Im Gegensatz dazu liegt sie bei 80,3 %, wenn das Kind mit zwei Elternteilen mit Abitur aus dem obersten Einkommensviertel und ohne Migrationshintergrund aufwächst.«[181]

Heißt: Ein Fünftel der Kinder aus der unteren Gesellschaftsschicht erreicht das Gymnasium, aber vier Fünftel der Kinder aus der oberen Gesellschaftsschicht. Ein gravierenderes Politikversagen ist kaum vorstellbar, und einigermaßen schockierend ist, dass die Bahn weiterhin abschüssig ist: Chancengleichheit in der Bildung, was etwa seit dem Sputnikschock 1957 und dem Ausrufen eines Bildungsnotstands im Westdeutschland der 1960er Jahre ein zentrales Thema der Bildungspolitik ist und eine deutliche Milderung mit der Ära Brandt erfuhr, ist heute nicht im Entferntesten realisiert. Im Gegenteil: Der Sputnikschock lag schon fast vier Jahrzehnte zurück, als der PISA-Schock 2000 zeigte, dass in einer internationalen Schulvergleichsstudie in keinem Land der Zusammenhang zwischen sozialer Herkunft und Bildungsabschluss so eng war wie in Deutschland. Und heute? Im Auftrag des Deutschen Gewerkschaftsbundes (DGB) hat der Bildungsforscher Klaus Klemm die Ergebnisse der Schulleistungsstudien, die seither durchgeführt wurden, reanalysiert und kann für die Jahre 2001 bis 2019 keine Fortschritte erkennen.

»In den Grundschulen sieht der Bildungsforscher bei den Leistungsabständen zwischen Kindern aus der Oberschicht und aus einfachen Verhältnissen über die zwei Jahrzehnte hinweg in den Disziplinen Lesen und Mathematik insgesamt ›das Bild einer Stagnation, zum Teil aber auch das einer tendenziellen Verschärfung sozialer Ungleichheit‹. Eine Ausnahme bildeten lediglich die Naturwissenschaften, bei denen seit 2007 in den Grundschulen eine leichte Abschwächung der sozialen Disparität zu beobachten sei.

Beim Übergang von der Grundschule in die weiterführenden Schulen sind die Ergebnisse dagegen nach wie vor alles andere als ermutigend. 2001 hatte ein Grundschüler aus der Oberschicht bei gleichen kognitiven Fähigkeiten und gleichen Kompetenzen in Lesen und Textverständnis eine um den Faktor 2,63 höhere Chance, eine Empfehlung für den Gymnasialbesuch zu erhalten, als ein Kind aus einfachen Verhältnissen. ›Dieser Indikator sozialer Benachteiligung hat sich zwischen 2001 und 2016 kontinuierlich verstärkt: von 2,63 auf 3,37‹.«[182]

Immerhin: Mit dem »Startchancen-Programm«, das das Bildungsministerium auflegen will, sollen ab dem Schuljahr 2024/25 etwa 4000 Schulen Geld bekommen, um sozial benachteiligte Schülerinnen und Schüler besonders zu fördern. Damit sollen bessere Ausstattungen und Sozialarbeit an den ausgewählten Schulen bezahlt werden, außerdem soll es individuelle Budgets geben, über deren Verwendung die Schulen selbst entscheiden können. Während ich das schreibe, gibt es schon Kritik am Programm: Erstens ändere das nichts am Lehrermangel, zweitens wisse man nicht, ob es genug Sozialarbeiterinnen und Sozialarbeiter gibt, drittens werden nur fünf Prozent der Gelder nach Bedürftigkeit verteilt, 95 Prozent dagegen nach dem »Königsteiner Schlüssel«, der sich nach dem Steueraufkommen und nach der Bevölkerungszahl der Länder richtet.[183] Was man heute schon sicher sagen kann: Das wird nichts Grundsätzliches verändern, es ist nur eine weitere Reparatur an einem marode bleibenden System.

Als Bildungsaufsteiger, der seine schulischen Chancen engagierten Lehrerinnen[184] und Lehrern und der Bildungsoffensive der 1960er und 1970er Jahre zu verdanken hat, finde ich es empörend, wie regressiv die Bundesrepublik in Bezug auf die Bildungsungleichheit ist. Willy Brandts Regierungserklärung 1969, also vor mehr als einem halben Jahrhundert, hatte diese Programmatik: »Bildung und Ausbildung, Wissenschaft und Forschung stehen an der Spitze der Reformen, die es bei uns vorzunehmen gilt. [...] Das Ziel ist die Erziehung eines kritischen, urteilsfähigen Bürgers, der imstande ist, durch einen permanenten Lernprozess die Bedingungen seiner sozialen Existenz zu erkennen und sich ihnen entsprechend zu verhalten. Die Schule der Nation ist die Schule. [...] Die Bundesregierung wird sich von der Erkenntnis leiten lassen, dass der zentrale Auftrag des Grundgesetzes, allen Bürgern gleiche Chancen zu geben, noch nicht annähernd erfüllt wurde. Die Bildungsplanung muss entscheidend dazu beitragen, die soziale Demokratie zu verwirklichen.«

Vom amtierenden Bundeskanzler habe ich in Angelegenheiten der Bildung noch nichts vernommen; seine Bildungs- und Wissenschaftsministerin Bettina Stark-Watzinger hat bildungspolitisch die folgende Vision, die sie anlässlich der Vorstellung der OECD-Bildungsvergleichsstudie artikuliert, bei der Deutschland in Sachen Bildungsungleichheit wiederum hinter dem Mittelfeld rangiert: »Deutschland braucht dringend mehr berufliche und akademische Fachkräfte, um im internationalen Wettbewerb vorn dabei zu sein.«[185]

Der Unterschied im politischen Leitbild könnte nicht größer sein. Die Funktion, die Brandt der Schule emphatisch als »Schule der Nation« zuweist, und der rein instrumentelle Zweck, den zu erfüllen die heute zuständige Ministerin als ihre Aufgabe versteht. Im Grunde ist in diesem Unterschied das ganze Problem der heutigen Politik formuliert. Es geht nämlich um anderes als um »internationalen Wettbewerb«.

Es geht bei der Bildung, der schulischen zumal, um eine *Bedingung der Möglichkeit der Demokratie*, da diese – worauf Brandt hinweist – die Urteilsfähigkeit ihrer Bürgerinnen und Bürger voraussetzt. Insofern ist die Vernachlässigung der Bildungsgerechtigkeit und die Verwahrlosung des Schulsystems nicht nur Ignoranz gegenüber der wichtigsten Bevölkerungsgruppe, die eine Gesellschaft hat, sondern auch demokratievergessen, um nicht zu sagen: demokratiefeindlich.

Und damit kann ich auf das Böckenförde-Paradox zurückkommen: Wer bewohnt dieses Land, und wo findet sich die »moralische Substanz«, die die Voraussetzung des freiheitlichen Staates ist? Dieses Land wird von den unterschiedlichsten Leuten in den unterschiedlichsten Lebenslagen bewohnt, und die allermeisten sind urteilsfähig, vernünftig und realistisch. Was die Bildung und die Schulen angeht, fehlt es an Urteilsfähigkeit, Vernunft und Realismus in der politischen Klasse.

Und es fehlt der lebendigen Demokratie an Vergemeinschaftungsformen. Der Bedeutungs- und Glaubwürdigkeitsverlust der Kirchen, die Diversifizierung der Lebenswelten, die Individualisierung der Biographien und Selbstbilder, die Kommerzialisierung und Finanzialisierung noch der intimsten Emotionen – dies alles führt zu einem Mangel an dem sicheren Gefühl, Teil von etwas zu sein, von dem die anderen auch Teil sind. Institutionen der Vergemeinschaftung über die Grenzen von Klassen, Herkünften, Bildungsabschlüssen hinweg gibt es nicht mehr – mit Ausnahme der Schule. Das meinte Willy Brandt, als er formulierte: Die Schule der Nation ist die Schule. Fast jede und jeder hat eine Schule besucht, und dort kommt man, wie im Sportverein, mit Menschen zusammen, die aus anderen Teilen der Gesellschaft kommen, anders leben, die Welt vielleicht anders sehen. Diese Substanz an Zusammenleben von Verschiedenen gibt es nur noch an der Schule, und ausgerechnet die ist ein von der Politik spektakulär vernachlässigter Kernort der Demokratie.

Nicht nur der Kinder und Jugendlichen wegen, die zweifellos eine bessere Behandlung verdient haben, als die Politik ihr gegenwärtig zuteil werden lässt, bedarf der ganze Komplex von Schule, Bildung, Vergemeinschaftung einer radikalen Aufwertung – die ganze Gesellschaft braucht die Schule als Ort der Demokratie. Und als Schule der Freiheit.

10. Gesellschaft in Gefahr

Der Verlust einer gemeinsamen Welt

Abb. 13: Simon Starling: Autoxylopyrocycloboros, 2006. Das Schiff verheizen, um fortzukommen.

Was für eine merkwürdige Situation: Viele Menschen fühlen sich vom Angebot, das ihnen die politischen, wirtschaftlichen und medialen Eliten in Deutschland machen, nicht mehr angesprochen. Zugleich erhöhen die Polykrise und eine unzureichende Daseinsvorsorge den Stress der Bürgerinnen und Bürger und vermitteln ihnen das Gefühl, das zunehmend außer Kontrolle gerät, was ihr Land sein sollte.

Jetzt wird das Erbe von vier Jahrzehnten neoliberaler Fehlsteuerung des Staates als Erosion der materiellen und mentalen Infrastrukturen erkennbar. Wo Polizisten, Ärztinnen, Rettungspersonal oder Zugbegleiterinnen angegriffen werden, wirken die Rituale der Politik nur zynisch. Wenn Kinder keinen ordentlichen Unterricht mehr bekommen, Schwimmbäder und Krankenhäuser schließen und öffentliche Orte verwahrlosen, wächst die Enttäuschung über eine Politik, die ihre Wähler aus dem Blick verliert.

Und als würde sie all das gar nicht zur Kenntnis nehmen, kämpft die real existierende Politik gestrige Positionen gegeneinander aus, ja führt einen verbissenen Wettkampf darum, wer am längsten im vergangenen Jahrhundert bleibt. Simuliert Konzepte in endlos aufeinanderfolgenden Gipfeltreffen und kompensiert die vorhandene Ideenlosigkeit mit einem Überschuss an Moralismus. Das alles wird von einem Mediensystem unterstützt, das sich mehr für den Schauwert von Politik und für sich selbst interessiert als für das Gelingen von Gesellschaft.

Wir sehen die Fahrlässigkeit und Arroganz von wirtschaftlichen, politischen und medialen Eliten, denen die gefährlich groß werdende Distanz zu den Leuten gleichgültig zu sein scheint und die die Fühlung für die soziale Wirklichkeit im Land weitgehend verloren haben. Diese Distanz ist keine Erfindung der AfD, die nimmt nur die Chance wahr, sie zu instrumentralisieren.

Und im Hintergrund dieser Situation vollzieht sich eine radikale Veränderung in den Überlebensbedingungen der menschlichen Lebensform. Das ist die Bühne, auf der das absurde Theater einer Gegenwart aufgeführt wird, die sich vorspielt, es sei noch alles beim Alten. Die Bootsleute verheizen das Boot, das sie zum anderen Ufer bringen soll. Eine perfekte Metapher für die Gegenwart.

Eine demokratische Gesellschaft ist nie gesichert, sie bedarf der beständigen Vitalisierung, sonst gerät sie in Gefahr. Man kann am Erfolg populistischer Politikerinnen und Politiker in den USA, in Italien, in Brasilien, in der Türkei und anderswo leicht sehen, wie Gesellschaften dann ins Rutschen geraten, wenn große Teile der Bevölkerung das Vertrauen in die politischen, wirtschaftlichen und medialen Eliten verlieren. Das Geheimnis des Erfolgs von Leuten wie Donald Trump, wie irrational er auch erscheinen mag, liegt im Anti-Elitismus einerseits und in der Stiftung eines Zugehörigkeitsgefühls andererseits.

Schon Theoretiker wie Theodor W. Adorno oder Ernst Bloch hatten darauf hingewiesen, dass faschistische Agitatoren Erfolge und Bindungskräfte durch das Ansprechen der Gefühle und Zugehörigkeitswünsche hervorbrachten, während ihre kommunistischen Antipoden mit Zahlen und Argumenten zu überzeugen versuchten. Ernst Bloch hat in diesem Sinn einmal gesagt: »Was die Partei [sc. KPD] vor dem Hitlersieg getan hat, war vollkommen richtig, nur was sie nicht getan hat, das war falsch.« Hannah Arendt hat die Einsamkeit der isolierten und »auf sich selbst und nichts sonst zurückgeworfenen Individuen« als Voraussetzung des Totalitarismus gesehen und von der »Heimatlosigkeit« der Menschen gesprochen, deren Zugehörigkeitsbereitschaft alle Widersprüche und Absurditäten akzeptiert, die von Populisten jeder Couleur in ihrer Version der Wirklichkeit verbreitet werden. Es ist die Zerstörung einer »gemeinsamen Welt« und einer gemeinsamen Wirklichkeit, die die Voraussetzung der Zerstörung von Demokratie bildet.[186]

Selbstverständlich ist das Deutschland der Gegenwart nicht mit den tief gespaltenen Demokratien der USA oder Brasiliens zu vergleichen. Aber es ist auch besser, man nimmt die abschüssigen Entwicklungen rechtzeitig wahr und steuert ihnen gegen, solange dazu noch Raum und Gelegenheit besteht. »Politische Systeme«, hat der langjährige Bundestagspräsident Norbert Lammert unlängst gesagt, »sind nicht unsterblich [...] und Demokratien keine sich selbst erhaltenden Systeme.«[187]

Wir sehen, welche Zustimmung Rechtspopulismus und -extremismus in ostdeutschen Ländern, Landkreisen und Gemeinden bereits haben, und wir haben die Entwicklung von manifest demokratiefeindlichen und staatsgefährdenden Gruppierungen von Querdenkern über Reichsbürger bis hin zu rechtsextremen Bundestagsabgeordneten gesehen. Und wir sehen demokratiefeindliche Praktiken in der Bundesregierung und im Parlament selbst. Was bedeutet, dass wir – wie übrigens bei den anderen in diesem Buch geschilderten Problemlagen auch – uns nicht *vor* einem gefährlichen Prozess befinden, sondern *bereits in ihm*. Mit Dietrich Dörner ist es bei der Bewältigung auch dieser komplexen Situation eminent wichtig, nicht den *Zustand* zu regulieren zu versuchen – durch Antisemitismusbeauftragte oder Demokratieförderprogramme –, sondern den *Prozess des Verlustes einer gemeinsamen Welt* aufzuhalten. Und an die kritische Variable des Problems zu gehen: Das ist der erodierende gesellschaftliche Zusammenhalt, das sind die fehlenden Formen lebendiger demokratischer Vergemeinschaftung.

Der Schaden ist groß: Deutschland blickt im Jahr 2023 auf die Trümmerlandschaft einer neoliberalen Epoche zurück, die unter dem Paradigma der Kosteneffizienz die öffentlichen

Infrastrukturen, die Schulen, die Bahn, den sozialen Frieden, das Image der Ordnungspolitik und das Gefühl der Menschen ruiniert hat, in einem Land zu leben, in dem es im Großen und Ganzen gerecht zugeht.

Was hat sie gebracht, diese Epoche? Eine weitgehend geräuschlos verlaufende Umverteilung von unten nach oben, eine Verschiebung von politischen Kämpfen von der materiellen auf die symbolische Ebene und eine komplette transzendentale Obdachlosigkeit, was die Gestaltung der Zukunft angeht. Der Philosoph Michael Sandel hat brillant beschrieben, wie der Neoliberalismus seit der Reagan-Ära die demokratische Kultur insofern im Kern beschädigt hat, als seither nicht mehr der Staat als ordnende Instanz der öffentlichen Angelegenheiten verstanden wird, sondern der Markt und insbesondere der Finanzmarkt diese Rolle übernommen haben. Das hat Sandel zufolge zu einem immer weiter wachsenden Gefühl der »Entmachtung« aufseiten derjenigen geführt, die nicht zu den Eliten zählen und in den vergangenen drei, vier Jahrzehnten erhebliche Teilhabeverluste haben einstecken müssen.[188]

Eine »konsumorientierte Idee der Freiheit« der Wenigen hat die gemeinwohlorientierte Idee der Freiheit aller abgelöst und damit in gewissem Sinn die Idee der Demokratie selbst entwertet. Anders gesagt: Wenn die Vorstellung, »die da oben« würden sich für den Rest der Gesellschaft nicht mehr ernsthaft interessieren, keine zu schlichte Weltsicht mehr ist, sondern die Wirklichkeit abbildet, gerät die Demokratie ins Rutschen.

Die Übung, das alles wieder in Ordnung zu bringen, wird innerhalb des gegebenen Zustands gar nicht gehen. Man kann vieles, was kaputt gemacht wurde, nicht schnell wieder in tadellose Funktion versetzen, insbesondere wenn es sich um komplexe Infrastruktursysteme handelt. Vieles ist aber auch gar nicht mehr zu retten; man muss, was wegen Überforderung durch die Wirklichkeit nicht mehr funktioniert, einfach schließen und nie wieder aufmachen. Das Beschaffungsamt der Bundeswehr in Koblenz sollte man zu einem Denkmal einer sich selbst lahmlegenden Merkblätter-Autokratie weihen, seine 12 000 Beschäftigten in gläsernen Büros bei der Arbeit ausstellen, so ähnlich, wie Volkswagen ein paar Jahre vor dem Untergang der deutschen Autoindustrie die Produktion des Luxuswagens Phaeton in einer gläsernen Manufaktur in Dresden simuliert hat. Ein Fake, wie so vieles andere mittlerweile.

Welches Land wollen wir sein? Oder: Orte des Zusammenhalts

In der Zwischenzeit sortieren wir, was institutionell funktioniert und wie man die Institutionen, die öffentlichen Einrichtungen, die Schulen und Universitäten als zentrale Orte der lebendigen Vergesellschaftung und Vergemeinschaftung aufwerten kann. Damit die Leute, die dort arbeiten, die guten Arbeitsbedingungen haben, die sie brauchen, um die Bürgerinnen und Bürger, auch die künftigen, gut zu behandeln. Und wir schaffen noch ein paar neue Orte, wie wir sie für eine Demokratie im 21. Jahrhundert brauchen.

Ort 1: Schule des Zusammenhalts

Wenn Willy Brandt mit seinem Diktum »Die Schule der Nation ist die Schule« richtig lag, dann gilt das auch andersherum: Die Probleme der Schule sind die Probleme der Nation. Tatsächlich sind die Schulen ja die Orte der Zukunft, nicht nur (und heute schon gar nicht) auf der Ebene der Inhalte, sondern als die der Idee nach klassenlosen Orten der Vergemeinschaftung der jeweils nächsten Generation. Als solche sind sie die letzten ihrer Art: Die Kirchen haben ihre Rolle als schichtübergreifende Vergemeinschaftungsorte mehr und mehr eingebüßt, und das wird weitergehen. Die Zahlen zur Erosion des gesellschaftlichen Zusammenhalts (vgl. S. 15) zeigen, dass jenseits von Reden und Gipfeln kaum konkrete Maßnahmen ergriffen werden, ihn zu fördern. Die Förderung von Zusammenhalt geht in einer Kultur, in der immer mehr Kommunikationen ins Digitale verlegt werden, nur analog. Eine vitale Demokratie braucht lebendige Orte, an denen Vergemeinschaftung konkret und klassenlos stattfinden kann. Der einzige Ort, an dem Vergemeinschaftung jenseits von Unterschieden in Religion, Geschlecht, Einkommen, Schicht usw. noch aktiv stattfindet, ist die Schule.

Sie ist, wie gezeigt, in unserer Gegenwartsgesellschaft ein radikal vernachlässigter Ort, könnte aber eine zentrale Rolle für den gesellschaftlichen Zusammenhalt spielen, wenn man sie anders denkt: Indem man die Schule – wie früher die Kirchen – in das Zentrum der Gemeinden, Bezirke und Stadtteile rückt und ihre Funktion zu der von community centers, Gemeinschaftszentren, erweitert. Dabei bildet die Schule im ursprünglichen Sinn das Zentrum dieses neuen Ortes, aber um sie herum lassen sich die unterschiedlichsten Einrichtungen gruppieren – von der Volkshochschule über das Jugendzentrum, das Reparaturcafé, den öffentlichen Raum mit Aufenthaltsqualität, die Kiezkantine: was auch immer die Funktionsorte nichtkommerzieller Vergemeinschaftung sind. Denn weder existieren heute, abgesehen von Parks und Plätzen, noch öffentliche Orte, an denen man ohne Verzehr- und Kaufzwang einfach nur sein, sich mit anderen treffen, sitzen, abhängen und schauen kann. Noch existieren Orte, die für alle gedacht und gemacht sind, von der Obdachlosen über Jugendliche bis hin zu Erwachsenen ohne besondere Eigenschaften. Um die Schule als Zentrum eines solchen öffentlichen Ortes würden Räume oder Häuser mit vielfältigen Funktionen gegliedert, Sporthallen, Seminarräume, Auditorien – kurz, eine Agora neuen Typs, die multisozial ist, weil sie multifunktional zu nutzen ist. Überdacht.

Wie alle guten Ideen haben diese auch schon andere gehabt, etwa in der Definition der Schule als community hub oder in der Idee der multifunktionalen Gebäude, in denen dieselben Räume für unterschiedliche Gemeinschaftszwecke genutzt werden können. In Tirana etwa hat die Architektengruppe Studioarch4 ein Konzept für ein solches community center entwickelt und umgesetzt.[189] An solchen Beispielen und Erfahrungen kann man ansetzen, wenn man etwas Ähnliches für Deutschland entwickeln will. Interessant wäre unter Gesichtspunkten der Nachhaltigkeit und Zentralität zu prüfen, ob sich etwa leerstehende Kaufhäuser für eine entsprechende Nutzungsinnovation eignen, oder auch entweihte Kirchengebäude, wie sie in Deutschland recht zahlreich angeboten werden.

Man bekäme auf diese Weise: erstens ein klassenloses Zentrum der Gesellschaft. Zweitens einen symbolischen Ort für die Definition der demokratischen Gesellschaft des 21. Jahrhunderts als eine *lernende Gesellschaft*, die erschließen will und muss, wie sie zivilisiert überleben kann. Drittens einen Ort der analogen Vergemeinschaftung, der nicht durch kommerzielle Vorgaben definiert ist. An dem alle teilhaben können und der das notwendige Gefühl konkretisiert, Teil von etwas zu sein, von dem die anderen auch ein Teil sind. Die Schule wird zum zentralen Ort der Demokratie im 21. Jahrhundert.

Ort 2: 80/20

Diese Idee einer Gruppe meiner Studierenden an der Uni Sankt Gallen zur »Zukunft der Solidarität« ist zwar schon einige Jahre alt und noch nicht umgesetzt, aber immer noch gut.[190] Der Ausgangspunkt ist, dass es schon eine ausgesprochen große Zahl von Bürgerinnen und Bürgern gibt, die sich in irgendeiner Weise ehrenamtlich engagieren. Aber: Man braucht für das ehrenamtliche Engagement Zeit, Geld, soziale Unterstützung, Gelegenheiten. »Solange die Grundproblematik existiert«, schrieb die Arbeitsgruppe, »dass eher Menschen mit höherer Bildung und stärkerer finanziellen Stabilität es sich leisten können, sich stärker für eine Freiwilligentätigkeit zu engagieren, ist von Gesellschaft, Politik und Wirtschaft gefordert, allen Menschen gerechte Chancen zu ermöglichen, etwas Gutes für unsere Gemeinschaft zu tun.«[191]

Die Idee der Studierenden: eine Quote für das soziale Engagement. Mindestens 20 Prozent der Ausbildungs- und Arbeitszeit soll der ehrenamtlichen Tätigkeit zur Verfügung stehen, und zwar vom Kindergarten bis zum Ruhestand. »Wir gehen davon aus, dass sich grundsätzlich viel mehr Menschen sinnvoll engagieren möchten, ihnen jedoch die Zeit dazu fehlt oder sie es sich finanziell nicht leisten können. In erster Linie sind sie damit beschäftigt, ihre Existenz langfristig abzusichern und ihre engeren Beziehungen zu pflegen. Um den bisherigen Lebensstandard der Menschen zu halten, wird in unserem Modell bei einem 80-Prozent-Pensum weiterhin der volle Lohn ausbezahlt. Die solidarische Tätigkeit, also die 20 Prozent, werden vom Staat über Steuergelder an den Arbeitgeber als Ausgleich gezahlt. Unternehmen gewinnen hier in zweierlei Hinsicht: Einerseits profitieren sie von staatlichen Subventionen, andererseits ist zu erwarten, dass bei einem 80-Prozent-Pensum die Produktivität nicht ab-, sondern sogar zunehmen wird, weil Arbeitnehmende zufriedener und gesünder sind.«

Im Gegenzug zur gesellschaftlichen Wertschöpfung durch ehrenamtliche Tätigkeit bekommen die Bürgerinnen und Bürger nach diesem Modell ein Grundeinkommen und kostenlosen Zugang zu Bildungs- und Gesundheitseinrichtungen.

Das soziale Engagement kann so stattfinden, wie es am besten zu den Fähigkeiten, Werten, Lebensentwürfen und Lebensphasen der Einzelnen passt. Angebot und Nachfrage werden über Plattformen und soziale Netzwerke reguliert. Der Charme der 80/20-Idee liegt darin, dass ein Gegenmodell zur individualisierten Wettbewerbskultur entworfen wird, das nichtmonetäres Engagement für andere als ganz selbstverständlichen Teil des Alltags und der Lebenswelt vorsieht. Das dürfte das gesellschaftliche Grundklima genauso verändern, wie es die individuellen Erfahrungsräume erweitert. Vergemeinschaftung findet statt, wenn man als Unternehmensberaterin einen Tag die Woche im Hospiz arbeitet oder als Hausmeister für die Kita. Die Gesellschaft wird durchlässiger, der Zusammenhalt schon dadurch gestärkt, dass man fast zwangsläufig die Welt auch mit den Augen von anderen zu sehen lernt.

80/20 betrifft den gesamten Lebenslauf:

Kindheit

Die Arbeitsgruppe geht davon aus, dass das ehrenamtliche Engagement gleich mit der Einschulung beginnt und neben die konventionellen Lernziele tritt. Dabei ist es vom jeweiligen Engagement abhängig, ob die 20 Prozent auf einen Tag oder verteilt auf die Woche fallen – regelmäßige Besuche im Seniorenheim etwa bedingen eine andere Zeitstruktur als eine Kleidersammelaktion. Die Kinder sollen aber nicht einfach auf die ehrenamtlichen Tätigkeiten losgelassen werden, sondern auch handwerkliche und soziale Fähigkeiten lernen, die ihnen bei der Hilfe helfen. »Das Angebot für Kinder und Jugendliche könnte Kochkurse gegen Lebensmittelverschwendung, Gärtnern, Musikunterricht und vieles mehr beinhalten. Mit dem Alter wachsen dann die Verantwortung und die Komplexität der Aufgaben.«

Lebensmitte

Nach Schulabschluss, Lehre oder Studium wird das 80/20-Konzept in der Arbeitswelt fließend weitergeführt. Die Arbeitgeber sind verpflichtet, ihre Beschäftigten für solidarische Tätigkeiten freizustellen, für ein Fünftel der Arbeitszeit. Der Lohn bleibt auf gleichem Niveau, wodurch der Zugang zu solidarischem Engagement gleich verteilt wird. Auch Mitarbeitende in Unternehmen haben die Wahl, ihre solidarischen Zeiten am Stück oder verteilt auf bestimmte Zeiträume zu nehmen. Dabei gelten die 20 Prozent als Minimum, das die Beschäftiger fördern müssen; natürlich können sie die Quote auch freiwillig erhöhen. »Hohe Flexibilität beim Solidaritäts-Pensum erhöht die Attraktivität der Unternehmen auf dem

Arbeitsmarkt. Auch Leerlaufzeiten bei Mitarbeitern, die sonst im Büro ›abgesessen‹ worden wären, können auf diese Weise produktiver genutzt werden.« Selbständige bekommen eine Kompensation für ihr ehrenamtliches Engagement. Insgesamt erzeugt das 80/20-System erheblich mehr Flexibilität in der Gestaltung von Arbeits- und Lebenszeit, verflüssigt das bis dato vielfach starre System von Arbeits- und Freizeit und wertet Beziehungs- und Sorgearbeit gegenüber dem bestehenden System stark auf.

Letztes Lebensdrittel

Auch mit dem Eintritt ins Rentenalter wird die solidarische Tätigkeit weitergeführt. Das Ehrenamt wirkt sinnstiftend und gibt dem Alltag Struktur. »Mit dem Auszug der Kinder und dem Eintritt in die Rente stehen ältere Menschen vor der Herausforderung, eine radikale Umstellung von einem fremdbestimmten zu einem selbstbestimmten Alltag zu vollziehen. Viele Strukturen und soziale Kontakte, die das Leben vorher geprägt haben, fallen weg.

Wird solidarische Arbeit auch im Alter gesellschaftlich breit verankert, können die Zugangschancen zur aktiven Teilhabe an der Gesellschaft gerechter verteilt werden und wir können Ältere wieder in die Mitte der Gesellschaft bringen. Sie werden mit fortschreitendem Alter nicht lokal ausgegrenzt und in Altersheimen untergebracht, sondern von Mitgliedern ihrer Gemeinschaft unterstützt, falls der Alltag allein schwierig zu bewältigen wird.«

Besonders an diesem Lebensabschnitt wird deutlich, dass Engagement keine rein altruistische Angelegenheit ist, sondern auch für die Helfenden positive Funktionen hat: Das Gefühl, gebraucht zu werden, wirksam zu sein, in ständigem

Austausch mit anderen zu stehen – alles dies sind Aspekte, die als positiv und sinnstiftend erlebt werden. Und: Auch Ärger über andere, wenn etwas nicht funktioniert, gehört zum Lebensgefühl, integriert zu sein und dazuzugehören.

80/20 vereinigt wie die Schule des Zusammenhalts viele sinnvolle Aspekte gleichzeitig in einem Konzept: Erstens ist es ein Moment der Sinngebung, da das soziale Engagement neben die eigentliche Erwerbsarbeit bzw. Ausbildung tritt und deren etwaige Bullshit-Elemente kompensiert – wenn schon der Job mir nichts gibt, freue ich mich umso mehr aufs Ehrenamt. Zweitens ist sie eine effektive Maßnahme gegen Vereinzelung, Atomisierung und Filterblasenexistenz. Drittens ist sie ein Training in Empathie und sozialer Intelligenz und stärkt damit die persönlichen Fähigkeiten. Viertens vermittelt sie das Gefühl von Selbstwirksamkeit und wird als positiv erlebt. Fünftens trägt sie zur gesellschaftlichen Wertschöpfung und Wertschätzung bei. Sechstens verändert sie das gesellschaftliche Klima und damit die individuellen Orientierungen, die in der Wir-Ich-Balance stärker auf das Wir gelegt werden.

Ort 3: Anlasslose Vergemeinschaftung

In dem 2016 in Cannes mit der Goldenen Palme ausgezeichneten Spielfilm »Ich, Daniel Blake« kämpft ein wegen eines Herzinfarktes arbeitsunfähiger Zimmermann mit den britischen Sozialbehörden. Und verliert. Der Film beschreibt einen Kampf nicht um Geld, sondern um Würde. Und es ist, scheint mir, die Würde, die das neoliberale Regime den Menschen erst nehmen muss, um sie gefügig für all den Quatsch zu machen, den es stattdessen anzubieten hat – Wettbewerb, Aufstieg, Konkurrenz um die größten Mittel zur Zerstörung. Als ihm,

Daniel Blake, die Demütigungen auf dem Arbeitsamt zu viel werden, geht er nach draußen und sprüht den folgenden Text als Graffiti an dessen Fassade: »Ich, Daniel Blake, fordere meinen Widerspruchstermin, bevor ich verhungere. Und ändert die Scheißmusik im Telefon!«

Und schon hätten wir – Sie, die Leserinnen und Leser dieses Buches, Daniel Blake und ich – eine überraschende Gemeinsamkeit: Wir alle hatten noch nicht eine Sekunde im Leben Lust darauf, uns die Scheißmusik der entwürdigenden Warteschleifen anzuhören, die es nur deshalb gibt, weil Unternehmen und Verwaltungen aus Gründen der Kosteneffizienz die stetige Absicht hegen, Menschen schlecht zu behandeln. Überhaupt, so zeigt das Beispiel der allgegenwärtigen Warteschleifen, geht der Wunsch nach Kosteneffizienz prinzipiell damit einher, dass Menschen schlecht behandelt werden. Inzwischen dürfen Sie sich als Mensch nicht einmal mehr die Hoffnung machen, nach all der Scheißmusik und all den beschissenen Zwischenansagen (»Wussten Sie schon, dass Sie auch online…«) einen anderen Menschen sprechen zu können, sondern man mutet Ihnen zu, mit einem Bot, also einem Algorithmus zu kommunizieren. Als wären Sie ein kompletter Idiot. Und als wären Sie nicht einmal mehr das, müssen Sie bei Ihrem innigsten Wunsch, dafür zu bezahlen, dass Sie gerade als kompletter Idiot behandelt wurden, erst mal nachweisen, dass Sie »kein Roboter« sind. Ich denke, man kann mit Sicherheit sagen, dass eine Kultur, die an diesem Punkt angekommen ist, keine Zukunft hat.

Aber zurück zu Daniel Blake, der wie alle Heldinnen und Helden in den Filmen des Sozialisten Ken Loach auf seiner Würde besteht: Wenn es die Voraussetzung der Maximierung von Effizienz zu Zwecken der Steigerung des Mehrwerts ist, den Menschen die Würde zu nehmen, dann muss man sie zuvor möglichst weitgehend vereinsamen, voneinander isolieren. In Zeiten der Digitalisierung von Allem und Jedem gelingt dies in umfassendem Maße, und auch wenn die sogenannten sozialen Netzwerke in totalitären Staaten oft die Instrumente zur Organisation von Protest bilden, sind sie generell doch ein Mittel, die Menschen zu dissoziieren, von Vergemeinschaftung abzuhalten. Und sie algorithmisch in die berühmten Filterblasen einzusperren, in denen sie in perfekter Redundanz permanent gespiegelt bekommen, was sie ohnehin schon denken und glauben.

Es ist übrigens interessant, dass diese unheimliche invasive Herrschaftstechnik der Algorithmisierung des Lebens und der Vereinzelung der Menschen keine Protestbewegung gegen sich erzeugt, obwohl sie in vielerlei Hinsicht lebensfeindlich und entwürdigend ist. Stattdessen wird die Ausstattung der Lebenswelt mit Sensoren und Überwachungstechnologie aller Art unbeschadet von jeder politischen Debatte zu ihrem erstens demokratiefeindlichen und zweitens gesundheitsschädlichen Potenzial flächendeckend exekutiert.[192] Im Unterschied etwa zu kommunalen Planungsvorhaben ohne jede Partizipations- und Widerspruchsmöglichkeit aufseiten der Bürgerschaft. Hierhin gehört etwa das Phänomen, dass man die – wie neuere Studien durchaus nahelegen – Gesundheitsbeeinträchtigungen durch Funkzellen in den Bereich der Esoterik und Spinnerei abdrängt, um in aller Selbstverständlichkeit und ohne jede öffentliche Begründung in der Mobilfunktechnik permanent aufzurüsten. Neben- und Fernwirkungen tun wieder einmal nichts zur Sache.[193] Im Namen der Wettbewerbs- und Konkurrenzfähigkeit lassen sich hier wirtschaftliche Chancen unauffällig und gleichsam nebenbei realisieren, ohne dass nach einer Folgenabschätzung auch nur gefragt würde.

Bei aller Durchsetzungsmacht der Tech-Konzerne wäre in einer Demokratie daran zu erinnern, dass es die Gesellschaft ist, die den Gebrauch definiert, den sie von einer Technologie machen möchte. Und nicht die Technologie, die definiert, welchen Gebrauch sie von der Gesellschaft machen möchte. In diesen Formenkreis gehört auch die permanente Belästigung durch Cookies, Updates, Erinnerungen, Hinweise und Werbung, Werbung, Werbung, was das Prinzip der Entwürdigung so alltäglich macht, dass man seine Niedertracht gar nicht mehr bemerkt. Oder denkt, es sei nur ein eigenes, privates Problem, dass einen all das porös macht.

Kurz: Neben- und Fernwirkungen der digitalen Transformation sind zum einen die dauernde Anforderung, sich mit all den vorgeblichen Innovationen, Disruptionen und Angeboten zur Verbesserung von irgendwas zu befassen, also eine dauernde Ablenkung. Und zum anderen die Dissoziation, also die Verhinderung von Vergemeinschaftung. Dabei braucht eine Demokratie neben einer unbegrenzten Menge digitaler »Communities« vor allem *eine* analoge Form des Zusammenkommens. Das ist die anlasslose Vergemeinschaftung. Sie bedeutet, zwanglos und ohne Angst vor persönlichen Unterschieden zusammenkommen zu können.

Die hat in Vereinen, NGOs, Kirchen, Tafeln, Schwimmbädern usw. konkrete Orte der Ausübung sozialer Aktivitäten, besser: der Einübung des Sozialen. In »Ich, Daniel Blake« gibt es eine sehr berührende Szene, in der die völlig verarmte, alleinerziehende Katie beim Auswählen von Lebensmitteln bei einer Tafel plötzlich eine Dose baked beans öffnet, ihren Inhalt in sich hineinstürzt und sich zu ihrer großen Beschämung da-

Abb. 14: Anlasslose Vergemeinschaftung: Ohne Angst verschieden sein.

bei bekleckert. Anrührend ist das nicht nur deshalb, weil sie – die Bewohnerin eines reichen europäischen Landes – weinend sagt: »Ich hatte so einen Hunger«, sondern weil alle, die Zeugen dieser eigentlich peinlichen Situation sind, sich sofort um Katie kümmern, ihr Tücher zum Abwischen reichen, Wasser holen und ihr sagen, dass nichts daran schlimm ist. Das ist das lebendige Soziale, und ohne das lohnt erstens das Leben nicht und kommt man zweitens nicht durch das 21. Jahrhundert.

Für das lebendige Soziale muss es Gelegenheitsstrukturen geben – das Gartenfest, das Straßenfest, die Nachbarschaft, die Gemeinschaftsflächen in Mehrfamilienhäusern, die Schwimmbäder, das Theater, das Gemeindezentrum usw. Aber davon muss es mehr geben. Und was es da mehr geben muss, lässt sich ohne weiteres mit der Notwendigkeit in Einklang bringen, nachhaltiger zu leben.

Ein Beispiel: Man kann über die Zukunft der Mobilität so reden, dass alles bleiben wird, wie es ist, außer, dass man die Antriebe der Fahrzeuge verändert: statt fossil auf elektro. Der Energieverbrauch, der Flächenbedarf, der Rohstoffaufwand für die individuelle Mobilität bleibt dabei konstant oder steigt sogar. Die Begegnungsflächen für das lebendige Soziale bleiben weiterhin durch motorisierten Individualverkehr zerschnitten, die Öffentlichkeit ein potenziell gefährlicher Ort, der durch den Autoverkehr bestimmt ist.

Man kann über die Zukunft der Mobilität aber auch so reden, dass man – wie im österreichischen Krumbach – die Fahrerei zu zwanzig Kilometer entfernten Einkaufscentern vermeidet, indem man im Ort einen Lebensmittelladen subventioniert. Das spart Wege, liefert aber zugleich einen sozialen Treffpunkt, einen Ort für anlasslose Vergemeinschaftung. Wenn man das Ganze noch mit einem sehr schönen Konzept für den öffentlichen Nahverkehr verbindet, wie es in Krumbach ebenfalls der Fall ist, schafft man Lebensqualität, indem man Aufwand nicht erhöht, sondern verringert. Um solche Strategien muss es in Zukunft gehen. Was man dafür braucht, ist nicht so sehr technische Intelligenz, sondern soziale. Die hat ihren Wert nicht in sich, sondern findet ihren Maßstab in der Ermöglichung guten Lebens in der Zukunft. Als solche muss sie Teil des Leitbilds der Politik der Gegenwart sein.

Andere Potenziale für die anlasslose Vergemeinschaftung liefern Portale wie nebenan.de, die nicht kommerziell vorhandene lebendige Sozialität organisieren. In diesen Formenkreis gehören etwa auch Gemeinschaftsgärten, Flussschwimmbäder, Markthallen und Wochenmärkte – ein riesiges Spektrum, das aber neu in seiner Bedeutung für eine lebendige Demokratie wahrgenommen und gefördert werden muss. Und auch öffentliche Gelegenheiten für die Verhandlung der Dinge, die das Gemeinwesen betreffen, zum Beispiel Town-Hall-Debatten. Als im Spätsommer 2015 die sogenannte Flüchtlingskrise begann, haben wir die »Initiative Offene Gesellschaft« gegründet, die überall im Land in Theater, in das Audimax der Universität, in die Aula der Schule usw. zu Debatten unter der Frage »Welches Land wollen wir sein?« eingeladen hat. Das Format war simpel: Überall begannen zwei oder drei ortsbekannte Menschen – der Fußballtrainer, die Landrätin, die Schriftstellerin – mit kurzen Statements zu eben dieser Frage, welches Land sie bewohnen wollten, und dann begann der Saal zu diskutieren. Das funktioniert unaufgeregt und sehr inspirierend auch mit vielen hundert Leuten im Auditorium, wie in Frankfurt im Schauspielhaus, in Berlin im Deutschen Theater, in Flensburg im Audimax oder andernorts im Gemeindehaus. Ein anderes Format, das die »Offene Gesellschaft« entwickelt hatte und das überall ohne großen Organisationsaufwand durchgeführt werden konnte, waren große öffentliche Dinner, zu denen jede und jeder eingeladen war. Im ersten Jahr, am 17. Juni 2017, gab es fast 500 solcher öffentlichen Dinner im ganzen Bundesgebiet. Verwandte Formen gibt es etwa mit »Weltreise durch Wohnzimmer e. V.«, Erzählcafés usw.

Alles dies sind Formate der Assoziation jenseits von Kaufzwang, Mitgliedschaft und der berühmten »Vernetzung«:

Menschen kommen zusammen aus dem einfachen Grund, dass es gut ist, zusammenzukommen. Politisch gewendet können analoge Vergemeinschaftungen jene moralische Substanz stiften, wie sie Böckenförde im Sinn hatte. Man kann umgekehrt sagen: Je mehr Vergemeinschaftung durch Vereinzelung gefährdet wird, durch die Dissoziation der Menschen im Netz, durch Überwachungskapitalismus und Finanzialisierung aller denkbaren Aktivitäten, desto mehr muss Sorge dafür getragen werden, dass es analoge Orte der lebendigen Begegnung gibt. Dazu gehören übrigens auch Kneipen, Kioske, Schützenfeste. Bier gibt es nur analog, nie digital.

Ort 4: Gute Orte

Die Erosion des Gemeinsamen lässt sich auch daran verdeutlichen, dass unsere Kultur keinen Wert mehr darauf legt, generativ zu planen. Während wir Dombauten im Land haben, die 1000 Jahre alt sind, Parkanlagen, die Hunderte von Jahren überdauert haben, Orte, die es schon im Mittelalter oder in der Antike gab, wird heute nichts für die Dauer geplant, gebaut oder angelegt. Die immer weitere Verkürzung der Produktzyklen in der Warenproduktion hat sich auf die einst langlebigen Güter übertragen. Der Sog der ständigen Optimierung führt neben der steuerlichen Abschreibung dazu, dass hochtechnisierte Gebäude schnell veralten und erneuerungsbedürftig werden. Im Moment sind es gerade die in den 1980er Jahren errichteten Verwaltungseinrichtungen, Rathäuser und Funktionsgebäude, die abgerissen werden, weil sie die Anforderungen an die vielfältigen Standards von heute nicht mehr erfüllen.

Der Wert des Materials und der Energie, die in die Gebäude gesteckt wurden, wird annulliert; Geschichte ist keine Kategorie. In aller Absurdität werden dazu künstliche Altstädte in Frankfurt oder pseudoklassizistische »Townhouse«-Siedlungen in Potsdam errichtet, und immer noch wird eine gigantische Flächenversiegelung für »Feng-Shui«-Siedlungen mit Einfamilienhäusern von der Stange betrieben, in denen in 30 oder 40 Jahren niemand mehr wohnen wird. Und nicht zuletzt werden Siedlungen und Städte immer noch nicht für ein Leben im Klimawandel geplant, der ja zu erheblichen Verschiebungen in der Bewohnbarkeit von Landstrichen und Regionen führen wird. Einfach gesagt: Wenn man es in Kiel noch in 20 Jahren im Sommer gut aushalten können wird, wird das in Stuttgart nicht mehr der Fall sein.

Die neuen Imperative, die der Klimawandel für die Zukunft des Lebens und Arbeitens mit sich bringt, haben zwei Seiten: Zum einen müssen die Gebäude und die Infrastrukturen widerstandsfähiger werden, die Städte hitzetauglicher und wasseraufnehmender. Zum anderen gehört zur Nachhaltigkeit zwingend die Verringerung von Aufwand und damit ein neues Bewusstsein von Zeitlichkeit. Ein Gebäude, sei es eine Scheune oder ein Dom, ist per se nachhaltig, wenn es Hunderte von Jahren genutzt werden kann. Und es wird Hunderte von Jahren nur dann genutzt werden können, wenn die Qualität seiner Materialien und seiner Errichtung genau darauf ausgelegt ist, dass es Hunderte von Jahren genutzt werden soll.

Und damit leuchtet sofort ein, dass das nicht nur funktionale, sondern auch ästhetische Fragen betrifft. Warum gibt es Orte, Plätze, Gebäude, Parks, in denen wir uns noch Hunderte Jahre nach ihrer Planung, also zu einer ganz anderen Zeit, gut fühlen? Warum umgekehrt Plätze, Parks, Gebäude, Wohngebiete, in denen wir uns *von Anfang an* schlecht fühlen, unbehaust, abgewiesen, »fehl am Platz«? Stellen Sie sich mal auf den Alexanderplatz in Berlin oder vor das Humboldt Forum, das in der Fake-Architektur eines nachgebauten Stadtschlosses beheimatet ist – Sie werden sich nicht gut fühlen. Was Sie daran merken, dass Sie sich nicht setzen, nicht verweilen wollen. Stellen Sie sich dagegen mal in das »Ingenhoven-Tal« in Düsseldorf, das zwischen dem »Dreischeibenhaus« von 1960, dem Schauspielhaus von 1970 und dem neuen »Hainbuchenhaus« von Christoph Ingenhoven entstanden ist. Sie wollen dort nicht gleich wieder weg, sondern bleiben.

Abb. 15: Ein schönes Tal. Düsseldorf, Innenstadt.

Hier ist etwas Menschengerechtes mitten in einer ansonsten nicht besonders schönen Stadt entstanden, unter kluger Einbeziehung dessen, was schon da war und in seiner Qualität auch weitere Generationen überdauern kann. Das nenne ich einen »guten Ort«. Acht Kilometer Hainbuchen auf dem Dach und als Fassade sind gewaltig, deuten aber an, dass man ein Haus in Zeiten des Klimawandels nicht nur nach funktionalen

Kriterien anders denken kann, sondern auch nach solchen der Schönheit.

Als ich vor einigen Jahren in der Probstei Sankt Gerold in Vorarlberg war, erklärte mir der Probst Pater Martin, es handele sich um einen guten Ort. Weil es ihn schon seit 800 Jahren gebe, beweise sich das gleichsam von selbst: Schlechtes überdauert solche Zeiträume nicht. Kein Zufall, dass hier Therapien für schwer traumatisierte Kinder angeboten werden, wobei die hauptsächliche therapeutische Arbeit Pferde übernehmen, die den Kindern überhaupt wieder eine Annäherung an eine Welt bahnen, die nicht feindlich ist. Man kann das nicht im Einzelnen beschreiben, man muss vor Ort sein, um zu fühlen, was da gut ist. Gute Orte sind analog.

Ort 5: Ein Leitbild

Ein politisches Leitbild ist kein Gesetzbuch, kein Register von Grundsätzen. Es ist etwas, das mit wenigen Begriffen auskommt und verstanden wird, weil es sich in der gelebten Wirklichkeit spiegelt. Ein Leitbild für die Demokratie im 21. Jahrhundert muss von der Frage ausgehen, welches Land man sein will. Wünschenswerter wäre eine Formulierung, die den unseligen Nationalismus und die letztendlich verhängnisvolle Rede von der »nationalen Souveränität« überschreitet, aber so weit sind wir leider noch nicht.

Und wenn man ein Land sein will, das auf die zivilisatorischen Güter Freiheit, Demokratie, Rechtsstaatlichkeit stolz ist und zudem staatliche Daseinsvorsorge gut findet, dann muss die Politik sagen, dass es die Wohlstandsgewinne wie bisher nicht mehr geben wird, sondern ganz im Gegenteil Wohlstandsverluste. Die schon zuvor bestehenden Ungleichheitslagen dürfen dabei nicht vertieft, sondern müssen im Gegenteil – wenn alle weniger haben – gemildert werden. Das gehört zu dem Grundsatz, dass die Gesellschaft insgesamt – im Angesicht von wachsendem Umweltstress und größerer Planungsunsicherheit – resilienter werden muss. Sie braucht mithin resiliente Bürgerinnen und Bürger, also solche, die ihre Gesellschaft für wert halten, für sie einzutreten und etwas für sie zu tun.

Dies bedeutet in diesem Jahrhundert auch: etwas für die Transformation in eine nachhaltige Gesellschaft und Wirtschaft zu tun, also sich von der Leitkultur der Verschwendung zu verabschieden. Wir brauchen nicht nur eine wertebasierte Außenpolitik, sondern eine wertebasierte Wirtschafts- und Innenpolitik. Nachhaltigkeit ist die einzige Überlebensstrategie, die wir haben (Annette Kehnel). Die Abkehr von der Leitkultur des Wachstums und der Verschwendung ist ein avantgardistisches Programm, bei dem andere Staaten nicht mitgehen werden, aber da wir uns unausweichlich – und spätestens mit dem erwartbaren chinesischen Überfall auf Taiwan – in einem Prozess der De-Globalisierung befinden, kann man das als Nation auch schon mal allein anfangen. Wie der Brexit gezeigt hat, ist die Europäische Union in ihrem Bestand und ihren Verfahren keineswegs gesichert, schon gar nicht, wenn man sie aus aktuellen Scheinnotwendigkeiten um Beitrittsländer erweitert, die die vereinbarten Kriterien als Kriegsfolgengesellschaften gar nicht erfüllen *können* und für den notwendigen Integrationsprozess einer ohnehin politisch auseinanderdriftenden Europäischen Union kontraproduktiv sind. Man sollte also für die weitere Entwicklung es zwar für wünschenswert halten, aber nicht darauf bauen, dass dieses Bündnis für immer besteht, sondern auch hier Politiken verfolgen, die einen im Konfliktfall nicht daran hindern, eigene Entscheidungen zu treffen. Auch dies kann unter Bedingungen künftig zunehmender Stressoren der Demokratie wichtig sein.

Kontraintuitiv daran ist, dass man bislang eine Entwicklung hin zu größeren politischen Einheiten angestrebt und Fortschritt in der Installierung immer weiterer wechselseitiger Abhängigkeiten gesehen hat. Das mag im Sinn des zivilisatorischen Gesamtprozesses auch weiterhin richtig sein, darf aber nicht dazu führen, dass die sich bildenden Assoziationen auch direkte Abhängigkeiten erzeugen, mithin die Handlungsmöglichkeiten im Krisen- oder Konfliktfall beschränken. Gerade ein erneuerbares Energiesystem bietet ja die Chance, sich aus vielen Abhängigkeiten, die das fossile Zeitalter mit sich gebracht hat, zu befreien (weshalb auch in dieser Hinsicht die heutige Refossilisierung ein Rückschritt ist). Kontraintuitiv ist mithin auch, dass »Energiepartnerschaften« nicht die Lösung, sondern die Fortschreibung einer für das 21. Jahrhundert unpassenden Politik darstellen.

Sofort kommt an dieser Stelle der Einwand, dass man damit ja im internationalen Wettbewerb zurückfalle und nicht mehr konkurrenzfähig sei. Da wäre die Frage, ob man das denn eigentlich will – im Falschen vorne sein und um das Falsche konkurrieren? Wenn man sich schon mal damit abgefunden hat, dass die Zeit der Wohlstandsgewinne vorbei ist, kann man die Qualität des eigenen Wirtschaftens ja auch an anderen Kriterien messen: Wie viel trägt es zur Gerechtigkeit bei? Wie nachhaltig geht es mit vorhandenen Ressourcen um? Wie widerstandsfähig sind unsere Versorgungssysteme? Wie glücklich die in diesem Land lebenden Menschen? Indizes, die das Wohlergehen einer Gesellschaft nicht am BIP messen, gibt es bereits.[194]

Das Wichtigste, was man bei all diesen nur fragmentarischen Betrachtungen über die Möglichkeiten des zivilisierten Überlebens in Freiheit festhalten muss, ist dies: *dass wir keinen Bauplan, kein Rezeptwissen, ja nicht einmal eine Theorie dafür haben, wie wir zivilisiert und frei durch das 21. Jahrhundert kommen.* Es geht um einen gemeinsamen Lernprozess, in dem es keine Experten gibt. Aber die Gewissheit, dass man viel gemeinschaftliche Kraft, viel soziale und moralische Phantasie und viel Rückhalt im schon Gelungenen braucht, um erfolgreich zu lernen, wie man zurück in eine wünschenswerte Zukunft kommt. Die Bedingung dafür ist die Freiheit, die wir haben. Und das ist wirklich viel.

Heimat

Ich glaube, es geht heute in einer Welt der zerfallenden Gewissheiten mehr denn je zuvor in der Moderne darum, den Menschen eine Heimat zu bieten. Die fünf Orte sind ein Anfang, viele andere müssen dazukommen. Heimat ist, wenn man Ernst Bloch folgt, »das allen in die Kindheit scheint und worin noch niemand war« – also die paradoxe Erfahrung, dass es ein gutes Leben gibt, auch wenn es noch nicht realisiert ist. Aber genau diese imaginative Erfahrung, dass es gut sein *könnte*, das Leben, ist ja die Antriebskraft dafür, sich selbst dafür einzusetzen, dass es gut *wird*. Ist, mit anderen Worten, die moralische Substanz, von der die freiheitliche Gesellschaft lebt. Heimat ist dort, wo es nicht egal ist, ob es mich gibt. Sie ist keine räumliche, sondern eine soziale Kategorie. Und eine zeitliche: Sie kann erreicht werden. Sie braucht Zukunft.

Unsere sich nur im Reparaturbetrieb aufhaltende, mit falschem Pathos und geschauspielerten Werten ornamentierte und am längst nicht mehr einlösbaren Versprechen der Steigerung von allem zerbrechende Gesellschaft könnte leicht zurückjustiert werden. Die Welt ist nicht unmöglichkeitslos, das wissen die Menschen. Dass ein gutes Leben herstellbar ist, wissen sie auch. Aber seine Herstellung bedarf einer Kultur der lebendigen Sozialität, der anlasslosen Vergemeinschaftung. Man muss Teil von dem sein wollen, von dem die anderen auch ein Teil sind. Das gilt auch für die Politik, die Medien, die Wirtschaft.

Wenn man sich bewusst macht, dass die Formulierung des Grundgesetzes vor dem Hintergrund der größten, brutalsten und gegenmenschlichsten Zerstörung der Menschheitsgeschichte stattfand, in einer Zeit tiefer Hoffnungslosigkeit, größter Beschämung und negativster Zukunftsaussichten, lohnt es sich auch in Zeiten, in denen ökologisch und klimatologisch und geopolitisch erst mal alles schlecht aussieht, am zivilisatorischen Projekt weiterzubauen. Die Zukunft ist nämlich immer noch offen. Nur dass ihre Gestaltung im 21. Jahrhundert anderen Vorgaben folgen muss als im 19. und 20. Jahrhundert. Weshalb die Politik ein Leitbild braucht, das von der Aufgabe bestimmt ist, ein zivilisiertes Überleben in Freiheit zu ermöglichen.

Epilog

Die ganze Zeit, während ich dieses Buch geschrieben habe, hat es keine guten Nachrichten gegeben. Stattdessen mehren sich die katastrophalen Entwicklungen in Sachen Klima und Biosphäre, der Ukrainekrieg bleibt im Eskalationsmodus, die Leitmedien verharren im Modus des Selbstgesprächs, der Westen im Modus der Selbsttäuschung über seine Weltbedeutsamkeit. Und die Bevölkerungsmehrheit wendet sich mehr und mehr ab von den politischen, wirtschaftlichen und medialen Eliten.

Und was skurril ist: Es ist fast unmöglich, heute noch ein zeitdiagnostisches Buch abzuschließen. Zwischen Fertigstellung des Manuskripts und Korrektur der ersten Druckfahne sind schon wieder so viele Dinge geschehen, dass man ergänzen und revidieren muss. Anekdotisch dazu: Die Kommunikationschefin eines gerade vielbeschäftigten Ministers legt Wert darauf, dass zwischen einem Interview mit ihm und dem Erscheinen nur wenige Tage liegen, für haltbarere Aussagen sind die Zeiten zu volatil …

Die AfD genießt permanent wachsende Zustimmungswerte und zwar ohne jegliche eigene Leistung, nur weil es sie gibt. Das heißt: Die wahrgenommene Distanz von CDU, FDP, SPD und Grünen zu den Bürgerinnen und Bürgern reicht allein schon aus, damit Leute, die nicht einmal den Hauch von

Lösungskompetenz haben und dazu noch menschenfeindlich sind, auf stetig steigende Zustimmungswerte kommen.

Die Ursache: Die Leute sehen den Unernst der politischen Klasse in Bezug auf die realen, sich täglich aufdrängenden Probleme, ihre obsessive Beschäftigung mit sich selbst und die zu große Entfernung der Eliten von der Mehrheitsbevölkerung. Dass diese Entfernung besteht, ist keine teuflische Erfindung des Rechtspopulismus, der mit dem Kampfbegriff der »Normalität« und der »normalen Leute« operiert. Sondern eine soziale Tatsache.

Es ist politisch fahrlässig, diese Tatsache nicht zur Kenntnis zu nehmen, sondern ihre Bewirtschaftung den Rechten zu überlassen – vor allem dann, wenn Länder wie die USA, England, Italien, Brasilien und andere längst live und in Farbe vorführen, zu welchem Verfall der Demokratie und der politischen Kultur es führt, wenn die politische Klasse ihre moralische Substanz aufgibt. Politik ist vorausschauende Gestaltung, sie darf die Dinge nicht permanent so lange schleifen lassen, bis absehbare Desaster nicht mehr zu verhindern sind. Natürlich genügt es nicht, sich über die AfD zu empören, so, als habe man selbst gar nichts mit ihrem Erfolg zu tun. Der geht nämlich auch darauf zurück, dass man sich innerhalb des etablierten Parteienspektrums mangels eigener Substanz angewöhnt hat, Punktgewinne auf Kosten der anderen zu machen. Das ist toxische Politik, und die erzeugt genau jene Kultur der Destruktivität, die für Demokratiefeinde die perfekte Entwicklungsumgebung ist. Demokratische Politik ist nicht, Dreck auf die anderen zu werfen, das bildet nur die tragische Chance der Höckes und der Aiwangers. Demokratische Politik ist, persönliche Verantwortung für das Gemeinwesen zu übernehmen.

Anmerkungen

1 Ulrich Herbert, Geschichte Deutschlands im 20. Jahrhundert. München: Beck 2014, S. 611.

2 Bemerkenswerterweise hat derselbe Müller-Armack schon 1960 eine Denkschrift verfasst, in der er das »Leitbild einer neuen Gesellschaftspolitik« entwarf, die der »Umweltstruktur« eine bis dahin vernachlässigte Rolle beimaß (Markus Schöneberger, Es grünt so grün. *FAZ* vom 31.3.2023, S. 18). Seine Hypothese war, dass die Befriedigung der »materiellen Güterversorgung« nach einer ersten Phase der Nachkriegsentwicklung gesellschaftspolitisch nicht ausreiche, es ginge vielmehr um die Entwicklung einer umfassenden »Umweltordnung«, mithin einer Planung von Infrastrukturen, die sowohl eigentliche Umweltthemen – saubere Luft, sauberes Wasser, die Einrichtung von Nationalparks etc. – wie auch die Frage der Energieversorgung und die »Raumstruktur unserer Städte und Dörfer« berücksichtigte.

3 Jonas Lage & Leon Leuser, Fläche unter Druck. Sozial-ökologische Dimensionen der Flächennutzung in deutschen Wachstumsregionen. In: GAIA 28/4, 2019, S. 365–373.

4 Christopher Kopper, Verkehr und Kommunikation. In: Thomas Rahlf (Hg.), Deutschland in Daten. Zeitreihen zur Historischen Statistik. Bonn: Bundeszentrale für politische Bildung 2022, S. 230 – 242.

5 Die genauen Daten sind schwer zu ermitteln, da Tourismusdaten noch nicht so lange erhoben werden. 1956 machten 44 Prozent aller Angestellten und Beamten eine Urlaubsreise von mindestens fünf Tagen, was das für die Arbeiter sagt, ist schwer abzuschätzen; https://zeithistorische-forschungen.de/1-2-2007/4562#pgfId-1036513a. Die durchschnittliche Urlaubsreisenlänge der Deutschen betrug 2022 13 Tage (über die Coronajahre natürlich weniger); https://www.tourismusanalyse.de/2023/reisedauer-2022/.

6 Man kann als ein Maß den sogenannten Earth Overshoot Day nehmen, jenen Tag, an dem theoretisch alle Ressourcen verbraucht sind, die eigentlich für ein Jahr zur Verfügung stehen müssten. 1971, zu Beginn dieser Berechnung, fiel der Overshoot-Tag global auf den 25. Dezember, 2022 auf den 28. Juli. Für Deutschland ist der Overshoot bereits im Mai eines Jahres erreicht, Tendenz: vorrückend; https://greenwire.greenpeace.de/themengruppe-konsumwende/inhalt/earth-overshoot-2023.

7 Herbert (wie Anm. 1), S. 785.

8 Auch diese Zahl ist nicht genau zu ermitteln. Laut Vierteljahreszeitschrift zur empirischen Wirtschaftsforschung lag die Quote der Bürobeschäftigten 2022 bei 36,7 Prozent, was im Umkehrschluss heißt, dass 63,3 Prozent anderen Tätigkeiten nachgehen; https://www.iwkoeln.de/fileadmin/user_upload/Studien/IW-Trends/PDF/2020/IW-Trends_2020-03-04_Hammermann-Voigtlaender.pdf. Die Branche der professionellen Jobvermittler beziffert allein das Feld der »Blue Collar«-Beschäftigten auf etwa 70 bis 80 Prozent der Beschäftigten; https://blog.mobilejob.com/was-ist-blue-collar, was mir zu hoch gegriffen erscheint. Auf jeden Fall geht es hier um den *überwiegenden* Teil der Erwerbsbevölkerung.

9 Michael Hartmann, Deutsche Eliten – die wahre Parallelgesellschaft; https://www.bpb.de/shop/zeitschriften/apuz/181764/deutsche-eliten-die-wahre-parallelgesellschaft.

10 https://de.statista.com/statistik/daten/studie/173632/umfrage/verbreitung-ehrenamtlicher-arbeit.

11 Ernst-Wolfgang Böckenförde, Recht, Staat, Freiheit. Studien zur Rechtsphilosophie, Staatstheorie und Verfassungsgeschichte. Frankfurt/M.: Suhrkamp 1991, S. 111.

12 Ebda., S. 112f.

13 https://www.roland-rechtsschutz.de/media/roland-rechtsschutz/pdf-rr/042-presse-pressemitteilungen/roland-rechtsreport/roland_rechtsreport_2023.pdf.

14 https://www.rnd.de/politik/freiheitsindex-2022-deutsche-fuehlen-sich-nach-corona-wieder-freier-demokratieskepsis-steigt-TYDXM5E3QZDLTD5NMAOQ33TWQY.html.

15 https://de.statista.com/statistik/daten/studie/153854/umfrage/zufriedenheit-mit-der-demokratie-in-deutschland.

16 Felix Heidenreich, Demokratie als Zumutung. Für eine andere Bürgerlichkeit. Bonn: Bundeszentrale für Politische Bildung 2022; Ders. Die Zukunft der Demokratie. Wie Hoffnung politisch wird. Ditzingen: Reclam 2023.

17 Heidenreich 2022 (wie Anm. 16), S. 23.

18 https://www.youtube.com/watch?v=1NMM2tGbxZo.

19 Es gibt wohl kein Unternehmen in ganz Europa, das zu so unverschämten Preisen Dienstleistungen anbietet, die es in fast der Hälfte aller Fälle nicht erfüllt. Das Personal in den Zügen und an den Infoschaltern muss dieses Totalversagen eines aus Steuergeldern finanzierten Managements ausbaden, was es oft mit bewundernswertem Engagement macht. Ihnen einen großen Dank; wenn es eine Gerechtigkeit gibt, kommt das Management später in die Hölle.

20 Interview mit dem Chef von Thyssenkrupp Marine Systems, *Frankfurter Allgemeine Sonntagszeitung*, 9.4.2023, S. 22.

21 Franz-Josef Brüggemeier, Zurück auf dem Platz. Deutschland und die Fußball-Weltmeisterschaft 1954. München: DVA 2004.

22 Eric Hobsbawm & Terence Ranger (Hgg.), The Invention of Tradition. Cambridge: University Press 1983.
23 Harald Welzer, Das kommunikative Gedächtnis. München: Beck 2001.
24 Jan Assmann, Das kulturelle Gedächtnis. Schrift, Erinnerung und politische Identität in frühen Hochkulturen. München: Beck 1992.
25 Albrecht Koschorke, Die Tage des Westens sind gezählt, *Die Zeit*, 2.3.2023, S. 52.
26 Harald Welzer, Klimakriege. Wofür im 21. Jahrhundert getötet wird. Frankfurt/M.: Fischer 2008.
27 Diese Begriffe verwendet Ernst-Ulrich von Weizsäcker, um eine neue Aufklärung zu fundieren, die zentral auf die ökologische Herausforderung fokussiert (vgl. Ders., So reicht das nicht: Aufklärung, Außenpolitik und Affront. Was wir in der Klimakrise jetzt wirklich brauchen. Paderborn: Bonifatius 2022).
28 Klaus Wiegandt (Hg.), 3 Grad mehr. Ein Blick in die drohende Heißzeit und wie uns die Natur helfen kann, sie zu verhindern. München: oekom 2022.
29 Katrin Böhning-Gaese & Friederike Bauer, Vom Verschwinden der Arten. Der Kampf um die Zukunft der Menschheit. Stuttgart: Klett-Cotta 2023, S. 16.
30 https://www.zeit.de/wirtschaft/2022-08/niedrigwasser-rhein-vertiefung-schifffahrt-volker-wissing.
31 Harald Welzer, Nachruf auf mich selbst. Die Kultur des Aufhörens. Frankfurt/M.: Fischer 2021.
32 Leon Festinger, Henry W. Riecken & Stanley Schachter, When Prophecy Fails. Minneapolis: University of Minnesota Press 1956.
33 Man scheut sich, so etwas zu schreiben. Aber das ist es, wie die Menschen de facto behandelt werden.
34 https://www.ipg-journal.de/rubriken/aussen-und-sicherheitspolitik/artikel/eiserner-stacheldrahtvorhang-6629/?utm_campaign=de_40_20230411&utm_medium=email&utm_source=newsletter.
35 https://www.zeit.de/gesellschaft/2023-05/binnenvertriebene-idmc-jahresbericht-hunger-konflikte-klimawandel.
36 Friedrich-Wilhelm Gerstengarbe & Harald Welzer (Hgg.), Zwei Grad mehr in Deutschland: Wie der Klimawandel unseren Alltag verändern wird. Frankfurt/M.: Fischer 2013.
37 https://www.zdf.de/nachrichten/politik/klima-wasser-krisen-100.html.
38 https://www.freitag.de/autoren/the-guardian/kein-regen-kein-schnee-drastischer-wassermangel-bedroht-europa.
39 https://www.zdf.de/nachrichten/panorama/duerre-trockenheit-spanien-portugal-italien-100.html.
40 https://www.nzz.ch/international/duerre-in-europa-spanien-und-portugal-kaempfen-ums-wasser-ld.1704043.
41 https://www.dw.com/de/das-dürre-drama-der-bauern-spaniens/a-62740441.

42 https://www.freitag.de/autoren/the-guardian/kein-regen-kein-schnee-drastischer-wassermangel-bedroht-europa.

43 *Welt am Sonntag*, 7.5.2023, S. 60.

44 https://www.bundesregierung.de/breg-de/suche/nationale-wasser-strategie-2171158.

45 Nassim Nicholas Taleb, Der schwarze Schwan. Die Macht höchst unwahrscheinlicher Ereignisse. München: Hanser 2008.

46 Dieser schöne Begriff stammt aus Sharsad Amiri, Narzissmus im Zivilisationsprozess. Zum gesellschaftlichen Wandel der Affektivität. Bielefeld: Transcript 2008.

47 *Frankfurter Allgemeine Zeitung*, 12.4.2023, S. N1.

48 Jared Diamond, Kollaps: Warum Gesellschaften überleben oder untergehen. Frankfurt/M.: Fischer 2011.

49 Dietrich Dörner, Die Logik des Misslingens. Strategisches Denken in komplexen Situationen. Reinbek: Rowohlt 1992, S. 109.

50 Ebda., S. 50.

51 Das hilfsweise eingeführte Argument ist nun, dass jedes zehntel Grad trotzdem zähle. Das ist richtig, korrigiert aber nicht die falsche Optik, mit der man auf die komplexe Situation blickt. Außerdem ist die Politik inkonsistent, weil sie trotz des »Zehntel-Grad-Arguments« das Mögliche nicht tut.

52 Dörner (wie Anm. 49), S. 215.

53 Ebda., S. 308f.

54 Ebda., S. 54.

55 Irving L. Janis, Victims of groupthink; a psychological study of foreign-policy decisions and fiascoes. Boston: Houghton Mifflin 1972.

56 Taleb (wie Anm. 45).

57 Daniel Kahneman, Schnelles Denken, Langsames Denken. München: Siedler 2012.

58 Karl E. Weick & Kathleen Sutcliffe, Das Unerwartete managen. Wie Unternehmen aus Extremsituationen lernen. Stuttgart: Schäffer Poeschel 2012.

59 Dörner (wie Anm. 49), S. 313.

60 Welzer (wie Anm. 26).

61 Götz Aly, Hitlers Volksstaat. Raub, Rassenkrieg und nationaler Sozialismus. Frankfurt/M.: Fischer 2005. Aly entwickelt hier den wichtigen Begriff der »Zustimmungsdiktatur«, der nicht nur darauf verweist, dass auch Diktaturen auf die Zustimmung großer Teile der Bevölkerung angewiesen sind, sondern – in der Tradition Raul Hilbergs – herausarbeitet, dass diese Zustimmung genau daraus gewonnen wird, dass ein anderer Teil der Bevölkerung als niedrigerwertig definiert und auch so behandelt wird. Auch die Judenverfolgung hatte klare Elemente der Landnahme: Die »Arisierung« jüdischer Geschäfte und Unternehmen, die Aneignung von Häusern und Grundstücken, die Konfiszierung von Eigentum zählen dazu. Und wichtig ist für diese Herrschaftsform, dass die

Landnahme in aller Sichtbarkeit stattfindet und mit der Behauptung einhergeht, dass Genommene gehöre den Beraubten ohnehin nicht.

62 Abgesehen davon, dass die ihm verpflichteten Gesellschaften auch Landnahmen, aber mit den Mitteln des Marktes vornehmen, also nicht mit direkter Gewalt und ohne Eroberungen.

63 Axel Michaelowa, Tobias Koch, Daniel Charro & Carlos Gameros, Military and Conflict-related Emissions: Kyoto to Glasgow and beyond. Freiburg 2022, S. 2.

64 Ebda., S. 5.

65 Ebda., S. 3.

66 Zum Beispiel https://www.adelphi.de/de/news/der-grüne-wiederaufbau-der-ukraine-nach-dem-krieg.

67 https://www.iwkoeln.de/presse/iw-nachrichten/sarah-fluchs-wie-kriege-die-umwelt-schaedigen.html.

68 Norbert Elias, Über den Prozess der Zivilisation. Soziogenetische und psychogenetische Untersuchungen. Frankfurt/M.: Suhrkamp 1977.

69 Steven Pinker, Gewalt. Eine neue Geschichte der Menschheit. Frankfurt/M.: Fischer 2011, S. 90ff.

70 Albert Einstein & Sigmund Freud, Warum Krieg? Briefwechsel 1932. In: Sigmund Freud, Warum Krieg? Zwei Schriften. Stuttgart: Reclam 2012, S. 49.

71 Günther Anders, Die Antiquiertheit des Menschen. Über die Seele im Zeitalter der zweiten industriellen Revolution. München: Beck 1987, S. 273.

72 https://www.bundesaufnahmeprogrammafghanistan.de/bundesaufnahme-de.

73 Koschorke (wie Anm. 25).

74 https://asia.nikkei.com/Opinion/Wars-are-only-evil-when-Westerners-are-the-victims.

75 Kai Ambos, Doppelmoral. Der Westen und die Ukraine. Berlin: Westend 2022, S. 9.

76 Koschorke (wie Anm. 25).

77 https://www.ipg-journal.de/regionen/global/artikel/das-ende-des-westens-1-6647/?utm_campaign=de_40_20230418&utm_medium=email&utm_source=newsletter.

78 Timothy Garton Ash, Ivan Krastev & Marc Leonard, United West, divided from the rest: Global public opinion one year into Russia's war on Ukraine. European Council on Foreign Relations 2023.

79 Norbert Elias, Studien über die Deutschen. Frankfurt/M.: Suhrkamp 1989, S. 462.

80 https://www.spiegel.de/deinspiegel/sicherheits-expertin-claudia-major-die-ukrainer-muessen-angreifen-koennen-um-sich-zu-verteidigen-a-9ab72387-fbcf-4f1b-9cbc-bcd2fe109484.

81 Sebastian Haffner, Schreiben für die Freiheit. Berlin: Transit 2001, S. 147.

82 Der sogenannte Transformationsindex verzeichnet 2022 die Zahl von 70 Autokratien, aber nur noch 67 Demokratien weltweit (https://www.bertelsmannstiftung.de/de/themen/aktuelle-meldungen/2022/februar/demokratie-welt-weit-unter-druck).

83 Koschorke (wie Anm. 25).

84 In diesen Formenkreis gehört übrigens auch, dass die Produkte ab der oberen Mittelklasse, die die deutsche Automobilindustrie anbietet, oft riesige Auspuffrohre, extrem aggressive Fronten und Extra-Einstellungen für besonders laute und Fehlzündungen simulierende Sounds bereitstellen. All dies formuliert nicht nur das Leitbild des Verbrauchs, sondern auch der Rücksichtslosigkeit. Man darf darin einen materialisierten und durchaus aggressiven Protest gegen die Klimabewegung sehen. Prominente Akteure wie der Schauspieler und Regisseur Til Schweiger fordern indirekt zur Gewalt gegen Aktivisten und Aktivistinnen auf: »Ich weiß nicht, was ich mache, wenn ich mal im Stau stehe und wegen denen einen wichtigen Termin verpasse, weil die da kleben. Dann steige ich bestimmt auch aus«, teilte er der *Bild*-Zeitung mit und bekam daraufhin prompt eine Einladung des rheinland-pfälzischen CDU-Parteichefs Christian Baldauf, doch in dessen wunderbare Partei einzutreten.

85 Der Stoff für die Energiewende wird knapp, *Frankfurter Allgemeine Sonntagszeitung*, 9.4.2023, S. 20.

86 John R. McNeill, Blue Planet. Die Geschichte der Umwelt im 20. Jahrhundert. Bonn: bpb 2005, S. 23.

87 Marina Fischer-Kowalski, Fridolin Krausmann & Irene Pallna, A sociometabolic reading of the Anthropocene. Modes of subsistence, population size and human impact on Earth. In: The Anthropocene Review, 1(1), (2014), S. 21.

88 Timothy Mitchell, Carbon Democracy. Political Power in the Age of Oil, London: Verso 2011.

89 Dipesh Chakrabarty, The climate of history: Four theses. In: *Eurozine*, 30.10.2009; https://www.eurozine.com/the-climate-of-history-four-theses/.

90 Bernd Sommer & Harald Welzer, Nachhaltigkeit als Utopie. In: Björn Wendt, Benjamin Görgen (Hgg.) Sozialökologische Utopien. München: oekon 2020, S. 65–80.

91 Annette Kehnel, Wir konnten auch anders. Eine kurze Geschichte der Nachhaltigkeit. München: Blessing 2021, S. 27.

92 Ebda., S. 173.

93 »Im Bereich der Mobilität wurden ebenfalls enorme Fortschritte erzielt. Bis Ende 2021 verfügte die Bundeswehr bereits über 569 handelsübliche Elektrofahrzeuge. Die Lade-Infrastruktur für die Elektromobilität wird weiter ausgebaut. Über die bereits existierenden 340 Ladepunkte für Elektrofahrzeuge hinaus sollen weitere 2700 bis 2025 installiert werden. Zudem wird in der Bundeswehr zu synthetischen Kraftstoffen zur möglichen Verwendung in militärischen Fahrzeugen geforscht«; https://www.bmvg.de/de/aktuelles/nachhaltigkeitsbericht-2022-ziele-der-agenda-2030-im-fokus-5559254.

94 Frederic Hanusch et al. (Hgg.), Planetar denken. Bielefeld: Transcript 2021.

95 Ingolfur Blühdorn, Die Gesellschaft der Nicht-Nachhaltigkeit. In: Ders. et al., Nachhaltige Nicht-Nachhaltigkeit. Warum die ökologische Transformation der Gesellschaft nicht stattfindet. Bielefeld: Transcript 2020, S. 99.
96 https://www.bundesverfassungsgericht.de/SharedDocs/Entscheidungen/DE/2021/03/rs20210324_1bvr265618.html.
97 Im sogenannten Wachstumsbeschleunigungsgesetz von 2009 ging es auf Drängen der FDP auch um die Senkung des Mehrwertsteuersatzes für Übernachtungen in Hotels, Gasthöfen, Pensionen und Campingplätzen von 19 auf sieben Prozent. Die Restaurant- und Hotelgruppe Mövenpick hatte der FDP im Wahlkampf zuvor erhebliche Spenden zukommen lassen, weshalb das Gesetz volkstümlich »Mövenpick-Gesetz« genannt wurde; vgl. Julian Burgert, Das Mövenpick-Gesetz, https://www.das-parlament.de/2013/29_31/WirtschaftFinanzen/46024554-324336.
98 https://planet-a.com.
99 Teile dieses Abschnitts entstammen einem Text von Lea Luttenberger auf futurzwei.org.
100 Hans-Dietrich Reckhaus, Fliegen lassen. Wie man radikal und konsequent neu wirtschaftet. Hamburg: Murmann 2020. Ich habe diese Geschichte schon in meinem Buch »Nachruf auf mich selbst« erzählt, worauf auch die Ausführungen zu Reckhaus an dieser Stelle beruhen.
101 https://www.wanderdoerfer.at.
102 https://www.insitu.ch.
103 https://futurzwei.org/article/1491.
104 https://www.insitu.ch.
105 http://www.cetto.de.
106 https://germany.ecogood.org.
107 Die empirischen Auswertungen, die diesem Abschnitt zugrunde liegen, habe ich in Zusammenarbeit mit Leo Keller und seinem Unternehmen Blue Ocean durchgeführt, das auf Medienanalysen spezialisiert ist. Vielen Dank an Leo Keller, dass ich die Daten auch für dieses Buch verwenden darf.
108 *Frankfurter Allgemeine Sonntagszeitung*, 9.4.2023, S. 11.
109 https://www.mdr.de/nachrichten/deutschland/politik/umfrage-meinungsfreiheit-100.html.
110 Frank Decker, Volker Best, Sandra Fischer & Anne Küppers, Vertrauen in Demokratie. Wie zufrieden sind die Menschen in Deutschland mit Regierung, Staat und Politik? Bonn: Friedrich-Ebert-Stiftung 2023, S. 39.
111 https://www.tagesschau.de/inland/gesellschaft/studie-medien-jugendliche-101.html.
112 Richard David Precht & Harald Welzer, Die vierte Gewalt. Wie Mehrheitsmeinung gemacht wird, auch wenn sie keine ist. Frankfurt/M.: Fischer 2022.
113 Ausführlicherer Text als hier unter: https://www.fischerverlage.de/magazin/neue-rundschau/die-veroeffentlichte-meinung.

114 *Frankfurter Allgemeine Sonntagszeitung*, 29.4.2023 bzw. https://www.faz.net/aktuell/feuilleton/debatten/harald-welzer-reicht-studie-zu-die-vierte-gewalt-nach-18853838.html.

115 Franz Ronneberger, Integration durch Massenkommunikation. In: Ulrich Saxer (Hg.), Gleichheit oder Ungleichheit durch Massenkommunikation? München: Öhlschläger 1985, S. 3–18, S. 14.

116 Christopher Clark, Die Schlafwandler. München: DVA 2013; Jan Soeffner, Militärstaaten können schneller zurückkehren, als wir denken. In: tazFUTURZWEI 22, S. 26 ff. September 2022; Sebastian Haffner, Geschichte eines Deutschen. München: DVA 2003; Victor Klemperer, Ich will Zeugnis ablegen bis zum letzten. Berlin: Aufbau 1995.

117 https://www.talkwalker.com/blog/talkwalker-ai-engine-how-does-ai-work.

118 Michael Haller, Die Flüchtlingskrise in den Medien. Tagesaktueller Journalismus in den Medien zwischen Meinung und Information. München: Otto-Brenner-Stiftung 2017; Carsten Reinemann & Marcus Maurer, Einseitig, unkritisch, regierungsnah? Eine empirische Studie zur Qualität der journalistischen Berichterstattung über die Corona-Pandemie, Hamburg: Rudolf-Augstein-Stiftung 2021; Marcus Maurer, Pablo Jost, Simon Kruschinski & Jörg Haßler, Fünf Jahre Medienberichterstattung über Flucht und Migration, 2021, S. 21. Policy_Paper_Migration.indd (stiftung-mercator.de).

119 https://de.ejo-online.eu/qualitaet-ethik/der-getruebte-rueckblick-wenn-in-jahresrueckblicken-drei-viertel-der-welt-vergessen-wird.

120 https://www.otto-brenner-stiftung.de/fileadmin/user_data/stiftung/02_Wissenschaftsportal/03_Publikationen/AP53_Kurzfassung_Auslandsberichterstatttung.pdf.

121 Marcus Maurer, Pablo Jost & Jörg Haßler, Die Qualität der Medienberichterstattung über den Ukrainekrieg. Frankfurt/M.: Otto-Brenner-Stiftung 2023.

122 Janis (wie Anm. 55).

123 Uwe Krüger, Meinungsmacht. Der Einfluss von Eliten auf Leitmedien und Alpha-Journalisten – eine kritische Netzwerkanalyse. Köln: von Halem 2019, S. 139f.

124 Josef Joffe, Besuch bei Xi. Spalter Macron kriegt eine Fünf. Tagesspiegel, 17.4.2023, S. 11.

125 Krüger (wie Anm. 123), S. 48.

126 Hektor Haarkötter, Forget it! Vergessene Nachrichten, vernachlässigte Themen und unterdrückte Diskurse in deutschen Medien. *Neue Rundschau*, Jg. 134, Heft 1, 2023, S. 5–18.

127 Futurzwei ist eine Stiftung, die sich einer anderen Form der Kommunikation über ökologische und klimatologische Fragen widmet, seit mehr als einem Jahrzehnt. Dass sie als Beispiel für konstruktiven Journalismus in der »Vierten Gewalt« genannt wurde, ohne dass extra dabeistand, dass ich damit etwas zu tun habe, bot den Leitmedien Anlass für Kritik und Empörung. Dabei steht schon im Klappentext des Buches, dass ich die Stiftung gleichen Namens leite.

128 »Erwartungsgemäß sprachen sich am häufigsten Anhängerinnen und Anhänger der Grünen dafür aus, für den Klimaschutz auf Autobahn-Neubauten zu verzichten (92 Prozent), gefolgt von der Linkspartei (86 Prozent) und der SPD (84 Prozent). Eine mehrheitliche Zustimmung gab es aber in der Anhängerschaft aller Parteien, auch bei der FDP (80 Prozent), CDU/CSU (77 Prozent) und AfD (62 Prozent).« https://www.rheinpfalz.de/lokal/pfalz-ticker_artikel,-mehrheit-für-verzicht-auf-autobahn-neubauten-zugunsten-von-mehr-klimaschutz-_arid,5454129.html.

129 Herbert (wie Anm. 1), S. 608f.

130 Ebd., S. 609.

131 Sebastian Haffner, Der Erfolg des Grundgesetzes. In: Ders., Historische Variationen. München: dtv 2003, S. 205.

132 Ebd., S. 214.

133 Ebd., S. 215f.

134 Precht & Welzer (wie Anm. 112), S. 145 ff.

135 Odo Marquard, Skepsis in der Moderne. Stuttgart: Reclam 2007, S. 52.

136 https://de.statista.com/statistik/daten/studie/3439/umfrage/beurteilung-der-arbeit-der-bundesregierung.

137 https://de.statista.com/statistik/daten/studie/2953/umfrage/zufriedenheit-mit-der-arbeit-der-bundesregierung.

138 Heinrich Popitz, Prozesse der Machtbildung. Tübingen: Mohr 1968.

139 https://www.forschungsgruppe.de/Aktuelles/Politbarometer.

140 Felix Heidenreich, Demokratie als Zumutung. Für eine andere Bürgerlichkeit. Bonn: bpb 2023, S. 82ff.

141 *Frankfurter Allgemeine Zeitung*, 19.4.2023, S. 2.

142 Mathias Brodkorb, Am Volk vorbei regiert. *Cicero,* Nr. 4, April 2023, S. 23.

143 Christine Landfried, Näher bei den Leuten. Über Sinn und Nutzen von Bürgerräten. *Frankfurter Allgemeine Zeitung*, 26. April 2023. S. 11.

144 Jesko Fezer & Mathias Heyden (Hgg.), Hier entsteht. Strategien partizipativer Architektur und räumlicher Aneignung. metroZones 3, Berlin: b_books 2007.

145 Bruno S. Frey & Alois Stutzer, Prozessnutzen in der Demokratie. In: Manfred Rehbinder & Martin Usteri (Hgg.), Glück als Ziel der Rechtspolitik. Bern: Stämpfli 2022, S. 193–209.

146 https://www.zeit.de/politik/deutschland/2023-05/letzte-generation-klima-gesellschaftsrat-klimapolitik-demokratie-klimaaktivisten/seite-2.

147 Ebda.

148 Dana Giesecke & Harald Welzer (Hgg.), Zu spät für Pessimismus. Frankfurt/M.: Fischer 2022.

149 Welzer (wie Anm. 26). Der Begriff stammt ursprünglich aus der Meeresökologie, vgl. Saenz-Arroyo, Andrea u. a., Rapidly Shifting Environmental Baselines Among Fishers of the Gulf of California. In: Proceedings of the Royal Society, 272/2005, S. 1957–1962.

150 Daniel Cohn-Bendit & Claus Leggewie, Es lebe die neue Friedensbewegung. *Frankfurter Allgemeine Zeitung*, 21.3.2023, S. 8.

151 Victor Klemperer (wie Anm. 116), S. 296.

152 Sönke Neitzel & Harald Welzer, Soldaten. Protokolle vom Kämpfen, Töten und Sterben. Frankfurt/M.: Fischer 2011.

153 https://www.destatis.de/DE/Themen/Gesellschaft-Umwelt/Bevoelkerung/Bevoelkerungsstand/Tabellen/liste-altersgruppen.html#474508.

154 Norbert Elias, Die Gesellschaft der Individuen. Frankfurt/M.: Suhrkamp 1987, S. 26f.

155 Jürgen Habermas, Theorie des kommunikativen Handelns. Frankfurt/M.: Suhrkamp 1981.

156 https://de.statista.com/statistik/daten/studie/258757/umfrage/umfrage-zum-tempolimit-auf-autobahnen/; https://www.tagesschau.de/inland/deutschlandtrend/deutschlandtrend-3357.html.

157 Institut für Demoskopie Allensbach, Verunsicherung und Friedenssehnsucht; https://www.ifd-allensbach.de/fileadmin/kurzberichte_dokumentationen/ FAZ_Februar2023_Ukrainekrieg.pdf.

158 https://www.spiegel.de/politik/deutschland/fdp-jeder-zweite-beurteilt-das-verhalten-der-liberalen-als-destruktiv-a-d1ef8586-2281-4bd0-9ffa-2d6c2f7137e3.

159 https://www.welt.de/politik/deutschland/plus244947958/Klimaschutz-Zwei-Drittel-der-Deutschen-zu-Verzicht-bereit.html.

160 https://www.ruv.de/newsroom/themenspezial-die-aengste-der-deutschen/grafiken-zahlen-ueberblick#pid=1.

161 https://www.infratest-dimap.de/umfragen-analysen/bundesweit/ard-deutschlandtrend/2023/april/.

162 Eva von Redecker, Bleibefreiheit. Frankfurt/M.: Fischer 2023, S. 18.

163 https://library.fes.de/pdf-files/fes/15621-20190822.pdf, S.29.

164 https://de.statista.com/statistik/daten/studie/153854/umfrage/zufriedenheit-mit-der-demokratie-in-deutschland/.

165 Decker et al. (wie Anm. 110), S. 34.

166 Diese offizielle Bezeichnung der Klienten von Behörden wurde, so vermute ich, um 2011 eingeführt, als die Bundesanstalt für Arbeit ihre gesamte Personal- und Finanzwirtschaft auf ein Einheitliches Ressourcen Planungssystem (ERP) umstellte. Man hat dabei übersehen, dass der Begriff »Kunde« in der DDR eine Schimpfbezeichnung für Personen war, denen man problematische Eigenschaften zuschrieb.

167 Decker et al. (wie Anm. 110), S. 39.

168 Ebda., S. 43.

169 Ebda., S. 44.
170 Wörtlich: »Wenn ich dieses Versprechen an die Ukrainer gebe: ›Wir stehen so lange an eurer Seite, wie ihr uns braucht‹, dann möchte ich auch liefern, egal was meine deutschen Wähler denken, aber ich möchte für die ukrainische Bevölkerung liefern.«
171 https://taz.de/Social-Media-Kampagne-gegen-Baerbock/!5878877/.
172 Abschlussbericht IMA: https://www.bmfsfj.de/resource/blob/214866/fbb00bcf0395b4450d1037616450cfb5/ima-abschlussbericht-gesundheitliche-auswirkungen-auf-kinder-und-jugendliche-durch-corona-data.pdf.
173 https://www.uke.de/allgemein/presse/pressemitteilungen/detailseite_128704.html.
174 https://www.handelsblatt.com/politik/deutschland/schule-vier-tage-woche-oder-mehrarbeit-wie-die-politik-den-gigantischen-lehrermangel-bekaempfen-will/28973524.html.
175 https://www.bundesverfassungsgericht.de/SharedDocs/Pressemitteilungen/DE/2021/bvg21-031.html.
176 https://www.bundesbank.de/de/presse/pressenotizen/deutsche-staatsschulden-907124.
177 https://simon-schnetzer.com/blog/veroeffentlichung-jugend-in-deutschland-trendstudie-winter-2022-23.
178 Ebda.
179 *tazFUTURZWEI*, Nr. 17, 2021.
180 Elias (wie Anm. 79), S. 269.
181 Ludger Wößmann, Florian Schoner, Vera Freundl & Franziska Pfaehler, Der ifo-»Ein Herz für Kinder«- Chancenmonitor. Wie (un-)gerecht sind die Bildungschancen von Kindern aus verschiedenen Familien in Deutschland verteilt? München: ifo 2023, S. 1.
182 https://www.gew.de/aktuelles/detailseite/schlusslicht-in-sachen-chancengleichheit.
183 Nadja Tausche, Gegen die Kluft im Klassenzimmer. *Süddeutsche Zeitung*, 6./7. Mai 2023, S. 24.
184 Allen voran Eva-Maria Stakemann, der hier ein kleines Denkmal zu setzen ist: Sie überzeugte meine Eltern, dass ich nach der Grundschule auf das Gymnasium gehen solle; ich habe zu ihr, die inzwischen 92 Jahre alt ist, noch regelmäßigen Kontakt, weil sie sich für das Vortragsprogramm des Seniorenstiftes, in dem sie wohnt, engagiert und mich regelmäßig autoritativ daran erinnert, dass mal wieder ein Vortrag fällig sei. Wer wollte seiner Grundschullehrerin widersprechen? Ich bin heute noch froh, wenn ich für einen meiner Auftritte dort eine gute Note bekomme. Danke forever, Eva-Maria!
185 https://www.bmbf.de/bmbf/de/bildung/bildungsforschung/internationale-vergleichsstudien/bildung-auf-einen-blick-oecd-bericht/bildung-auf-einen-blick-ein-bericht-der-oecd.html.

186 Hannah Arendt, Elemente und Ursprüngen totaler Herrschaft. München: Piper 1986, S. 523.
187 *Welt am Sonntag*, 21.5.2023, S. 11.
188 Michael Sandel, Das Unbehagen in der Demokratie. Was die ungezügelten Märkte aus unserer Gesellschaft gemacht haben. Frankfurt/M.: Fischer 2023, S. 369ff.
189 https://futurearchitectureplatform.org/projects/684e51c5-4fe2-41f4-a4fe-7300480dea68/; https://www.archdaily.com/929132/servete-maci-primary-and-secondary-school-studioarch4.
190 Ich habe das Konzept schon in meinem Buch »Alles könnte anders sein« beschrieben. Dem Text von damals folgen etwas gekürzt auch die folgenden Überlegungen.
191 Julian Grah, Nicole Hasenkamp, Vera Herzmann, Theresa Pham & Andreas Schwendener, Die Zukunft der Solidarität. Univ. Sankt Gallen, Seminararbeit 2018.
192 https://dserver.bundestag.de/btd/20/056/2005646.pdf, S. 12ff.
193 Rat für digitale Ökologie (Hg.), Digitalisierung, Vulnerabilität und (kritische) gesellschaftliche Infrastrukturen. Berlin: RdÖ 2023.
194 Der Nationale Wohlfahrtsindex, den Roland Zieschank und Hans Dieffenbacher entwickelt haben, misst nicht nur wohlfahrtssteigernde Faktoren wie etwa Konsum, sondern auch wohlfahrtsmindernde wie Kriminalität oder Gesundheitsgefährdungen. Ein Vergleich mit dem BIP zeigt, dass bei wachsendem BIP in Deutschland die Wohlfahrt konstant bleibt, was kaum ein volkswirtschaftliches Ziel sein kann.

Bildnachweis

Abb. 1: © picture alliance / Wolfgang Weihs
Abb. 2: © NASA
Abb. 3: Peter Palm, Berlin; Quelle: Pacific Institute, Statista/ZDF
Abb. 4: © HUSE / Eulenspiegel
Abb. 5: Screenshot Twitter
Abb. 6: © picture alliance/dpa / Moritz Frankenberg
Abb. 7: Screenshot Julie Delpy, Instagram
Ab. 8: © picture alliance/dpa / Axel Heimken
Abb. 9: Grafik La Loma, FUTURZWEI Zukunftsalmanach 2017/18, hg. v. Dana Gieseke et. al, S. 17
Abb. 10: Nach Leo Keller, Harald Welzer, »Die veröffentlichte Meinung«, in: Neue Rundschau 2023/1, S. 46
Abb. 11: © picture alliance/dpa/dpa Pool / Kay Nietfeld
Abb. 12: Screenshot johann-wadephul.de
Abb. 13: © Simon Starling. All Rights Reserved, DACS 2023 / VG Bild-Kunst, Bonn 2023
Abb. 14: © Sabrina Weniger
Abb. 15: © ingenhoven associates / HGEsch

Register